혼자서도 할 수 있는
홍보웹툰 제작
기업 · 관공서 · 개인을 위한 홍보 · 광고 · 브랜드 만화 만들기

초판 1쇄 인쇄 | 2018년 09월 01일
초판 1쇄 발행 | 2018년 09월 17일

지은이 | 최정민
펴낸이 | 김병성
펴낸곳 | 앤써북

출판사 등록번호 | 제 382-2012-0007 호
주소 | 경기도 고양시 일산 서구 가좌동 565번지
전화 | 070-8877-4177
FAX | 031-919-9852
도서문의 | 앤써북 http://answerbook.co.kr

가격 | 16,500원
ISBN | 979-11-85553-42-9 13000

- 이 책의 일부 혹은 전체 내용을 무단 복사, 복제, 전재하는 것은 저작권법에 저촉됩니다.
- 본문 중에서 일부 인용한 모든 프로그램은 각 개발사(개발자)와 공급사에 의해 그 권리를 보호합니다.
- 앤써북은 독자 여러분의 의견에 항상 귀기울이고 있습니다.

Preface
머리말

이 책은 웹툰의 다양한 활용 장르 중 홍보용(광고용) 웹툰이라는 분야에 중점을 두고 집필했습니다. 홍보웹툰은 기업 이미지나 제품 홍보 등에 주로 사용되면서 '브랜드 웹툰(일명 '브랜드툰')'이라는 이름으로도 널리 알려지고 있습니다.
단순한 그림을 활용해서 회사 브랜드를 홍보하거나 제품을 위한 짧은 토막광고를 만들고 싶어도 고가의 전문 툴을 구매하기는 가성비가 애매해서 고민이거나, 자사의 홍보웹툰을 만드는데 특별히 시간을 투자할 만큼의 여력이 없는 중소기업, 1인기업도 많으실 것입니다. 그간 정통 웹툰 작법에 관한 많은 책들이 나왔고 양질의 콘텐츠도 많이 있었지만 대부분 '작가'를 지향하는 분들을 위한 책이 대부분이다 보니 그림의 기초가 부족하거나 전문 만화 프로그램에 대한 정보가 전무하신 분들에게는 넘사벽일 뿐인 경우가 많습니다.

이 책은 제목처럼 '혼자서도 할 수 있는' 웹툰 작업을 위한 안내서입니다. 교재에 사용하는 툴도 고가의 그래픽 프로그램이 아니라, 무료 프로그램 중 업데이트가 보장된 프로그램인 메디팡 페인트 프로(Medibang paint pro)를 사용하였습니다(日本 점프출판사에서 배포 중). 그리고 일반 극화 웹툰 작품이 아닌 기업 홍보물이나 단선적인 웹툰 제작을 보다 더 염두에 두고 쓰여 졌습니다. 따라서 상급수준의 스킬보다는 기본적이고 효과적인 스킬 안내에 주력하고 있습니다. 교재에 사용된 그림들도 장시간의 고퀄리티를 요하는 일러스트레이션보다 비교적 기본적인 것들 위주로 사용하려 노력했습니다. 그림을 다소 못 그리는 분들도, 그림은 어느 정도 그릴 줄 알지만 만화를 보기만 했지 그려본 경험이 없는 분들도, 디자인 작업만 주로 해서 만화랑 친하지는 않지만 회사의 요청으로 업무를 수행해야 하는 분들도 충분히 보실 수 있습니다. 그런 분들을 위한 책이기 때문입니다. 물론 그림을 전혀 못 그리시는 분들을 위한 교재는 아닙니다. 대부분의 일이 그러하듯 그림 역시 오랜 시간 노력한 사람이 잘 그릴 확률이 높습니다.

그럼에도 불구하고, 본 교재는 되도록 쉽고 간결하게 과정을 설명하고, 혼자서도 만화를 그리실 수 있도록 최선의 노력을 다하였습니다. 아쉬운 부분과 보완할 부분들은 잘 갈무리하였다가 추후 기회가 되면 보강하여 더 많은 도움을 드리고 싶습니다. 이 책을 보고 공부하시는 모든 분들을 매우 격하게 응원합니다!
아자 아자~!!!! 우린 할 수 있어요~!!!

최정민

독자 지원 센터

Reader supporting center

책 소스/자료받기

이 책과 관련된 모든 소스 파일은 앤써북 카페(http://answerbook.co.kr)의 [책소스/자료받기]–[책 소스 파일 받기] 게시판에서 "[소스 다운로드]혼자서도 할 수 있는 홍보웹툰 제작"게시글에서 다운로드 받을 수 있습니다. [카페 가입하기] 버튼을 클릭하여 회원가입 후 다운로드 받습니다

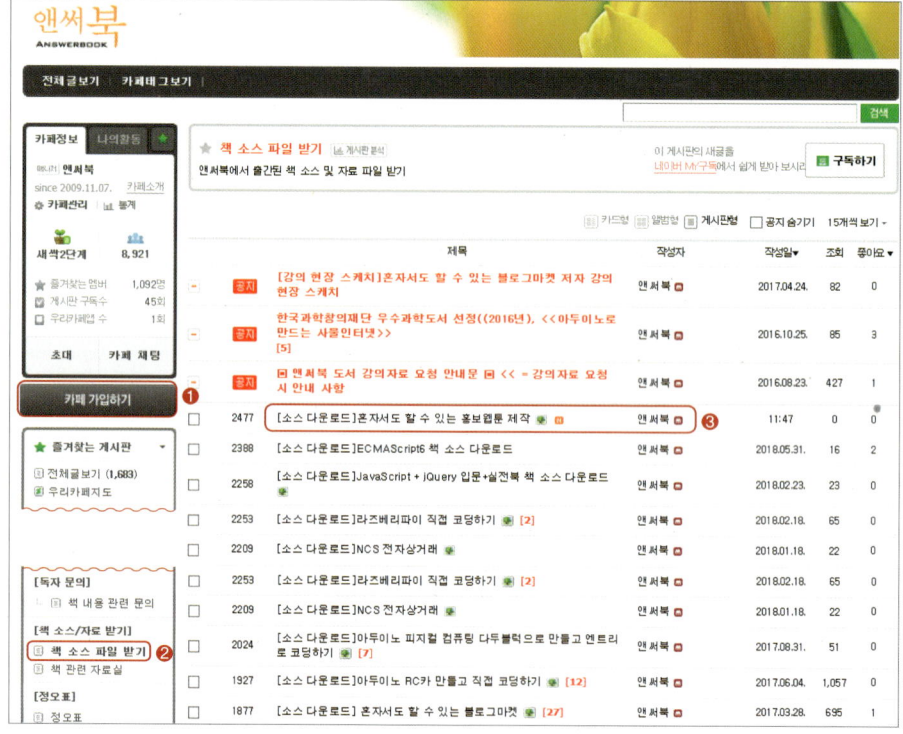

독자
문의

책을 보시면서 궁금한 점에 대해 서로 의견을 공유하고 질의응답 내용을 확인할 수 있고, 그래도 궁금한 점이 해결되지 않을 경우 앤써북 카페(http://answerbook.co.kr)의 [독자 문의]-[책 내용 관련 문의] 게시판에 문의합니다. [카페 가입하기] 버튼을 클릭하여 회원가입 후 게시판의 [글쓰기] 버튼하고 궁금한 사항을 문의합니다. 문의한 글은 해당 저자에게 문자로 연결되어 빠른 시간에 답변을 받아 볼 수 있습니다.

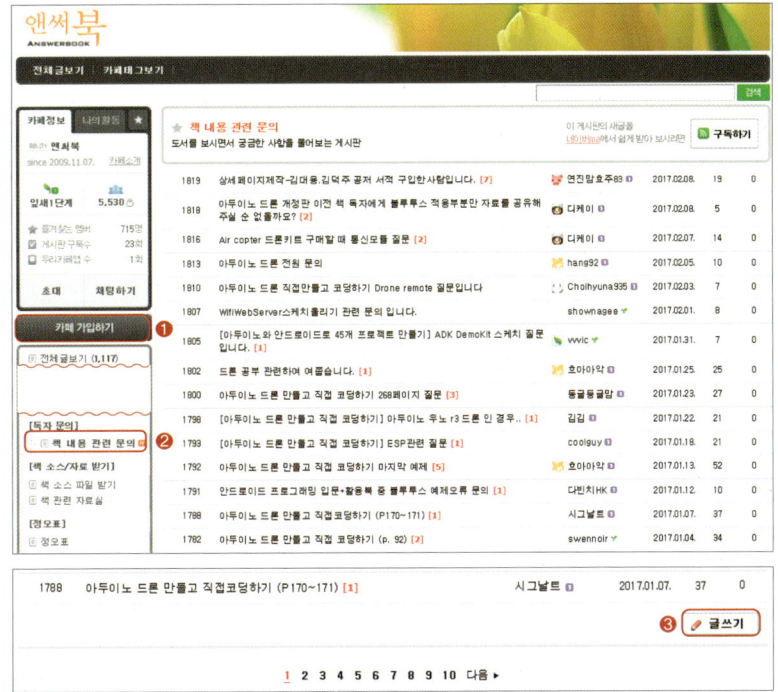

질문글 작성 시 어떤 책과 관련된 질문인지 알 수 있도록 제목에 다음과 같이 "[책명]질문 내용"을 작성해주세요. 여기서는 "[혼자서도 할 수 있는 홍보웹툰 제작]질문 내용" 형식으로 작성합니다.

Contents
목 차

Part 01 홍보웹툰 제작 준비하기

Chapter 01 홍보웹툰 이해하기 • 12
- 01-1 웹툰 시장과 웹툰의 미래 • 13
- 01-2 홍보웹툰의 실제 사례 • 14
- 01-3 홍보웹툰 제작 시장 • 16

Chapter 02 클라이언트의 요구 파악하기 • 18
- 02-1 클라이언트와 디자이너(작가) 중 누가 더 답답할까? • 19
- 02-2 홍보웹툰의 두 가지 목적 • 21
- 02-3 홍보웹툰 제작 과정 살펴보기 • 23

Chapter 03 홍보웹툰 스토리 만들기 • 24
- 03-1 홍보할 대상이 주요 소재가 되도록 만들기 • 25
- 03-2 홍보용 기승전결 시나리오 만들기 • 27
  - 03-2-1 기(起) • 27
  - 03-2-2 승(承) • 28
  - 03-2-3 전(轉) • 28
  - 03-2-4 결(結) • 29
- 03-3 홍보웹툰용 캐릭터 만들기 • 30

Chapter 04 콘티와 최종 원고 만들기 • 34
- 04-1 장면 배분하기 • 35
- 04-2 줄콘티 만들기 • 36
- 04-3 그림콘티 만들기 • 38
- 04-4 최종 원고 완성하기 • 40

Chapter 05 웹툰 제작 준비하기 • 42
- 05-1 웹툰 작업으로 돈 벌기 • 43
  - 05-1-1 웹툰 작가에 도전하기 • 43
  - 05-1-2 홍보웹툰(브랜드툰) 전문가로 활동하기 • 44

Contents
목 차

05-2 웹툰 제작 준비물 • 44
    05-2-1 태블릿 • 45
    05-2-2 소프트웨어 • 46

Part 02 홍보웹툰 제작 시작하기

Chapter 06 메디방 페인트 설치하기 • 50
06-1 메디방 페인트 설치하기 • 51
    06-1-1 메디방 페인트 프로 살펴보기 • 51
    06-1-2 메디방 페인트 프로 설치하기 • 51
06-2 메디방 페인트 프로 미리 살펴보기 • 56
    06-2-1 메디방 페인트 프로 화면 살펴보기 • 56
    06-2-2 도구 패널 • 63
    06-2-3 단축키 및 환경설정 • 65
    06-2-4 레이어 개념 이해하기 • 66

Chapter 07 메디방 페인트로 배우는 홍보 웹툰 제작 기초 • 68
07-1 웹툰용 사이즈로 도큐먼트 만들기 • 69
07-2 종이 그림 선화 추출하기 • 70
07-3 레벨값으로 그림 보정하기 • 73
07-4 색상값/톤커브로 그림 보정하기 • 74
07-5 반투명 창문 효과 표현하기 • 76
07-6 스포이드 툴로 채색 활용하기 • 79
07-7 인체 그린 후 옷 스케치하기 • 81
07-8 브러시 만들고 등록하기 • 83
07-9 캔버스를 원하는 크기로 자르기 • 86
07-10 레이어(오브제) 좌우상하로 뒤집기 • 87

Contents
목 차

07-11 그룹화(클리핑)하여 부분 채색하기 · 89
07-12 옷에 간단한 패턴 만들어 넣기 · 93
07-13 레이어 정리의 중요성 알아보기 · 97
07-14 테두리 펜으로 효과음 넣기 · 98
07-15 에어브러쉬로 그림자 넣기 · 99
07-16 효과 소재(배경, 톤, 말풍선) 넣기 · 101
    07-16-1 배경 가져와서 사용하기 · 102
    07-16-2 스크린톤 가져와서 사용하기 · 105
    07-16-3 말풍선 사용하기 · 108
07-17 텍스트 입력과 효과 연출하기 · 112
07-18 텍스트를 레이어로 변환하여 편집하기 · 115
07-19 투시보조선 기능으로 다양한 선 그리기 · 118
    07-19-1 사선 그리기 · 118
    07-19-2 가로 세로 직선 그리기 · 120
    07-19-3 소실점 그리기 · 121
    07-19-4 집중선 그리기 · 124
    07-19-5 원형(방사형) 그리기 · 126
    07-19-6 곡선 그리기 · 127
    07-19-7 타원 그리기 · 130
07-20 칸박스 사용하기 · 131
07-21 스케치업 파일로 원하는 앵글로 배경소스 만들기 · 135
07-22 스케치업 배경 소스 파일 리터칭 하기 · 138
    07-22-1 밝은 낮 만들기 · 138
    07-22-2 노을 배경 만들기 · 142
    07-22-3 밤 배경 만들기 · 144
07-23 용도에 맞는 파일 형식으로 저장하기 · 148
    07-23-1 JPG 파일 형식으로 저장하기 · 149
    07-23-2 PSD 파일 형식으로 저장하기 · 150
    07-23-3 메디방 클라우드로 저장하기 · 151

Contents
목 차

Part 03 홍보웹툰 요소 실전 제작하기

Chapter 08 사람과 동물 그리기 • 156

　08-1　사람 전신 그리기 • 157
　　　08-1-1 사람 전신 기초 그리기 • 157
　　　08-1-2 세부 묘사하기 • 170
　　　08-1-3 채색하기 • 174
　08-2　사람 손과 발, 주름 그리기 • 180
　　　08-2-1 손 기초 그리기 • 180
　　　08-2-2 손(직육면체 덩어리) 그리기 • 183
　　　08-2-3 손가락을 덩어리로 이해하기 • 183
　　　08-2-4 발 기초 그리기 • 184
　　　08-2-5 주름 표현하기 • 186
　08-3　동물 그리기 • 191
　　　08-3-1 개와 고양이 그리기 • 191
　　　08-3-2 맹수 그리기 • 194
　　　08-3-3 말 그리기 • 202
　　　08-3-4 새 그리기 • 208

Chapter 09 배경과 소품 그리기 • 216

　09-1　나무, 풀, 꽃 그리기 • 217
　　　09-1-1 나무와 풀 그리기 • 217
　　　09-1-2 꽃 그리기(장미) • 232
　09-2　하늘, 구름, 바다 그리기 • 237
　　　09-2-1 하늘과 구름 그리기 • 237
　　　09-2-2 물결 그리기 • 250
　09-3　책장과 모니터 그리기 • 258
　　　09-3-1 책장 그리기 • 258
　　　09-3-2 모니터 그리기 • 279

PART 01

홍보웹툰 제작 준비하기

Chapter 01 홍보웹툰 이해하기
Chapter 02 클라이언트의 요구 파악하기
Chapter 03 홍보웹툰 스토리 만들기
Chapter 04 콘티와 최종 원고 만들기
Chapter 05 웹툰 제작 준비하기

Chapter

홍보웹툰 이해하기

01-1 웹툰 시장과 웹툰의 미래

웹툰은 웹(Web:인터넷망)+카툰(Cartoon:만화)의 합성어로, 웹으로 보는 만화를 의미합니다. 우리나라 웹툰 시장의 형성은 2003년 초반 강풀 작가님의 '순정만화'라는 칸없는 형태의 만화가 Daum 포털 사이트를 통해 연재되면서 출발하였습니다. 이전에도 다수의 작품이 웹에서 사랑받기는 했지만 인터넷 만화로 전국적으로 선풍적 이슈를 끌어낸 작품이었기 때문입니다(물론 강풀 작가님 뿐 아니라 여러 작가님들이 함께 이 시대를 열기 시작한 것임을 밝혀 둡니다). 이후 웹툰 산업이 질적 성장과 함께 웹툰 원작의 영화 및 드라마, 뮤지컬 등 2차 저작물 제작이 활발하게 이루어지고 있는 한편, 각종 기업 및 기관의 다양한 마케팅 도구로 활발하게 활용되고 있습니다. 홍보웹툰은 웹툰을 업으로 하는 사람들의 수익 모델이 되고 있고, 점차적으로 더 발전하고 영역을 넓히게 되었다고 볼 수 있습니다.

▲ 순정만화(강풀)

기존 출판만화와 웹툰이 구분되는 큰 특징은 매체가 인쇄용 잡지형태에서 스마트폰(mobile device)으로 바뀌어 세로 스크롤 형식의 '세로형 아래보기'인 것을 들 수 있겠습니다. 매체에 의하면 2017년 기준 국내 웹툰 작가 수는 약 5천명, 작품 수는 6,800개 정도이며 하루 평균 국내 웹툰 서비스 이용자는 대략 1천만 명 수준으로 추산하고 있습니다. 또한 만화를 원작으로 한 드라마, 영화 등의 제작이 이어지면서 만화산업은 OSMU(원소스 멀티유즈 / One Source Multi-Use) 산업의 새로운 블루오션으로 떠올랐습니다. 한국콘텐츠진흥원의 2017년 통계 추정치에 따르면 국내 만화산업은 전체 1조원 정도의 규모라고 합니다. 이처럼, 아직 내부적으로 여러 가지 처리할 현안들이 있다는 목소리가 있음에도 불구하고 웹툰의 인기는 한동안 사그라지지 않을 전망으로 보입니다.

01 - 2 홍보웹툰의 실제 사례

웹툰은 시장규모 뿐 아니라 장르적으로도 기존에 자리잡고 있던 출판만화적인 장르구분을 무색하게 할 만큼 로맨스툰, 일상툰, 개그툰, 스릴러툰, 판타지툰, 홍보웹툰, 브랜드툰 등 여러 방향으로 발전했습니다. 그 중에도 주목할 만 한 특징이 있다면 '일상물(일상툰)'이라고 불리는 평범하고 소소한 일상의 재미를 적어나간 웹툰의 대거 등장과 웹툰이 가진 전파성과 확장성, 접근성 등을 십분 활용한 홍보용 웹툰(일명 '홍보웹툰', '브랜드웹툰', '브랜드툰')의 등장이라고 볼 수 있겠습니다.

▲ 마음의 소리(조석)와 커피빈의 기부캠페인 홍보카드

▲ 생활의 참견(김양수) 유명 완구명 노출

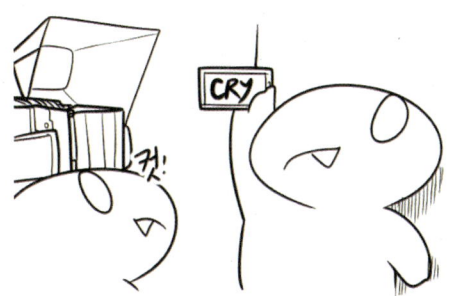

▲ 바툰의 RPG게임 홍보만화

▲ 온라인게임 광고용 단편웹툰 열혈마술(귀귀) 일부

▲ 치즈인더트랩(순끼) 한 장면(입술보호제 PPL)

01-3 홍보웹툰 제작 시장

시대적 흐름에 맞게 많은 사이트와 업체, 개인들이 홍보웹툰(브랜드툰) 시장에 뛰어들고 있습니다. 즉, 사업자 등록을 하고 홍보웹툰 전문 서비스를 하는 것입니다.

대형 포털 사이트에 홍보웹툰, 홍보용 웹툰, 홍보툰, 광고웹툰, 브랜드툰 등의 키워드를 검색해보면 전문 사이트 및 블로그, 개인 홈페이지 형태 등 크고 작은 웹툰 서비스 업체를 확인할 수 있습니다. 그 중에는 연재 경험이 있는 작가를 보유한 업체가 있는가하면 재미있는 그림체나 트렌디한 그림체를 보유하고 있음을 어필하는 업체도 있는 등 양태도 다양합니다.

홍보웹툰 제작은 그 형태도 세로 스크롤 방식, 카드뉴스 방식(컷툰방식), 제작 후 영상물로 재편집하기 등 점차 다양해지고 있습니다.

여러 홍보툰 제작 사이트 중에서도 필자인 저는 웹툰팜이라는 업체에서 주로 활동하고 있습니다. 여러분들도 이 책이나 교육 등을 통해서 홍보웹툰 제작 능력을 충분히 쌓았다면 웹툰팜이나 재능마켓 등에 홍보웹툰 판매자로 활동해볼 수 있습니다.

웹툰팜은 '작가가입신청하기' 메뉴를 눌러 사업자회원, 개인회원으로 등록한 후 홍보웹툰, 광고웹툰, 캐릭터 등 자신의 재능 상품을 다양한 옵션을 설정하여 등록할 수 있습니다. 홍보웹툰을 필요로 하는 기업, 단체, 개인 등은 원하는 재능 상품을 검색 한 후 원하는 판매자의 상품을 구매하면 거래가 성사됩니다. 이 과정에서 수수료를 제외한 나머지 판매 금액을 정산 받게 됩니다.

▸ 홍보 웹툰 에이전시_웹툰팜
(http://webtoonfarm.com)

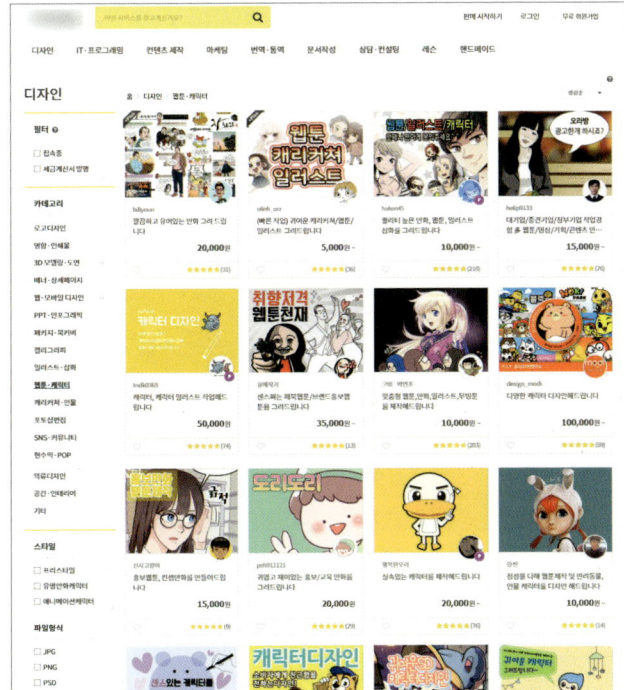

▸ 재능마켓에 등록된 홍보웹툰 제작 등록한 판매자들

Chapter 01_홍보웹툰 이해하기 17

Chapter 02

클라이언트의 요구 파악하기

02-1 클라이언트와 디자이너(작가) 중 누가 더 답답할까?

개인 작품이 아닌 홍보웹툰(브랜드툰)을 제작하기 위해서는 나의 연출취향이나 작화스타일보다 '클라이언트의 기대'를 우선 충족시켜야 합니다.
이 책을 활용하여 회사에서 직접 웹툰 형식의 홍보물을 만드시려는 디자이너든지, 개인 혹은 업체의 의뢰를 받아 만화 형태의 홍보물을 만드시려는 프리랜서든지, 일을 맡긴 클라이언트가 이 일을 통해 어떤 결과물을 원하는지 파악해야 합니다.

다음은 필자가 의원선거 홍보용 카드뉴스 의뢰를 받아 작업한 사례입니다.
이 작업물의 의뢰인은 바닷가에 위치한 지역구에서 태어나고 자란 50대 중반의 정치인이었습니다. 담당자로부터 '지역구를 위해 평생 헌신해 온 이미지'라든가 '우직하게 지역구를 위해 애써 오신 소탈하고 정의감 넘치는' 등의 코멘트를 들었습니다. 그 외 몇 가지 요청사항을 듣고 종합되는 샘플이미지를 제작해 보았더니 아래와 같았습니다.

▲ 의뢰인에게 처음 보냈던 샘플이미지

그런데 너무 어둡고 비장하다는 의견이 있어서 '그림을 밝게 해 달라'는 요청이 들어왔습니다. "그렇구나!"라고 생각해서 아래 그림처럼 가볍게 바꾸고 샘플의 배경도 노을에서 시원한 한낮으로 변경해서 다시 보냈습니다.

▲ 두 번째 제출한 샘플이미지

그런데 이번엔 분위기는 처음처럼 다소 진지하고 힘 있게 표현되었으면 좋겠고, 묘사도 좀 더 사실적으로 하고 얼굴은 조금 더 젊어보였으면(힘 있는 이미지를 위해) 한다는 구체적인 답변이 돌아왔습니다. 그래서 의뢰인의 의견을 반영해서 최종 확정된 결과가 아래의 그림 이미지입니다. 머리는 최대한 정돈하고, 눈을 크게 그려서 힘을 표현했습니다. 나이가 50대 중반이시기 때문에 눈 밑에 최소한의 주름은 살려두었습니다(담배는 클라이언트의 요구사항이었습니다).

▲ 최종 확정 이미지

이런 글을 읽으시면 작가나 디자이너 입장에선 "처음부터 '젊고 힘있게, 주름은 지워주시고 머리도 멋지게 해 주시구요. 진지한 모습도 같이 드러나게 눈을 깊이 있게 해 주세요'라고 했더라면 좀 더 빨리 그려낼 수 있었을 텐데!" 라고 생각할 수도 있겠지만, 꼭 그렇지도 않습니다. 클라이언트 측도 작가의 포트폴리오를 보고 '이러이러한 느낌을 내 줄 수 있겠구나'라는 기대를 갖고 일을 의뢰한 상태일 뿐이고, 작품이 실제 어떻게 그려질지 어떤 느낌이 좋을지는 작가 스스로도 그리기 전까지 확실히 알 수 없기 때문입니다.

이 분야에 대해 잘 모르고 잘 못하니까 소중한 자신의 시간과 돈을 써가며 디자이너와 작가를 찾는 것이죠. 다 알면 우리를 부르지 않고 그냥 본인이 하겠죠? 간략한 예시였지만, 위에서처럼 한 두 차례의 샘플이미지 제작 및 상호 소통 작업은 시간낭비가 아니라 어떨 때는 꼭 필요한 작업이 됩니다. 이때는 서로 의견과 기대를 조율하기 위한 시간이므로 클라이언트의 수정 의견에 대한 지나친 감정이입은 하지 않는 것이 좋습니다. 물론, 몇 번이고 자잘한 수정과 새로운 의견을 무한 반복하는 클라이언트와는 다시 일하지 않으시길 권해드립니다.

02-2 홍보웹툰의 두 가지 목적

홍보웹툰을 의뢰 혹은 제작하는 목적은 크게 다음 두 가지로 구분됩니다.
첫 번째, 사업 아이템 홍보 또는 설명, 두 번째는 기업 이미지 홍보입니다.
아이템(상품)을 홍보하는 방식에는 여러 가지가 있는데 굳이 만화(웹툰) 형식으로 접근하려 했을 때는 '쉽게 다가갈 수 있는 이미지'를 원하는 경우가 많습니다. 다시 말해 상품 설명이 난해하거나 대중들이 잘 모르는 분야일 경우가 많다는 거지요. 병맛 만화 코드로 접근해 대중에게 어필하려는 경우도 종종 있습니다.

예전에 필자가 업체로부터 의뢰받았던 일 중 '학습기 콘텐츠' 홍보웹툰이 있었습니다. 사람의 뇌 안에 있는 기억방이라는 부분을 자극해서 기억력을 극대화시켜 공부를 돕는다는 게 이 학습기의 주된 원리인데, 주로 단어암기가 필요한 어문(영어, 일어 등)계열과 역사분야의 콘텐츠를 제공하고 있었습니다. 그런데 이 원리를 고객들에게 설명하는데 매우 긴 시간이 걸렸답니다. 담당자의 말을 빌리지만 '기억방'이니 '해마'니 하는 용어부터 생소한데다 전화 상담만으로는 학습원리 이해를 못하시는 경우가 종종 있더라는 거였습니다. 그래서 고심하다 웹툰으로 홍보물을 제작, 홈페이지에 게재하고 SNS를 통해서도 배포할 생각을 하셨던 것입니다.

의뢰를 받고 '해마'를 어떻게 그림으로 설명할 것인가 이 부분이 가장 고민이었습니다. 의학, 해부학 자료를 살펴보니 정말 해마처럼 생기기보다는 실루엣이 비슷한 정도였습니다. 그런데 친근감이 있어야 하므로 어느 정도는 귀여워야 했고요. 그래서 여러 가지로 그림을 그려보다가, 아래와 같이 팔이 달린 해마 캐릭터를 만들어 냈습니다(꽤 오랜 시간이 지났는데도 업체 홈페이지 여기저기 사용하셨더라고요. 이럴 때 나름 뿌듯합니다.).

▲ 학습기 홍보웹툰(브랜드툰) 일부

한번은 유명한 영어강사님 사무실에서 연락이 온 적이 있었습니다. 강사 본인을 홍보할 한 장 짜리(2페이지) 만화를 제작하고 싶다는 의뢰였습니다. 기업은 아니지만 브랜드 홍보용 만화라고 볼 수 있겠지요. 직접 글 콘티를 보내왔는데, 꼼꼼히 읽어보니 주제가 '나(강사)만 믿고 성실히 따라오면 어느새 실력이 부쩍 늘어있을 것이니 힘들어도 서로를 믿고 함께 가자'는 것이었습니다.

이 경우, 브랜드에 관한 설명이 어려워 만화를 선택했다기보다 고객층에게 좀 더 친화적으로 다가가기 위한 홍보 수단으로 만화를 이용한 경우라고 볼 수 있습니다. 홍보의 주 타깃층은 입시를 앞둔 청소년들과 학부모였기 때문에, 만화적 재미는 추구해야 하지만 너무 매니악한 그림체나 학생 눈높이에만 맞춘 트렌디한 개그 코드는 사용하기 적절하지 않았습니다. 학부모가 보고 눈살을 찌푸릴 그림이라면 홍보물이 아니라 방해물이 될 수도 있기 때문입니다. 그래서 적절한 수준의 극화체 타입으로 방향을 정했고, 클라이언트의 승인 하에 매끄럽게 작업을 완료할 수 있었습니다.

▲ **영어 ***선생님 브랜드툰 일부

02 - 3 홍보웹툰 제작 과정 살펴보기

홍보웹툰 클라이어트와 콘셉 미팅부터 시작해서 4~5단계를 거쳐 완성 만화를 제작합니다. 일반적인 홍보웹툰 제작 일련의 과정은 다음과 같습니다.

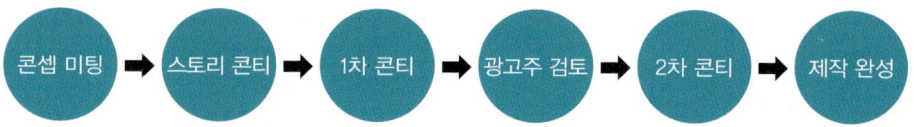

❶ 콘셉 미팅 : 기획 의도, 콘셉, 스토리, 대상 등의 내용이 담긴 웹툰 제작 요청서를 작성합니다.
❷ 스토리 콘티 : 스토리를 제작하거나 협의합니다.
❸ 1차 콘티 : 스케치 콘티를 제작하여 클라이언트에게 전달합니다.
❹ 광고주 검토 : 광고주가 콘티를 검토하고 의견을 교환합니다.
❺ 2차 콘티 : 광고주의 의견을 반영하여 2차 콘티를 제작합니다.
❻ 제작 완성하기 : 2차 콘티를 바탕으로 홍보웹툰 제작을 완성합니다.

Chapter 03

홍보웹툰 스토리 만들기

03 - 1 홍보할 대상이 주요 소재가 되도록 만들기

이 책을 읽고 있는 우리는 슬프게도 인기 웹툰 작가가 아닐 확률이 높습니다. 그러므로 우리에게 의뢰가 들어온 작업들은 웹툰 마음의 소리(조석)처럼 우리가 창조한 캐릭터나 만화의 인기에 힘입어 광고효과를 높이자는 경우는 없다고 보아야 합니다. 그보다는 '만화'라는 매체가 가지는 친숙한 접근성, 이해난이도의 용이성 등에 기대어 효과를 보자는 기대로 의뢰하는 것이겠지요.

클라이언트가 설령 "마음의 소리처럼 그려줄 수 있어요?" 라든지 "편***원 광고 재미있던데, 그런 식으로도 가능합니까?"와 같은 이야기를 한다 해도 화내실 일은 아닙니다. 그분들이 원하는 것은 편***원 광고처럼 파급효과가 뛰어난 자체 홍보물을 갖고 싶은 것이지, 정말로 똑같이 그려달라는 요구가 아니며 작가의 실력을 깔아보고 표절작이나 의뢰하는 것도 아니라는 것입니다. 거의 대부분 그렇습니다.

혹은 그 정도의 이해도도 없어서 정말 똑같이 그려달라고 하는 경우 '똑같이 그려드릴 수는 있지만 그러면 불법표절이 되므로 많은 문제가 발생한다'는 것을 설명해 준다던가, 의뢰인이 이 작업을 통해 원하는 것이 무엇이길래 저렇게 이야기하는 것인지 파악하려는 자세로 좀 더 깊이 대화해 보는 것이 좋습니다. 클라이언트는 생각보다 만화 쪽 시스템에 무지한 경우가 많습니다. 친절히 기본적인 정보부터 설명해 주면 오히려 고마워하고 좋은 신뢰관계가 구축되기도 합니다.

결국 홍보할 대상이 부각되고 드러날 수 있도록 고심하는 것이 중요한데요. 다음의 세 가지를 염두에 두고 작업하면 많은 도움이 되실 것 같습니다.

❶ 홍보의 대상(상품, 아이템 등)이 만화에서 지속적으로 노출되도록 한다

"나는 홍보웹툰 작업을 하고 있지만 마치 '정식 웹툰'(?)같은 느낌으로 그려나가다가 마지막에 쾅 터트려줄거야!" 와 같은 마인드라면 클라이언트의 마음에 드는 적절한 스토리를 짜기 힘들 것입니다. 홍보용 만화는 대개 해당 상품을 지속적으로 노출하여 친근하고 익숙하게 느끼도록, 거기에 스토리를 더하여 참신하고 매력적인 잇템(It-tem)으로 인식하도록 돕는 역할을 해야 합니다.

▲ 아동용 스마트워치 홍보툰 일부

❷ 문제(갈등)의 해결을 홍보대상(상품, 아이템 등)으로 해소하도록 스토리를 짠다

립밤(Lip bam)이 아이템인 만화라면, 가을이나 겨울철 건조해진 입가를 가진 주인공이 등장해야 립밤도 등장할 자리를 마련할 수 있습니다. 해당 상품이 꼭 필요한 계절이나 상황, 연령 등을 염두에 두고 스토리 창작을 하는 것이 좋습니다. 립밤 상품인데 축축한 장마철을 배경으로 만화를 그릴 수는 없기 때문입니다.

▲ 아파트 관리시스템 업체 홍보툰 일부

❸ 단점이 부각되지 않도록 이야기를 구성한다

만병통치약이 아닌 이상 어떤 약이든 미흡한 점이 있습니다. 변비약을 팔면서 암이 낫는다고 할 수는 없습니다. 하지만 변비약이 변비에 효과적인 것만은 사실입니다. 변비약을 소재로 만

화를 그리면서 "이 약은 머리 아픈데는 소용이 없습니다. 현대인의 대부분이 두통으로 고생하고 있는데 말이에요 후후" 같은 마인드로 그림을 그린다면 작가는 즐거울지 모르지만 홍보웹툰으로서는 부적절한 예가 될 것입니다.

03 - 2 홍보용 기승전결 시나리오 만들기

만화의 기본은 스토리입니다. 그림체가 독특하고 매력적이어도 심지어 연출력이 아무리 좋다고 해도 뼈대가 되는 스토리가 재미있지 않으면 독자들은 외면하고 맙니다. 일반 웹툰의 경우 무료로 미리보기가 되는 1화가 재미있지 않으면 2, 3화를 무료로 제공한다고 해도 잘 읽지 않습니다. 무료보기조차 읽히지 않는 만화는 유료결제로 넘어가지 못합니다. 유료결제 여부를 떠나서 작가로서 자신의 작품이 초반부터 외면당하는 일은 매우 슬픈 일이 됩니다. 그래서 대부분의 웹툰들은 1~3화를 제작할 때 매우 심혈을 기울입니다.

홍보용으로 제작하는 만화 역시 재미가 있어야 합니다. 그러나 목적이 홍보이기 때문에 접근 방식이 조금 다릅니다. 막연히 '병맛 그림체를 사용하면 되겠지'라고 생각할 수도 있지만, 병맛 느낌으로 낙서처럼 그렸다고 해서 호응이 항상 좋은 것도 아닙니다. 특히 2~30컷 내에서 대부분 완결이 나는 홍보웹툰의 경우 간결한 스토리라인을 잘 뽑아내야 콘텐츠의 힘이 살아납니다. 재미와 감동이라는 대전제에, 홍보웹툰은 [정보의 전달]이라는 더 큰 전제를 가집니다. 여기서 말하는 정보란, '상품의 효용성'을 뜻하는 경우가 대부분입니다.

자신만의 독특한 대박 콘티가 떠오르는 경우가 아니면, 다음의 방법으로 콘티를 짜 봅니다.

03-2-1 기(起)

짜잔~ 여기 좀 보세요!

이 지점의 핵심과제는 독자를 빨리 만화 속에 몰입하도록 하는 것입니다. 그림체나 연출, 대사 등이 중요한 역할을 합니다. 소개팅 나가서 첫 마디로 무얼 던지느냐에 따라 상대에 대한 호감도가 달라지기도 하잖아요? 그런 역할과 비슷합니다. 예쁘고 귀여운 캐릭터, 혹은 나에게 재미를 줄 것만 같은 괴상한 캐릭터를 내세우거나 첫 장면부터 사건을 바로 전개하는 것도 좋습니다. 또한 동작과 포즈도 자연스러우면 더 좋습니다.

03-2-2 승(承)

이것 참... 없어서 불편하네!!!

어느 제품이 필요하다는 것을 알리려면 그 제품이 없을 때의 불편함을 강조하거나, 없어서 피해를 보게 되는 경우를 스토리로 짜는 게 보편적입니다. 갖고 있어서 좋은 것을 강조하면 잘 와닿지 않아요(심지어 지금까지 그거 없어도 잘 살았는데). 명품구두가 300켤레 쯤 되는 주인공이 꼭 사야 할 것은 새로운 구두가 아니라 탈취제겠지요. 앞에서 만든 캐릭터에게 '불편함'을 안겨 줍니다.

  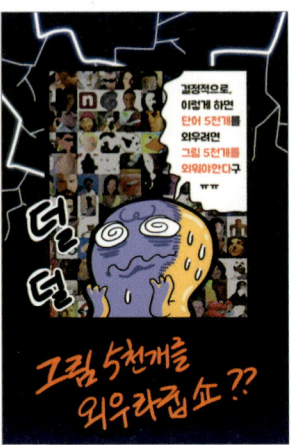

03-2-3 전(轉)

아니, 이런 게 있었어??

불편함을 알렸으면 이제 해결책을 제시합니다. 당연히 해결책은 우리 상품 OOO이 되겠죠. 이 간단한 구조가 식상해 보이지만, 의외로 효과가 크고 여전히 소비됩니다. 나서서 광고하거나 자랑하는 게 생각만으로도 닭살이신 분들이 간혹 있는데, 없는 사실을 꾸며내서 거짓말을 하는 게 아니라 재미있는 방식으로 상품의 '효용성'을 알리자는 거란 사실을 기억합니다.

03-2-4 결(結)

이건 꼭 사야 돼~ (좌표 안내)

결론은 한두 컷 정도면 됩니다. 회사 소개나 제품구매 좌표 등을 알려주는 역할을 합니다. 컷의 배경으로는 대개 이 제품을 사용해서 행복해 하는 주인공의 모습으로 구성합니다.

03 - 3 홍보웹툰용 캐릭터 만들기

기승전결의 구조를 잘 짰다면 이제 움직일 배우를 물색해야 합니다. 바로 캐릭터를 창조해야 합니다. 캐릭터는 독창적으로 만들어야 한다는 부담감에 빠지기 쉬운데 실은 독창적인 캐릭터보다 예쁘고 멋있게 생긴 캐릭터가 더 사랑받고 친근하게 각인됩니다. 다시 말해, 세상 본 적 없는 독창적인 캐릭터보다는 '어디서 본 것 같은데 다시 봐도 또 보고 싶은 캐릭터'가 정말 좋은 캐릭터라고 할 수 있습니다. 우주시대를 배경으로 한 변비약 홍보만화라고 해서 주인공 파일럿이 변비처럼 생길 필요는 없습니다. 오히려 멀쩡한 훈남이나 훈녀 스타일의 주인공이 훨씬 감정이입에 도움이 됩니다. 영화 '아저씨'를 보면서 극에 몰입하는 것은 우리가 영화배우 원빈과 닮아서가 아니라 원빈이라는 배우에 동화되어서 극 속으로 빠져들었기 때문입니다. 그러므로 만화에서 캐릭터를 만들 때, 그 캐릭터만의 고유한 색채를 주는 것은 매우 바람직하지만 너무 독특한 인물을 그리려고 하면 오히려 결과가 좋지 못할 수 있습니다.

[흡입력 짱! 3등신의 동글동글한 일상툰 그림체들]

▲ 아랫집 시누이 (김진)

▲ 작심삼일 운동툰 (백원달)

▲ 낢이 사는 이야기 (서나래)

[몰입도 짱! 8등신의 블링블링한 순정타입 그림체들]

▲ 내 ID는 강남미인(기맹기)

▲ 오! 주예수여(아현)

▲ 걸어서 30분(이온도)

캐릭터를 창작할 때는 다음과 같은 사항을 참고하시기 바랍니다.

❶ **사람, 동물, 식물, 로봇, 물건 등 모든 것은 캐릭터로 만들 수 있다**

모든 대상은 캐릭터화가 가능합니다. 굴러다니는 돌도 팔다리 그려주고 눈코 입만 만들어주면 좋은 캐릭터가 될 수 있기 때문입니다. 주인공 캐릭터들의 성별을 바꾼다던가, 사람이 아닌 동물이나 로봇 등으로 바꾸어 보는 것만으로도 대부분 재미를 줄 수 있는 요소가 됩니다.

▲ 너구리로 주인공을 캐릭터화한 환경운동 기획 웹툰 공상소녀 공구리의 환경일기(디모츄)

▲ 국내 만화캐릭터 중 빼놓을 수 없는 불후의 명작 '아기공룡 둘리'(김수정)

▲ 혹성의 폐품 처리 로봇이 주인공인 3D 애니메이션 월-E(Wall-E)(디즈니&픽사)

❷ 스토리의 특성이 묻어나는 외형적 묘사를 한다

마법을 사용하는 윗쳐(witcher) 캐릭터라면 그런 느낌을 전달할 수 있도록 마법 목걸이나 빗자루, 큰 모자 등을 활용하여 캐릭터의 복식에 적용하는 정도로도 훨씬 느낌이 살아납니다. 캐릭터의 직업별, 상황별 특성을 고려하면 옷이나 악세서리, 소도구 등을 창조하는 데 도움을 받을 수 있습니다.

▲ 2D 애니메이션 마녀배달부 키키(지브리 스튜디오)

❸ 트레이드 마크! 내면이나 과거를 유추할 수 있는 장치를 고민한다

마법사 해리포터의 이마에 난 상처, 원피스의 검객 캐릭터 롤로노아 조로가 항상 들고 다니는 3자루의 검(종류는 가끔 바뀌지만 거의 늘 3자루 - 삼도류), 퇴마 히어로(?)인 콘스탄틴이 늘 물고 다니는 담배 등 캐릭터 고유의 과거나 특징을 어느 정도 대변해 주거나 각인시킬 수

있는 요소는 없을까 고민해 봅니다. 머리에 묘하게 삐죽 튀어나온 머리카락만으로도 내 캐릭터의 독창성을 어느 정도 확보해 나갈 수 있습니다.

▲ 영화 해리포터의 한 장면(이마에 난 상처가 주인공의 과거를 설명하는 중요한 단서가 된다)

▲ 만화 원피스의 주요 캐릭터 롤로노아 조로는 늘 3자루의 검을 들고 다니며 삼도류 검법을 사용한다.

Chapter 04

콘티와 최종 원고 만들기

04 - 1 장면 배분하기

주어진 컷의 개수 안에서 보여주어야 될 장면 선별하기

컷의 개수는 작품 견적을 낼 때(원고료, 작업비용) 기준이 되는 중요한 요소입니다. 보통 '1컷당 ~원' 형식으로 이야기가 오가기 때문입니다. 그렇게 컷 수를 정하고 나면 작가는 지정된 컷 개수에 맞춰서 스토리를 풀어내야 되기 때문에 컷의 개수에 맞춰서 장면을 배분해 보는 것은 매우 중요합니다.

다음은 우리나라 전래동화 [선녀와 나무꾼]을 30컷 이내로 장면 배분해 보는 수업을 할 때 어느 학생이 짠 예시자료입니다.

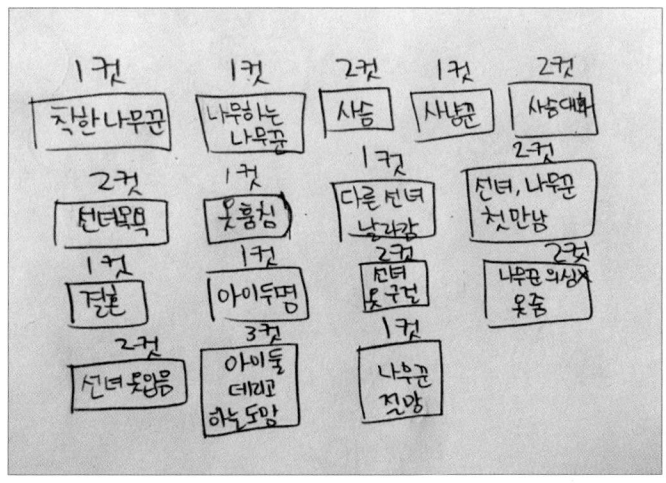

▲ 장면 배분의 예 (선녀와 나무꾼, 30컷 이내 장면 배분해 보기)

선녀와 나무꾼 이야기는 제법 깁니다. 나무꾼이 등장하고 사슴을 사냥꾼으로부터 구해줍니다. 사슴이 은혜를 갚겠다며 선녀들이 목욕하러 내려오는 샘을 알려주고, 나무꾼은 거기서 선녀옷 한 벌을 훔쳐 선녀 한 명을 붙잡습니다(이거 범죄 아닌가요;;;). 아이 셋을 낳자 안심한 나무꾼은 선녀옷을 꺼내주고 선녀는 아이들을 팔다리에 끼고 하늘로 올라가 버립니다.

이러한 스토리를 30컷 안에서 끝내야 할 때, 만일 나무꾼이 등장하는 장면에만 8~10컷 정도를 써버린다면 어떨까요? 안개가 올라오는 웅장한 산의 모습을 보여주고, 나무꾼이 집에서 밥 먹는 장면, 도끼와 지게를 갖고 산을 오르는 장면, 머릿결이 바람에 휘날리는 장면, 힘있게 도끼로 나무하는 장면들, 땀을 닦고 걸터앉는 장면, "나는 언제쯤 장가를 가려나" "이런 첩첩산중에 시집 올 처자가 누가 있단 말인가"등의 대사를 하는 장면… 이렇듯 세세하게 컷을 그리고 있다면 앞부분에서 이야기가 시원하게 빠져 좋을지 모르겠지만 그 뒤의 내용들은 비좁은 20컷 안에서 많은 부분이 원치 않는 생략을 당하겠지요. 특히 만화 작업을 이제 막 시작하는 사람들이라면 주어진 컷 수에 맞춰서 장면(컷)을 분배하는 연습을 해야만 합니다. 자칫 본인에게 익숙한 연출을 하기 십상이기 때문입니다.

04 - 2 줄콘티 만들기

그림콘티로 가는 뼈대 놓기

콘티란 웹툰을 그리기 전 대략적으로 어떻게 그려나갈 것 인지를 미리 그려보는 것으로 설계도와 같은 역할을 합니다.

콘티에는 줄콘티와 그림콘티로 구분합니다. 작품을 의뢰받았다면 대개의 경우 그릴 내용을 글콘티 형식으로 클라이언트가 전달해 줄 것입니다. 영화로 보자면 시나리오 개념이 되겠지요. 만화에 대해 지식이 별로 없는 클라이언트라면, 대략적인 설명만 해주고 콘티 단계부터 작가에게 맡기기도 합니다. 아무튼 어떤 경우에도(홍보툰을 그리든지 본인 작품을 그리든지) 만화가에겐 콘티가 필요합니다. 줄콘티는 글로 된 콘티를 뜻하는 용어입니다. 한 줄이 한 컷의 내용이라 생각하고 써 나가면 됩니다. 만일 60컷 짜리 만화를 그려야 한다면 줄콘티는 60줄이 될 것입니다. 줄콘티의 요소에는 다음과 같은 것들이 들어가는 것이 좋습니다.

| 줄콘티 3가지 핵심 요소 | ----- | 정확한 대사 / 보여줄 상황 설명 / 효과음 |

하지만 클라이언트가 이런 줄콘티 능력이 갖춰져 있는 분들이 아닌 경우가 대부분입니다. 뭔가 줄콘티 형식으로 스토리를 보내오기는 하지만 이런저런 것들이 뒤섞이거나 한 컷에 표현되기 힘든 내용이 한 줄로 정리가 되어 오기도 합니다. 그분들은 제품 제작이나 어느 사업 분야의 전문가이지 웹툰의 전문가는 아니기 때문입니다.

이런 경우 클라이언트에게 연락하여 상황을 설명하고, 만화연출에 맞게끔 작가 본인이 수정하여 작업하는 게 바람직합니다. 뒷페이지의 그림은 홍보용 웹툰을 진행하면서 콘티 수정을 요청했던 부분을 캡처한 것입니다(중간 관리자 분이 필자와 개인적으로 아시는 분이라 메신저에서는 반말로 되어 있습니다. 참조해 주세요). 클라이언트는 작가에게 악의를 가지고 일을 어렵게 만드는 분들이 아니라 이 분야를 잘 몰라서 비용을 지불하고 도움을 받으려는 분들입니다.

대개의 경우 감정이 실리지 않은 조리 있는 설명만으로 대부분의 문제는 해결이 된답니다.

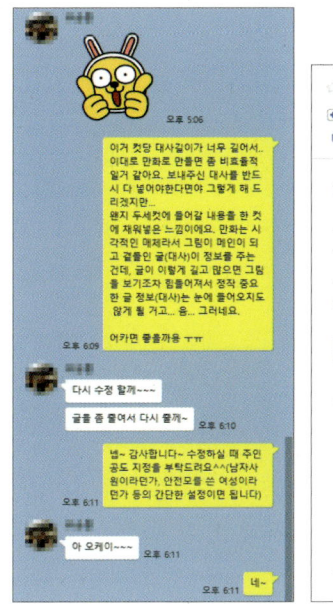 

한편 작가 개인의 연출력과 아이템에 대한 이해도가 만화의 질을 크게 좌우하게 됩니다. 작가는 클라이언트의 의뢰대상(아이템 혹은 브랜드)에 대해 공부가 필요합니다. 인터넷 등으로 자료를 쉽게 구할 수 없다면 클라이언트에게 직접 자료를 요청하도록 합니다. '당신들이 자료 준 게 없으니까 난 요만큼만 그릴 거야'라는 식은 권하지 않습니다. 그런 작가분들에게 '다음 작업'이란 것은 쉽게 들어오지 않을 것이기 때문입니다.

연출력을 늘리고 싶다면 웹툰이나 영화, 애니메이션 등을 많이 보는 것이 가장 손쉽고도 효과적입니다. 단, 아래 두 가지 사항을 지켜야 합니다.

❶ 시간을 정해놓고 꾸준히 봅니다.

예를 들어 하루 1시간, 출근길 지하철에서 등과 같이 시간을 정해놓고 꾸준히 봅니다. 보다말다 하면 안 보는 것보다는 낫겠지만 크게 효과가 없습니다. 운동한다고 생각하고 꾸준히 봅니다. 만화를 소비하는 입장이 아니라 공부한다는 생각으로 바꾸고 성실히 보시기 바랍니다. 본인이 하고 싶을 때마다 힘들지 않을 정도로 팔굽혀펴기를 하는 사람과, 매일 3세트씩 꾸준히 운동하는 사람과는 결과적으로 많은 차이가 납니다.

❷ 평소 보지 않았던 장르를 위주로 봅니다.

다른 사람들은 재미가 있다던데 나는 지금껏 한 번도 클릭한 적이 없는 만화나 영화가 있다면 본인 취향이 아닌 것입니다. 바로 그 녀석부터 보기 시작하세요. 여러분의 연출력을 향상시켜 줄 첫 스텝이 될 것입니다.

04-3 그림콘티 만들기

인물과 말풍선, 효과음 자리잡아주기

기승전결이 존재하도록 이야기를 재미있게 짜고, 연재분량에 따라 장면을 배분해서 줄콘티까지 만들었다면 이제 드디어 그림을 그릴 차례입니다! 이런 일련의 과정들이 '뭐 이리 복잡해?' 라고 생각할 수도 있지만 숙달이 되고나면 이런 프로세스가 만화를 좀 더 효과적으로 빠르게 그릴 수 있도록 해 준다는 것을 알게 되실 것입니다. 스토리라인 없이 그림부터 그려나간 만화는 결말은 커녕 전개조차 힘들 것입니다. 60컷도 되지 않는데 작가도 결말을 알지 못하는 스토리는 스토리가 아닙니다. 그저 발상 정도에 불과합니다.

줄콘티까지 그려냈다면 이젠 그림콘티, 즉 러프하게 뽑아낸 장면연출을 하게 됩니다. 보통 만화콘티라고 하면 이 상태를 의미합니다. 여기서는 말풍선의 위치나 효과음의 자리를 잡아주고, 칸과 칸 사이의 간격을 얼마나 띄울 것인지, 하나의 칸은 크기를 어떻게 할 것인지 정해줍니다. 만화의 톤(색감)을 확인하려면 가볍게 몇 컷 정도만 채색을 하면 됩니다.

[웹툰 '###여행기'(가제) 러프콘티 일부 : 느낌을 확인하려고 한두 컷만 색을 부은 상태]

아래는 다음카카오에서 단기 연재했던 '공상소녀 공구리의 환경일기' 줄콘티 일부와 완성본 부분입니다. 스토리는 환경운동연합에서 활동 중인 김OO 팀장님의 본인의 실제 내용을 토대로 작성했고, 제가 그 줄콘티를 받아서 일부 수정을 통해 흐름을 좀 더 매끄럽게 만든 뒤 러프콘티(그림콘티)로 만든 후, 상호 회의를 거쳐 확정된 안으로 최종 작업을 완성했습니다. 완성본과 줄콘티, 그림콘티의 상태를 비교하면서 살펴봅니다.

[환경운동 브랜드 웹툰 '공상소녀 공구리의 환경일기'의 줄콘티-러프콘티-최종 완성본]

1 나는 평생 스키를 타 본적이 없다.
2 비료포대에 지푸라기 넣어서 눈썰매는 타 봤어도!
3 그러나 2년 전 처음 보드를 타봤는데, 재미는 있었다.
  (신나!)
4 가리왕산은 평창올림픽 활강(알파인) 경기장이다.
5 비오는 날 간 적이 있는데, 영화 '아바타'에 나오는 산 길 같았다.

▲ 글콘티(줄콘티)　　　　　　　▲ 그림(러프)콘티　　▲ 완성본

그러면 어떻게 해야 효과적으로 장면을 구성할 수 있을까요? 간략하게 두 가지만 기억합니다.

❶ 감정을 표현해야 할 때

얼굴 클로즈업 등으로 인물의 표정을 부각시킨다(얼굴, 눈, 입 등).

❷ 상황(행동)을 드러내야 할 때

인물의 동작이나 인물 주변이 보이도록 상반신 컷 혹은 전신 컷 위주로 잡는다.

04 - 4 최종 원고 완성하기

맛보기와 수정하기

샘플 원고 작업이란 만화원고 작업을 최종적으로 진행하기에 앞서, 몇 컷 정도만 완성해서 '느낌'을 보는 것입니다. 만화가가 낼 수 있는 작화의 느낌은 여러 가지입니다. 색감을 진하게 하거나 옅게 할 수도 있고, 작화의 느낌을 실사에 가깝게 하거나 3등신 위주로 할 수도 있습니다. 중요한 것은 지금 진행하려는 작품과 어울리는 작화 스타일이 선택이 되었는가를 확인해 보는 시간이 필요하다는 것입니다. 최종 원고 작업에 앞서 이러한 단계를 거치면 이러한 오류를 비교적 쉽게 보완해 나갈 수 있는 단서가 됩니다.

다음 예시로 소개된 그림은 [공상소녀 공구리의 환경일기] 웹툰입니다. 왼쪽의 최종 원고 작업은 색감이 선명하고 명도가 낮으며 작화의 라인은 모두 막혀(붙어) 있습니다. 캐릭터의 느낌도 교육용 만화 스타일에 가깝습니다. 회의를 거쳐 여러가지 논의 끝에 오른쪽 그림과 같은 최종 원고 스타일이 탄생하게 되었습니다. 채도와 명도를 파스텔 톤으로 바꾸고 자유로운 드로잉 라인을 사용, 채색도 에어브러시 위주로 경계선을 러프하게 했습니다. 만일 샘플 원고 작업 없이 최종 원고 작업에 들어갔더라면 클라이언트와 작가 양쪽 다 곤란한 상황이 되었을 것입니다.

※ 원고 전체가 10~20컷 이내의 적은 분량이라면 1컷 정도의 최종 원고로도 충분합니다.

[웹툰 '공상소녀 공구리의 환경일기' 최종 원고(좌)와 최종 원고(우)]

▲ 1차 최종 원고   ▲ 수정된 최종 원고

Chapter

웹툰 제작 준비하기

05-1 웹툰 작업으로 돈 벌기

웹툰 제작 스킬을 충분히 익혔다면 이제 실전에 참여하는 길만 남았습니다. 본인의 목적에 다양하나 크게 다음과 같은 길 중 선택할 수 있습니다.
❶ 웹툰 작가로 데뷔
❷ 프리랜서 웹툰 작가로 활동하기
❸ 웹툰 전문회사 사업자로 창업하기

05-1-1 웹툰 작가에 도전하기

웹툰 작가에 도전하는 방법은 다양한 웹툰 플랫폼을 통해 가능합니다. 대표적인 웹툰 플랫폼에는 네이버, 다음, 레진코믹스 등이 있습니다.

- 네이버 만화 : https://comic.naver.com/index.nhn
- 다음 웹툰 : http://webtoon.daum.net/
- 레진코믹스 : https://www.lezhin.com/ko

각각의 플랫폼에 아마추어 작가로 연재하는 방법, 포트폴리오를 제출하는 방법, 웹툰 공모전에 참여하는 방법 등을 통해 웹툰 작가에 도전해볼 수 있습니다.
네이버 웹툰이나 다음 웹툰 플랫폼에는 도전만화에 연재하는 방법, 베스트 도전 승급 방법, 웹툰 공모전 출전 방법 등 다양 도전 방법들이 있습니다.

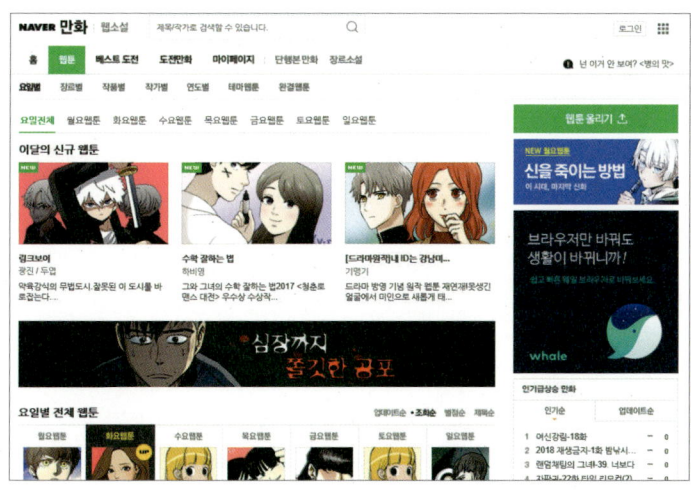

▲ 네이버 만화

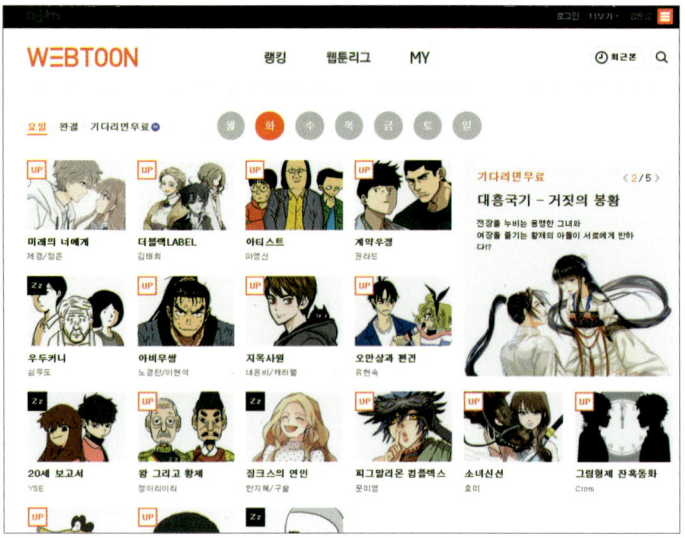
▲ 다음 웹툰

05-1-2 홍보웹툰(브랜드툰) 전문가로 활동하기

책이나 웹툰 관련 교육기관을 통한 충분한 웹툰 제작 학습을 마쳤다면 이제 홍보웹툰 전문가로 도전해볼 수 있습니다.

앞에서 소개한 웹툰 전문 에이전시 사이트 웹툰팜(webtoonfarm.com)이나 재능마켓 등을 통해 개인 판매자나 사업자 판매자로 등록하여 홍보웹툰(브랜드툰) 제작 의뢰를 등록할 수 있습니다. 처음에는 카드뉴스 방식(컷툰방식) 등 비교적 손쉬운 웹툰 제작부터 시작해서 충분히 작업 능력을 쌓은 후 기업 홍보웹툰 등 비교적 규모가 큰 작업을 도전해봅니다.

05 - 2 웹툰 제작 준비물

웹툰 제작 시 필요한 도구는 크게 태블릿과 소프트웨어로 구분할 수 있습니다.
웹툰 제작의 전 과정을 디지털 작업으로 하는 경우 태블릿을 사용하는 것이 일반적입니다.

05-2-1 태블릿

태블릿은 펜 마우스 사용과 필압 감지를 통해 종이에 그림을 그리는 것과 같은 효과를 얻을 수 있습니다. 태블릿을 이용해서 능숙하게 그리기 위해서는 많은 노력과 시간이 필요합니다. 태블릿은 용도와 기능에 따라 다양하고 가격도 4~5만 원대 실속형부터 전문가들이 사용하는 수백만 원대 고가용까지 천차만별입니다. 자신에게 맞는 태블릿을 선택하는 것이 좋습니다.

▲ 보급형 태블릿

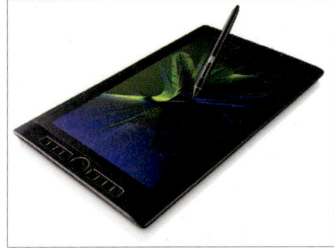
▲ 전문가용 태블릿

▲ 펜 마우스

05-2-2 소프트웨어

웹툰을 제작하려면 스케치를 한 후 채색, 배경 제작, 다양한 효과 작업, 말풍선 작업을 해야 합니다. 이러한 작업을 위해서는 다양한 소프트웨어를 사용해야 합니다. 대표적으로 포토샵(PhotoShop), 메디방 페인트(MediBang Paint), 사이(Paint tool sai), 코믹 스튜디오(ComicStudio Demo), 스케치업(Sketchup) 등이 있습니다.

❶ 포토샵

가장 널리 알려진 일반화된 프로그램입니다. 웹툰 스케치, 채색, 편집, 식자, 특수효과 등 웹툰 제작 전과정이 가능한 프로그램입니다. 단, 유료 프로그램입니다.

❷ 메디방 페인트

일러스트 및 만화 제작 전문 프로그램입니다. 메디방 페인트 프로는 클라우드, 풍부한 소재(800종류 이상의 톤과 배경), 유명폰트(10종류 이상의 한글폰트도 제공), 다양한 브러시(50종류 이상의 브러시) 등을 모든 것을 무료로 사용 가능하며, 프로그램 동작이 가볍고 어떤 디바이스에서도 사용 가능합니다. 이러한 다양한 장점으로 인해 이 책에서는 웹툰 제작 도구를 메디방 페인트 프로를 사용하여 설명합니다.

❸ 스케치업

스케치업은 본래 건축이나 조경, 인테리어쪽에서 주로 사용하는 3차원 그래픽 프로그램입니다. 최근 웹툰 작가들 사이에서 웹툰 배경의 3D 모델링에 다양하게 활용하고 있는 추세입니다. 이 책에서도 웹툰 배경 제작 시 스케치업 모델을 사용하여 설명하였습니다.

PART 02

홍보웹툰 제작 시작하기

Chapter 06 메디방 페인트 설치하기
Chapter 07 메디방 페인트로 배우는 홍보웹툰 제작 기초

Chapter

메디방 페인트 설치하기

06-1 메디방 페인트 설치하기

메디방 페인트 프로그램을 설치해보겠습니다.

06-1-1 메디방 페인트 프로 살펴보기

원래는 알파카(ALPACA)라고 하는 프리웨어였는데, 이를 일본 대형 만화출판사인 점프사(JUMP社)가 [메디방 페인트 프로]라는 이름으로 바꾸고 외형을 다듬어서 무료배포하고 있습니다. 메디방이라는 이름 외에도 본사의 이름을 딴 [점프페인트]라는 이름으로도 배포 중인데, 인터페이스 색상과 버튼 모양 등이 살짝 다를 뿐 같은 프로그램입니다. 파일 호환이나 클라우드 사용 등에도 크게 다른 점이 없습니다.

메디방 단독의 클라우드를 사용하여 저장 및 불러오기 기능이 있으며, 간단한 회원가입 및 로그인 후에는 무료로 다양한 말풍선과 스크린톤, 한글 폰트 등을 제공하고 있습니다. 개인적으로는 포토샵과 클립 스튜디오의 기능을 적절히 믹싱한 느낌이 듭니다. 포토샵이나 클립스튜디오 등을 사용해 보신 분들이라면 어렵지 않게 기능들을 사용하실 수 있을 것입니다. 일본발(發) 만화 제작 프로그램답게 원고 만화적 구현 기능에 충실합니다. 또한 모든 것이 무료인데도 불구하고 다른 프리웨어에 비해 안정성이 높고 여러 가지 기기(ios 및 android 스마트폰, 태블릿, 노트북 등)에서 호환성이 높습니다.

메디방 페인트는 본 교재에서 웹툰 제작에 활용하게 될 그래픽 프로그램입니다.

06-1-2 메디방 페인트 프로 설치하기

메디방 페인트 프로 프로그램을 무료로 다운로드 받아 설치해보겠습니다.

01 메디방 페인트는 다음 사이트에서 다운로드 받을 수 있습니다. 다음 중 한 곳에 접속한 후 메인화면에서 [다운로드] 버튼을 클릭합니다.
- 메디방 페인트 홈페이지 : https://medibangpaint.com
- 메디방 페인트 한국어 홈페이지 : https://medibangpaint.com/ko

※ 메디방의 홈페이지 주소는 https://medibang.com입니다.

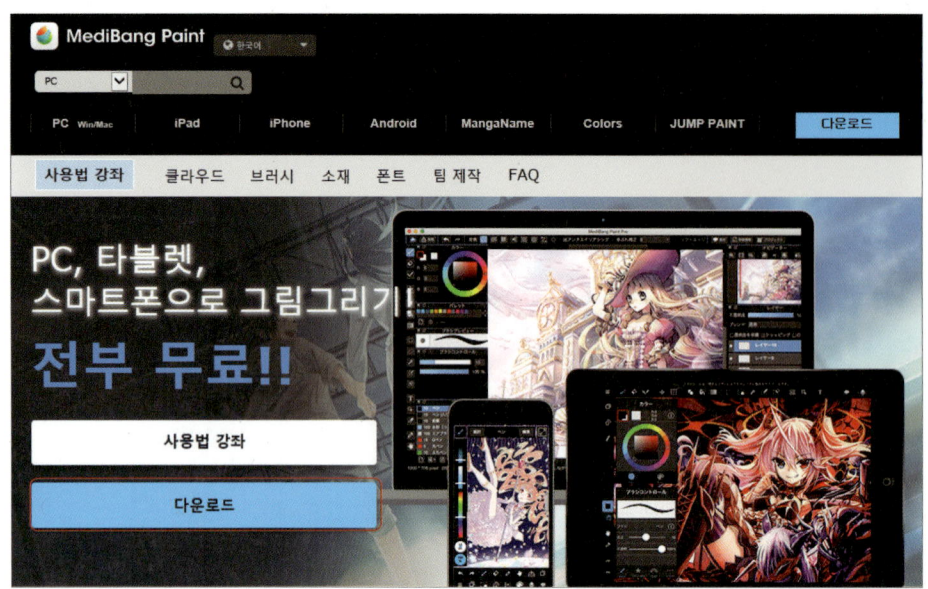

02 다운로드 페이지로 이동하면 MAC과 WINDOW 버전 중 본인의 컴퓨터 운영체제에 맞는 버전의 [다운로드] 버튼을 클릭하면 다운로드 하실 수 있습니다. 윈도우 버전 다운로드(64bit) 버튼 아래를 보시면 윈도우 32bit 버전을 사용하시는 분들도 다운로드가 가능한 것을 알 수 있습니다.

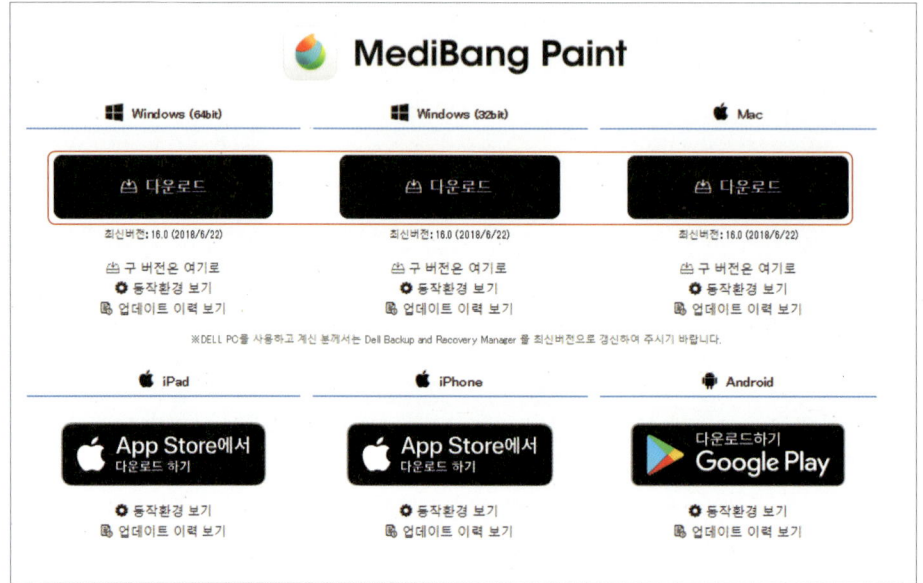

03 [실행] 버튼을 클릭해서 메디방 페인트 프로 설치를 진행합니다.

04 '설치 언어 선택' 창이 나타나면 Korean(한국어)를 선택하고 [확인] 버튼을 클릭합니다.

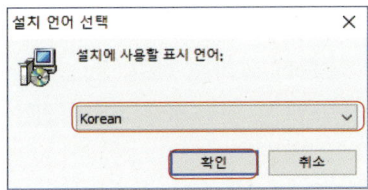

05 '설치 위치 선택' 창이 나타나면 [찾아보기] 버튼을 클릭해서 설치 폴더를 선택할 수 있습니다. 여기서는 기본값 상태에서 [다음(N)] 버튼을 클릭합니다.

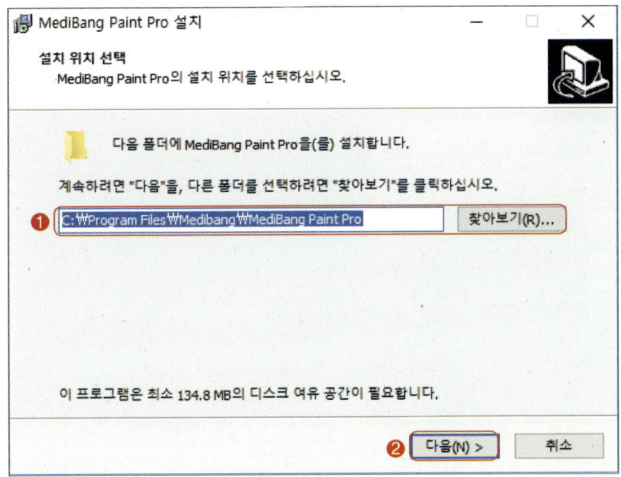

06 프로그램 바로가기 위치 설정, 바탕 화면에 바로가기 만들기 작업 창에서 [다음N] 혹은 [확인] 버튼을 클릭하고 설치 준비 완료 창에서 [설치(I)] 버튼을 클릭하여 설치를 마칩니다. 설치 완료 창이 나타나면 [종료] 버튼을 클릭합니다.

07 윈도우 바탕화면에서 메디방 페인트 프로 실행 아이콘( )을 더블클릭합니다. 메디방 페인트 프로를 처음 실행하면 다음과 같은 광고배너가 하나 뜨는데, 이 배너를 끄면 이어서 로그인 창이 나타납니다. 회원가입을 하면 클라우드 기반의 브러시와 여러 가지 톤, 말풍선, 효과음, 배경, 폰트 들을 무료로 다운받아 쓸 수 있게 됩니다. 메디방을 100% 활용하려면 가입하시는 것이 좋습니다. 가입을 원하면 오렌지 색 버튼의 [신회원등록] 버튼을 클릭합니다.

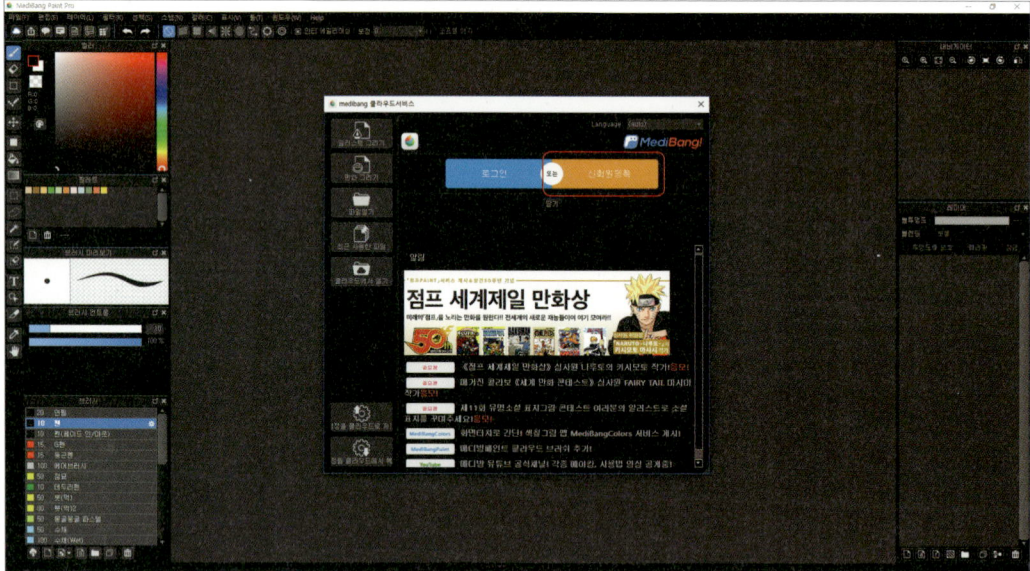

08 신규 회원가입은 페이스북 아이디나 구글 아이디로도 연동 가입이 가능하니 참조합니다. 약관에 동의하고 [무료로 신규등록] 버튼을 클릭해서 회원가입을 진행하시기 바랍니다. 몇 가지 간단한 기입만으로 회원가입이 완료됩니다.

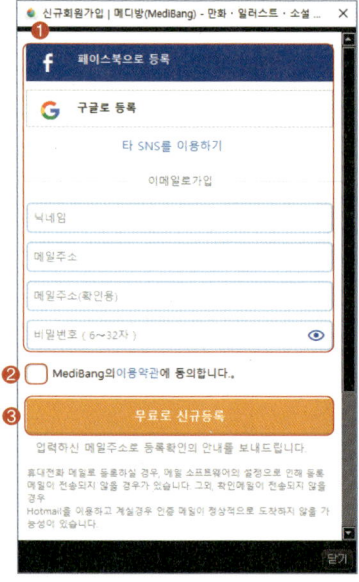

09 정상적으로 가입이 완료되면 다음과 같은 화면이 보입니다.

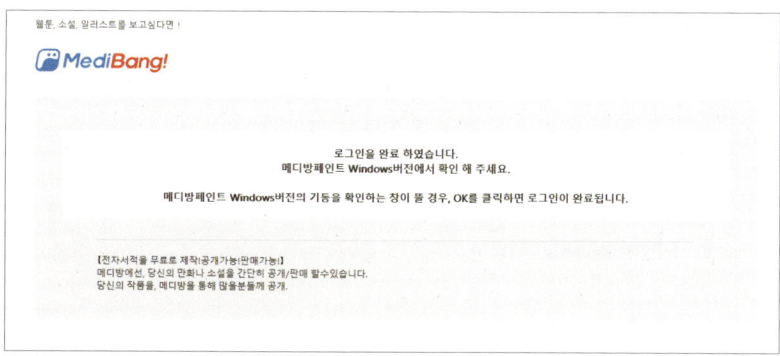

10 바로 이전에 가입한 아이디와 비밀번호를 이용하여 메디방 페인트 프로 프로그램에서 [로그인] 버튼을 클릭하여 로그인해 봅니다.

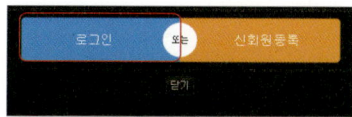

11 가입과 로그인에 성공하면 메디방 페인트 프로 화면에 아래처럼 본인의 아이디가 표시됩니다. 홈페이지의 MY PAGE에서 프로필용 사진이나 그림을 삽입했다면 프로필 이미지도 보입니다. 메디방에서 제공하는 pixiv 사이트와 유사한 개인 블로그 기능들도 있지만(medibang.com에서 확인 가능), 프로그램에서 로그인까지 완료했다면 만화를 그리는 데에는 아무 지장이 없으므로 블로그 기능 소개는 패스하도록 하겠습니다.
프로그램을 종료하여도 자동 로그아웃은 되지 않기 때문에, 공동으로 사용하는 PC의 경우 종료 시에는 반드시 로그아웃하여 주시기 바랍니다. 개인 PC의 경우라면 수시로 로그인하지 않아도 됩니다. 메디방 페인트 로그인 창을 끄면 메디방 페인트 프로가 실행됩니다.

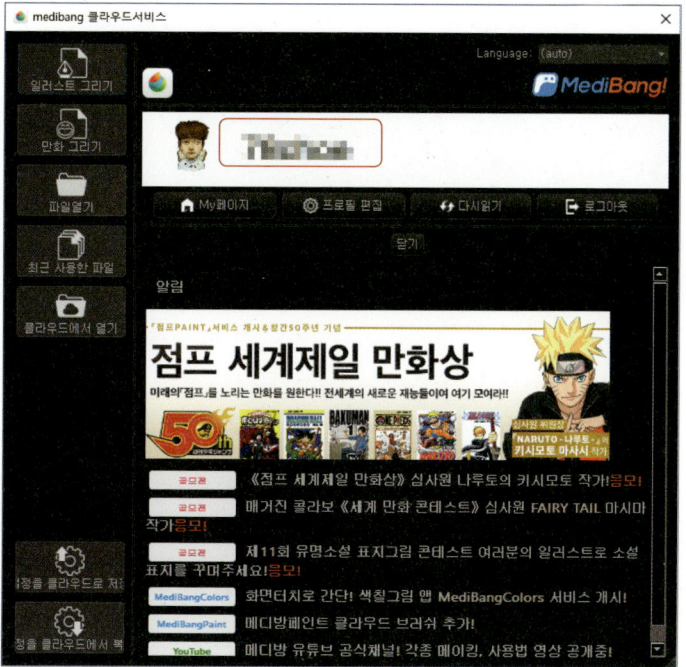

06-2 메디방 페인트 프로 미리 살펴보기

본격적으로 메디방 페인트 프로 프로그램을 배우기 전에 알아두면 편리한 기능들을 살펴보겠습니다.

06-2-1 메디방 페인트 프로 화면 살펴보기

바탕화면에 메디방 페인트 프로 실행 아이콘(🔵)을 더블클릭하면 다음과 같은 메디방 페인트 프로 메인 화면이 나타납니다.

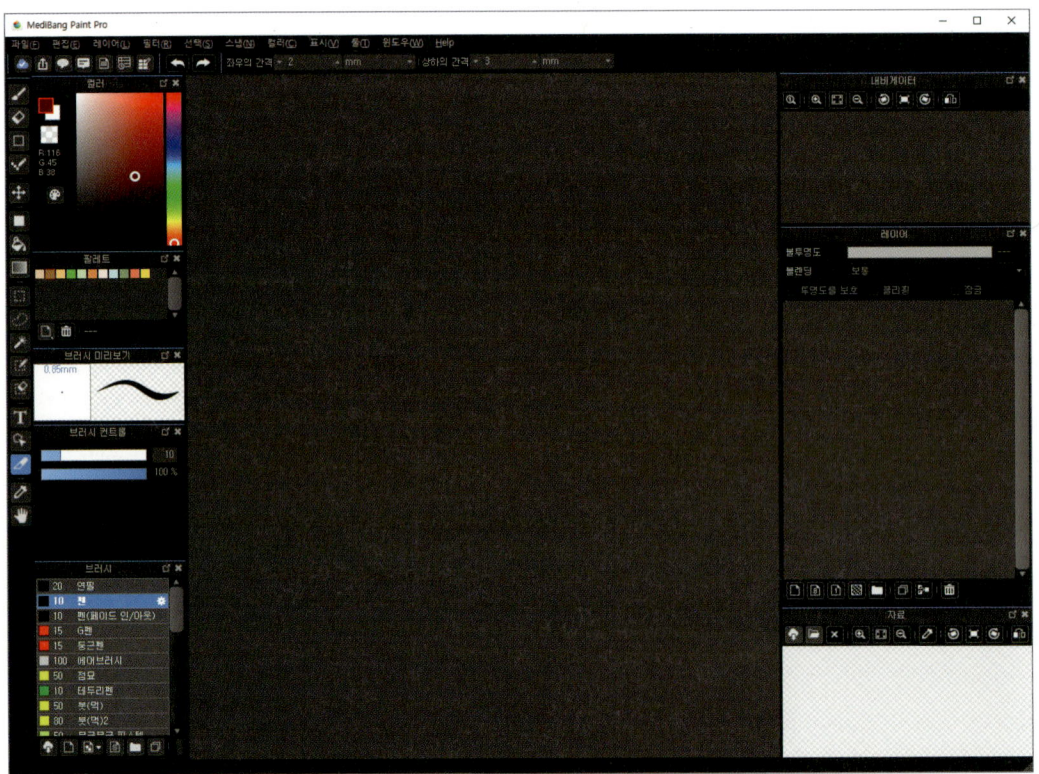

메디방 페인트 프로 메인 화면 설명과 기능에 대한 알아보겠습니다. 다음의 내용들은 메디방 페인트 공식 사용강좌에서 일부 내용을 인용하거나 풀어서 쓰고 더 필요한 부분은 제가 첨가하여 설명했습니다. 여기에 나와 있지 않은 기타 사용법은 공식사이트의 [사용강좌] 페이지에서 참조해 주시기 바랍니다.

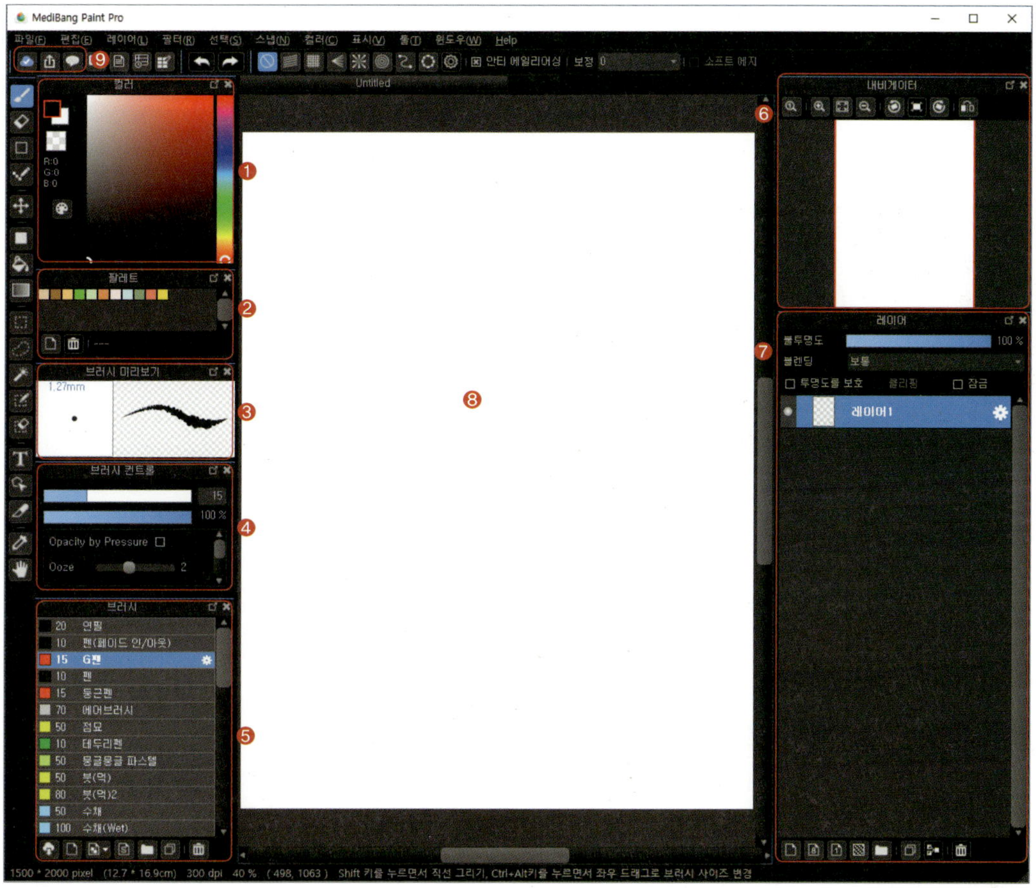

❶ 컬러 창

RGB라고 표시되어있는 것은 Red, Green, Blue의 세 가지 색을 의미하며 디지털 채색기법의 3원색입니다. 포토샵처럼 RGB 값을 따로 입력하기는 힘듭니다. 맨 우측에 있는 색상바(Bar)에서 색상을 선택하고 색상바 왼편에 위치한 사각 팔레트에서 명도와 채도를 조절하여 원하는 색상을 선택합니다.

다음 컬러 창에서는 파란색이 전경색, 하얀색은 배경색입니다. 브러시를 사용하면 나오는 색깔은 파란 색입니다. 네모 모양 색상 박스(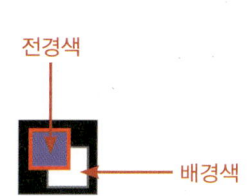)를 한번 클릭할 때마다 전경과 배경색의 순서가 바뀝니다.

❷ 팔레트

팔레트는 자주 사용하는 색을 등록할 수가 있습니다. 동일한 캐릭터의 색상을 여러 컷에 신속하게 부을 때 자주 사용됩니다. 다만 저장된 색이 많아지면 오히려 헷갈리게 될 수도 있습니다. 중요한 캐릭터의 자주 쓰는 색들만 이용하는 것을 추천 드립니다.

❸ 브러시 미리보기 창

브러시의 현재 상태를 확인 할 수 있습니다. 왼쪽 창은 브러시의 종류와 크기, 오른쪽 창은 브러시의 모양을 표시합니다. 브러시 크기를 바꾸면 미리보기 창에서 오른쪽 부분 그림도 이에 따라 크기가 변경됩니다.

❹ 브러시 컨트롤 창

상단 바(Bar)는 브러시의 굵기(크기) 설정, 하단 바는 브러시 불투명도를 설정합니다. 브러시의 굵기는 직접 입력이 가능하고, 바를 드래그 하여 변경하는 것도 가능합니다.

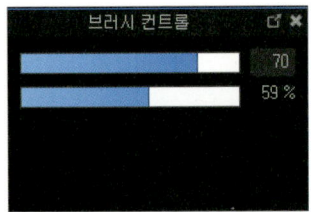

❺ 브러시 창

브러시의 종류를 확인하고 선택하여 사용할 수 있습니다.

하나의 브러시를 더블클릭하면 "브러시 편집" 창이 표시됩니다.

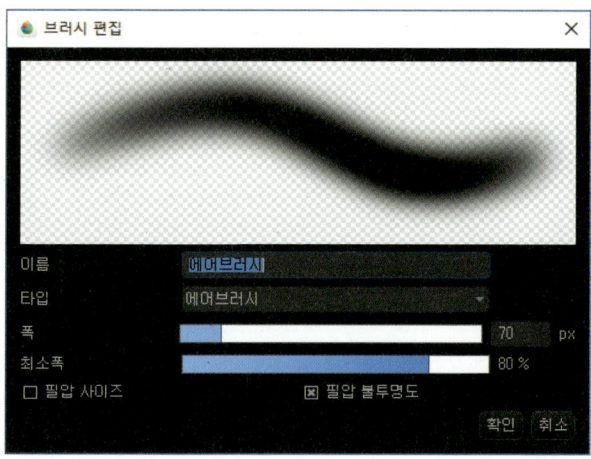

- 이름 : 브러시 이름을 입력합니다.
- 타입 : 브러시 중 사용할 펜 타입을 지정합니다.
- 폭 : 선의 중간 두께 값을 설정합니다.
- 최소폭 : 선의 양쪽 끝 두께 값을 설정합니다.
- 필압 사이즈 : 선의 양쪽 끝을 처리할 것인지 지정합니다.
- 필압 불투명도 : 선의 양쪽 끝을 흐리게 처리할 것인지 지정합니다.

※ 필압은 펜을 누르는 힘의 정도에 따라 두께가 결정 되는 것을 의미합니다.

다음은 필압이 적용된 펜(페이드 인/아웃) 브러시의 옵션 값에 따른 상태입니다. 일반 펜은 선의 시작과 끝이 일정한 두께를 유지하지만 페이드 인/아웃 펜은 선의 양 끝쪽에 필압이 적용되어 얇게 표현됩니다. 아래 '필압 불투명도' 체크 박스를 체크하면 선의 양쪽 끝이 약간 흐려집니다.

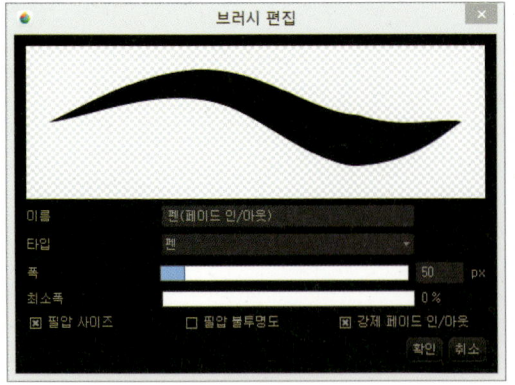

▲ 폭 50px

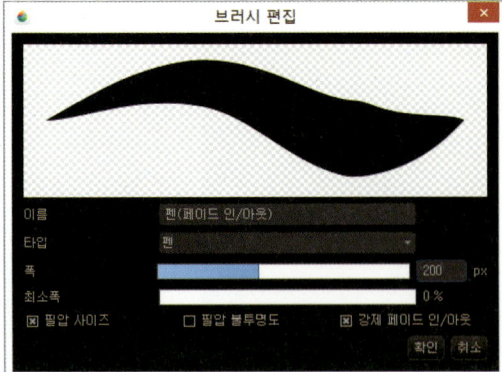

▲ 폭 200px

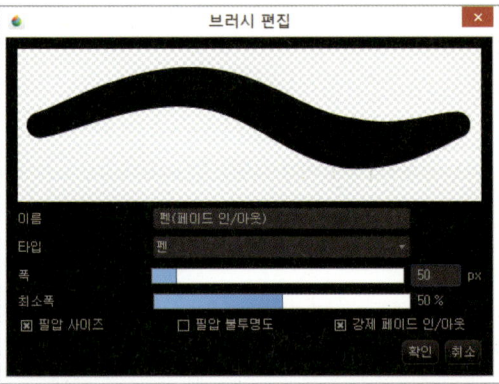

▲ 최소폭 : 10%

▲ 최소폭 : 50%

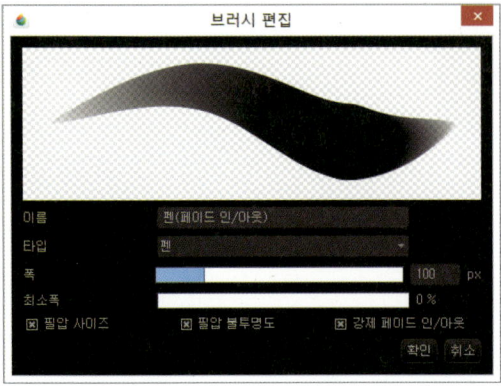

▲ '필압 불투명도' 체크 박스를 체크한 상태

❻ 내비게이터 창

캔버스의 표시에 관해 컨트롤하는 창입니다. 여기를 클릭하기보다는 단축키를 외우는 것이 효과적입니다.

- ⊕ : 100% 크기로 보기
- ⊕ : 확대 (Ctrl + 키보드 우측 +)
- ⊡ : 화면에 꽉 차게 보기 (Ctrl + 숫자 o)
- ⊖ : 축소 (Ctrl + 우측 -)
- ↺ : 좌회전 (키보드 ← 화살표)
- ⊡ : 회전 해제 (Ctrl + ↑ 화살표) - 그림 방향이 원래대로 돌아옵니다.
- ↻ : 우회전 (키보드 → 화살표)
- ⇅ : 좌우반전 (키보드 ↓ 화살표)

※ 내비게이터 창에서 좌회전을 하여도 원본에는 반영되지 않습니다. 단순히 회전시킨 상태의 그림을 보여줍니다.

❼ 레이어 창

레이어를 관리하는 패널입니다.

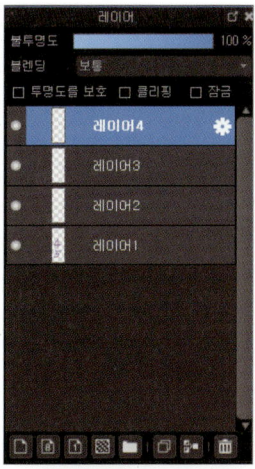

- 불투명도 ━━━━━ 100% : 마우스로 파란 바를 움직여 레이어의 투명도를 조절합니다.
- 블렌딩 보통 ▼ : [보통] 부분을 클릭하면 아래그림과 같이 여러 블렌딩(레이어 속성)이 표시됩니다. 여기서 레이어의 속성을 변경할 수 있습니다.

- ☐ 투명도를 보호 : 해당 레이어에 작업(라인, 채색 등)을 하고 투명도 보호를 체크하면 이미 작업한 영역 밖으로는 선도 그어지지 않고 색도 부어지지 않습니다. 단, 올가미나 선택툴을 이용해 잘라내거나 지우기 등은 가능합니다. 투명도 보호 보다는 [레이어 작업영역 보호] 정도로 이해해 두면 좋습니다.

- ☐ 클리핑 : 레이어가 두 개 이상일 때만 사용가능합니다. 레이어를 하나 선택하고 클리핑을 체크하면 아래에 위치한 레이어에 해당 레이어가 종속됩니다. 이 기능을 사용하면 하위 레이어에서 작업된 영역을 벗어나지 않고 채색이나 덧칠 작업을 할 수 있습니다. 체크를 풀면 일반 레이어 상태로 돌아옵니다.
- ☐ 잠금 : 여기에 체크하면 해당 레이어에서는 아무 작업도 수행할 수 없게 됩니다. 실수로라도 건드리지 말아야 하는 레이어(원본 라인 레이어 등)에 사용합니다.
- 🗋 : 새 레이어를 생성합니다.
- 🗋 : 8비트 레이어 생성(모든 색이 모노톤(그레이)으로 나옴)합니다.
- 🗋 : 1비트 레이어 생성(모든 색이 흑과 백 2가지 색으로만 표현됨)합니다.
- 🗋 : 하프톤 레이어 생성(모든 색이 스크린 톤처럼 표현됨)합니다.
- 📁 : 폴더 생성 - 레이어들을 폴더에 집어넣어 관리할 수 있습니다.
- 🗋 : 현재 선택된 레이어를 똑같이 복제합니다.
- 🗋 : 현재 선택된 레이어와 바로 아래에 있는 레이어를 합쳐줍니다.
- 🗑 : 현재 선택된 레이어를 삭제하는 기능입니다.

❽ 캔버스

이미지 작업을 하는 영역으로, Ctrl + N 을 눌러 새 캔버스를 만들 수 있습니다.

❾ 상단 바

- 🌐 네트워크 창 표시

로그인 상태일 경우에는 🌐, 로그인 상태가 아닐 경우에 ☁ 아이콘이 표시됩니다.

로그인을 하지 않아도, 이 아이콘을 클릭하여 언제든 로그인이 가능합니다.

- 📤 메디방으로 투고

로그인 상태일 경우, 메디방 사이트(https://medibang.com/)로 간편하게 자신의 원고를 투고할 수 있습니다. 단, 클라우드 저장 중인 작품만 투고 가능합니다. 투고된 작품은 점프코믹스에서 어느 정도 임의로 활용이 가능하다는 약관이 있다고 합니다. 만약 이런 부분이 고민되는 분은 투고하지 마시고 클라우드만 이용합니다.

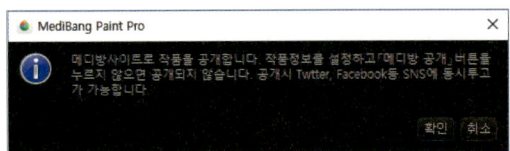

- 💬 소재 아이콘

소재 아이콘을 클릭하면, 소재 패널이 표시됩니다. 소재 패널에는 스크린톤 형태의 톤, 다양한 말풍선, 무료 배경선화 등이 제공됩니다.

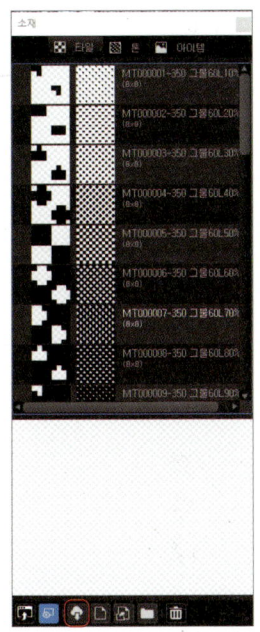

이 창 하단의 클라우드 다운로드 버튼( )을 클릭해서 아래와 같이 다양한 소재들을 무료로 사용할 수 있습니다.

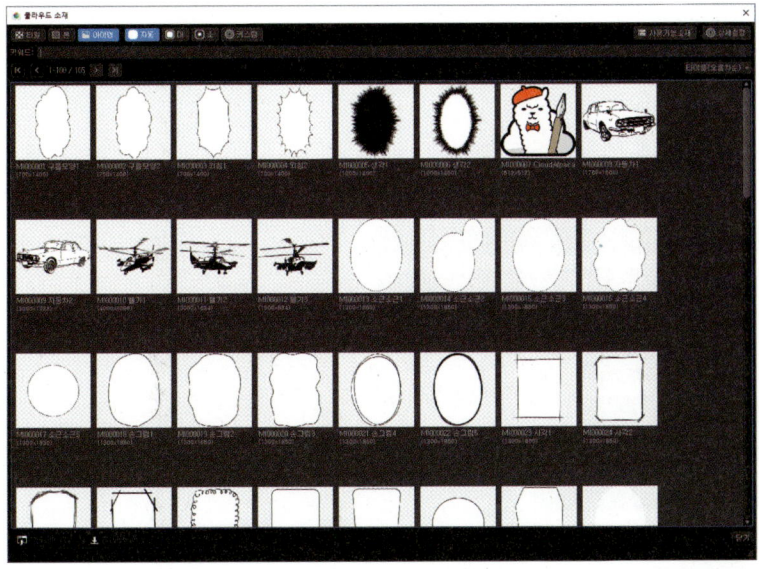

06-2-2 도구 패널

그림을 그리는 데 자주 사용하는 도구들이 모여 있는 툴 박스입니다. 자주 사용하는 도구의 단축키는 외워두면 작업 시 편리하게 사용할 수 있습니다.

- 브러시 툴(✏, B) : 펜, 연필, 수채붓, 에어브러시 등 각종 브러시를 선택할 수 있습니다.
- 지우개 툴(◆, E) : 캔버스에 그린 그림을 지울 수 있는 기능입니다.
- 도형브러시 툴(■, U) : 테두리가 있고 속이 빈 도형을 그릴 수 있습니다.
- 도트 툴(✓, Shift + B) : 안티얼라이싱이 없는 도트(dot) 브러시 입니다.
- 이동 툴(✥, V) : 선택한 오브제, 레이어를 이동시킬 수 있습니다.
- 채우기 툴(■, N) : 속이 색으로 채워진 도형을 그릴 수 있습니다.
- 버킷 툴(🪣, G) : 선택된 영역(도형, 그림) 안에 색을 채워 넣습니다.
- 그라데이션 툴(■, Shift + G) : 선택된 영역 안에 그라데이션 색을 채워 넣습니다.
- 선택 툴(▢, M) : 선택하고 싶은 부분을 사각 도형 영역으로 선택할 수 있습니다.
- 올가미 툴(◯, L) : 선택하고 싶은 부분을 자유곡선 형태로 선택할 수 있습니다.
- 자동선택 툴(✦, W) : 클릭한 영역에 근접한 색상들을 한 번에 선택할 수 있습니다.
- 선택 펜 툴(✎, S) : 선을 그리듯이 영역을 선택할 수 있습니다.
- 선택 지우개 툴(🧽, Shift + S) : 지우개로 선택된 영역을 지우는 방식으로 메워줄 수 있습니다.
- 텍스트 툴(T, T) : 글을 입력할 수 있습니다.
- 조작 툴(🔧, O) : 만화 컷박스 크기와 속성을 조절하거나 말풍선의 크기와 속성을 조절할 수 있습니다.
- 분할 툴(✂, Shift + O) : 컷 박스(만화 칸 소재)를 만들고 자를 때 사용합니다.
- 스포이드 툴(💧, I) : 캔버스 내 색상을 전경색으로 선택할 수 있습니다.
- 손바닥 툴(✋, H) : 캔버스의 화면을 이동시킬 수 있습니다.

※ 괄호 안 알파벳은 단축키입니다(예 키보드 B 를 누르면 브러시 툴이 선택됩니다).

도구 패널의 각 항목을 선택하면 상단 메뉴바 바로 아래에 각 도구 패널에 사용되는 기타 속성값들이 나타납니다.

- 없음
- 없음
- 없음
- 없음
- 없음
- 없음

※ 마우스 휠을 당기면 캔버스 화면이 확대되고, 밀면 축소됩니다.

06-2-3 단축키 및 환경설정

[파일]-[단축키 설정] 메뉴를 클릭하면 단축키를 설정할 수 있는 "단축키 설정" 창이 나타납니다.

단축키를 모두 외울 필요는 없겠지만 단축키를 많이 알수록 작업속도가 빨라집니다. 메디방 페인트를 다루기 이전에 포토샵 등 이미 본인에게 익숙한 프로그램과 단축키 조합이 있다면 비슷하게 바꾸어 두는 것도 좋습니다.

한편 메디방 환경설정에서 사용자 환경을 체크해 볼 수 있습니다. 특별히 변경할 것은 없지만 사용해야 할 경우에는 [파일]-[환경설정] 메뉴를 클릭하면 "환경설정" 창이 나타납니다.

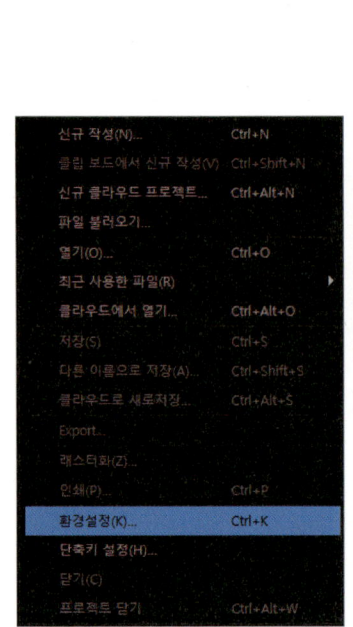
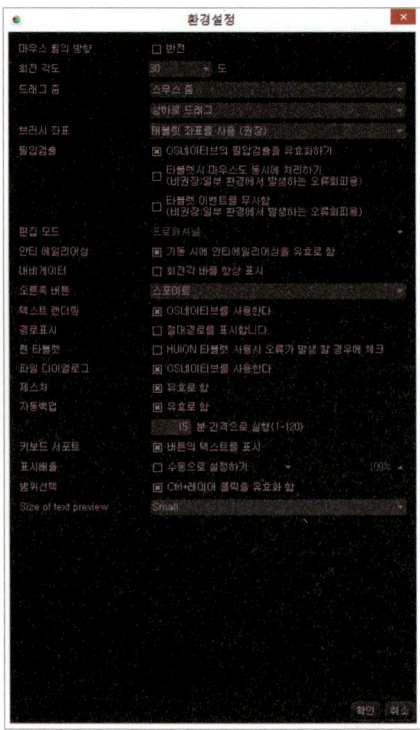

06-2-4 레이어 개념 이해하기

레이어란 투명한 여러 종이를 겹겹이 쌓아서 하나의 이미지를 보여줍니다. 다음은 채색 레이어, 스케치 레이어, 배경 레이어를 겹겹이 쌓아 아래 완성 이미지를 보여줍니다.

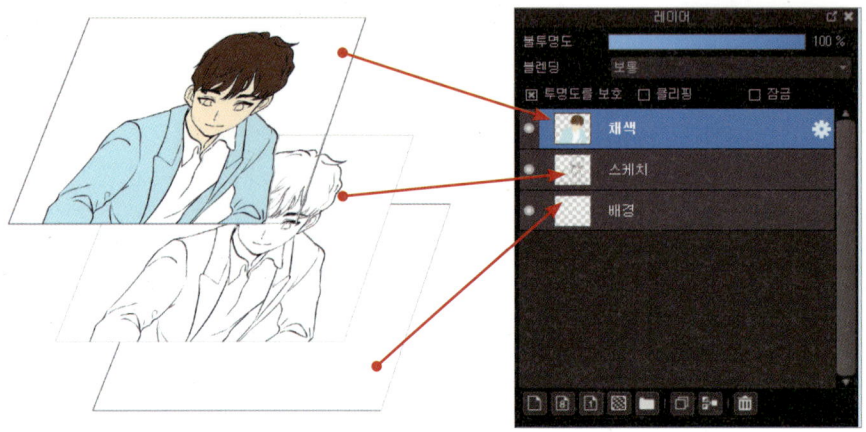

▲ 완성

레이어 패널에는 '레이어1'만 존재하며, 새 레이어를 추가하기 위해서는 패널 아래에 레이어의 추가 아이콘(▣)을 클릭합니다. 위 그림처럼 새로운 작업마다 새 레이어를 추가하여 쌓아가듯이 작업하면 됩니다.

- 레이어 메뉴

❷ 새 레이어가 만들어집니다.

❶ 레이어의 추가 아이콘(▣) : 모든 컬러를 사용할 수 있는 레이어를 추가합니다.
❷ 레이어 추가(8bpp) 아이콘(▣) : 그레이 컬러를 사용할 수 있는 레이어를 추가합니다.
❸ 레이어 추가(1bpp) 아이콘(▣) : 검정색만 사용할 수 있는 레이어를 추가합니다.
❹ 레이어 추가(하프톤) 아이콘(▣) : 작은 점(하프톤)으로 색칠할 수 있는 레이어를 추가합니다.
❺ 레이어 폴더 추가 아이콘(▣) : 레이어를 관리할 수 있는 폴더를 추가합니다.
❻ 레이어 복제 아이콘(▣) : 선택한 레이어를 복사합니다.
❼ 레이어 아래로 통합(▣) : 선택한 레이어 바로 아래쪽 레이어와 하나로 합칩니다.
❽ 레이어 삭제(▣) : 선택한 레이어를 삭제합니다.

Chapter

메디방 페인트로 배우는 홍보웹툰 제작 기초

 ▶  ▶

07 - 1 웹툰용 사이즈로 도큐먼트 만들기

웹툰은 일반적으로 가로 700~900픽셀(이하 px) 사이의 도큐먼트 사이즈로 작업합니다. 네이버 웹툰, 다음 웹툰 등 플랫폼마다 기준이 조금씩 다르니 만약 웹툰 연재를 준비할 경우 추가 확인이 필요합니다. 여기서는 가로 700px, 세로 20,000px 사이즈로 만들어 보겠습니다.

※ 메디방 페인트에서 만들 수 있는 도큐먼트 세로 사이즈 최대 길이는 20,000px입니다.

01 메디방 페인트 프로 프로그램을 실행한 후 메인화면 상단의 [파일]-[신규 작성] 메뉴를 클릭하거나 신규 작성 단축키인 `Ctrl` + `N` 을 눌러 새 문서를 엽니다.

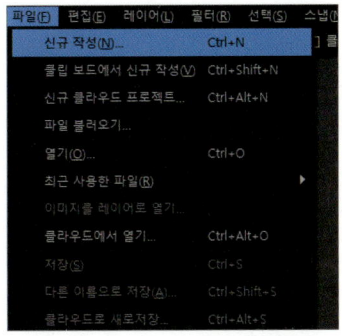

02 "이미지의 신규 작성" 창에서 폭(가로)과 높이(세로) 픽셀 값과 해상도 값을 입력합니다. 해상도는 일반적으로 300 dpi를 사용합니다. 폭(가로)은 네이버, 다음 등 포털사이트 기준인 700px, 높이(세로)는 20,000px을 입력하고 [확인] 버튼을 누르면 본인이 입력한 값과 동일한 크기의 새 문서가 만들어 집니다.

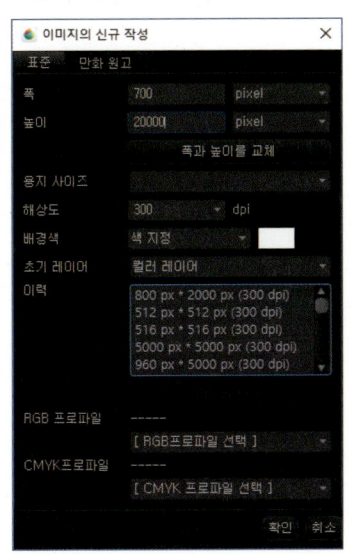

이미지의 신규 작성 시 '폭'과 '높이' 값은 작업 목적에 따라 자유롭게 설정하면 됩니다. 하지만 이 값을 몇으로 설정해야 할지 잘 모를 경우 '용지 사이즈'로 크기를 선택해도 됩니다.

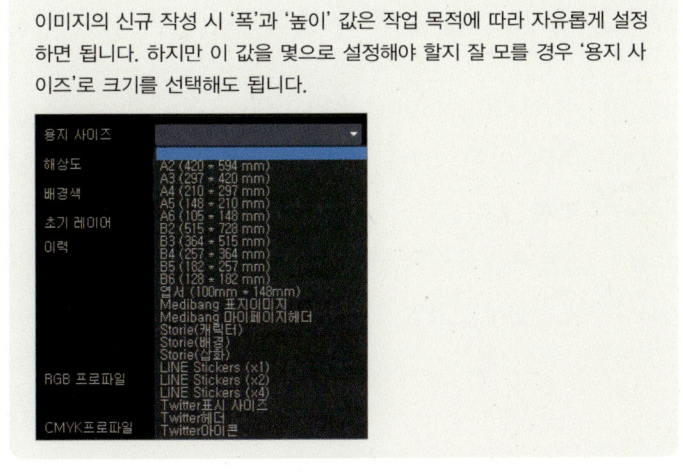

03 높이(세로)가 굉장히 길지요? 이런 모양의 캔버스에 웹툰을 그리는 것입니다. 작업 목적에 따라 다른 규격으로 기입하면 됩니다.

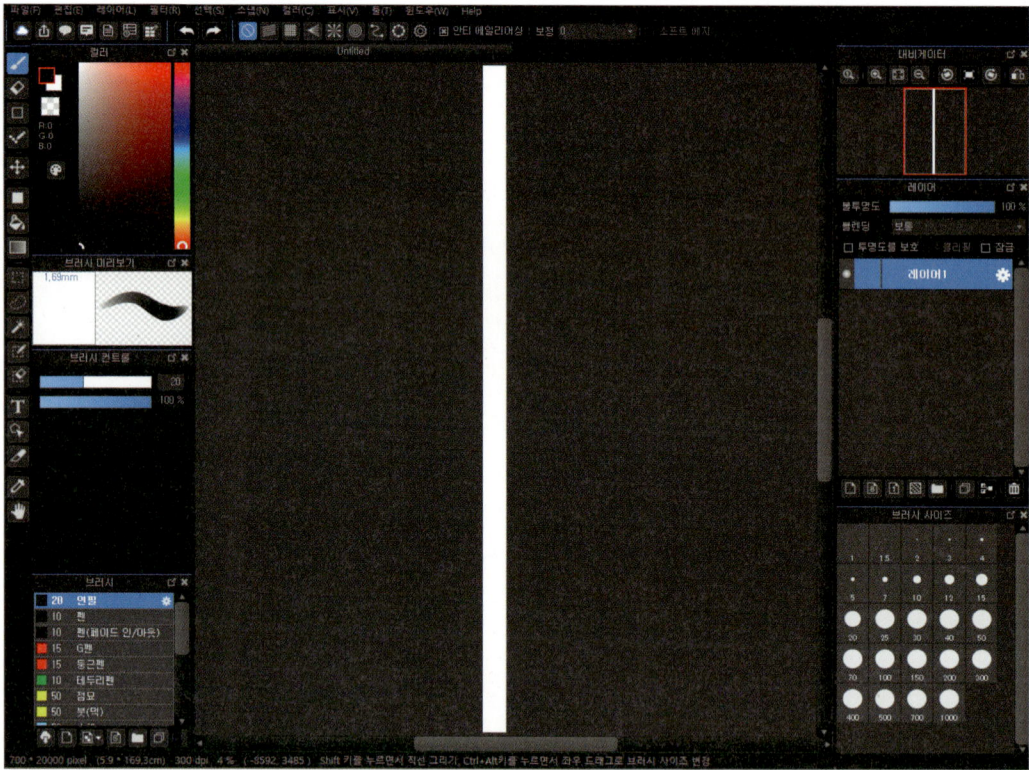

07 - 2 종이 그림 선화 추출하기

하얀 종이에 샤프나 펜으로 그림을 그리는 것이 태블릿에 그릴 때보다 선 맛이 좋은 분들이 많습니다. 이럴 경우 그림을 스캐너로 스캔하게 되는데, 스캔한 그림은 디지털 프로그램 레이어에서 작업한 것과 달리 그림의 라인(선)과 종이가 하나로 붙어있는 상태입니다. 우리가 쓰고 싶은 것은 배경 종이 부분이 삭제된 라인(선)만이기 때문에 다음과 같은 작업을 수행하면 메디방에서 손쉽게 선화만 추출할 수 있습니다.

- 스캔원본이 종이에 컬러 펜으로 그린 경우라도(컬러 스캔) 선화 추출에서는 흑백으로만 변경됩니다.
- 채색된 그림이나 컬러사진 이미지의 경우, 원하는 선만 추출되지는 않습니다. 아래와 같이 변형됩니다.

01 메디방 페인트 프로 프로그램을 실행한 후 메인 화면 상단의 [파일]-[열기] 메뉴를 클릭하거나 열기 단축키인 Ctrl + O 를 눌러 스캐너로 저장된 그림 이미지를 불러옵니다. jpg 파일 형식이므로 레이어가 하나(❶)뿐입니다. 즉 선과 배경이 붙어 있는 상태입니다.

▶ 소스 파일 : Chpater 07\선화 추출.jpg

▲ 필자가 종이에 스케치한 그림 선화를 스캔한 그림 이미지

▲ 선과 배경이 하나의 레이어로 붙어 있는 상태

02 [필터]-[선화 추출] 메뉴를 클릭합니다. "선화 추출" 창이 나타나면 [확인] 버튼을 눌러서 선화만 추출합니다.

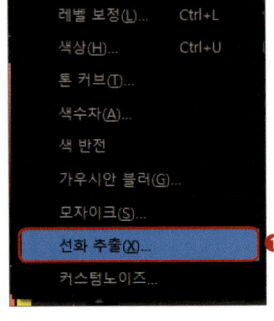
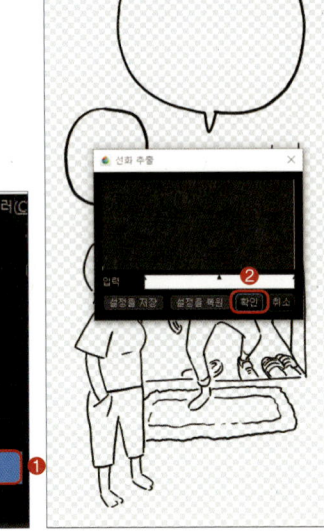

- "선화 추출" 창 활용 방법
입력 상자의 어두운 부분, 그림에서 남길 선의 선명도, 그림의 밝기 부분을 조절한 후 [확인] 버튼을 클릭합니다.

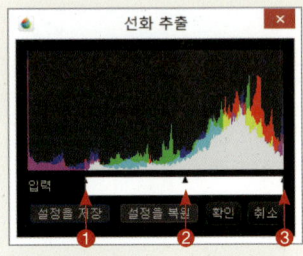

❶ 그림에서 어두운 영역을 조절합니다.
❷ 그림에서 남겨 놓을 선의 선명도를 조절합니다.
❸ 그림의 밝기부분을 조절합니다.

07 - 3 레벨값으로 그림 보정하기

스캔 받은 컬러 작품의 경우, 실제 종이 위에 그렸던 느낌과 다른 느낌으로 스캔되는 경우가 종종 있습니다. 이럴 때 레벨값이나 색상값 등을 조정해서 최대한 원본과 유사한 이미지가 되도록 합니다. 레벨 보정이란 그림의 밝고 어두운 값만 조정하는 것으로 알아두면 됩니다.

01 [파일]-[열기] 메뉴를 클릭하고 파일을 불러온 후 [필터]-[레벨 보정(Ctrl + L)] 메뉴를 클릭합니다.

▶ 소스 파일 : Chpater 07\레벨보정.jpg

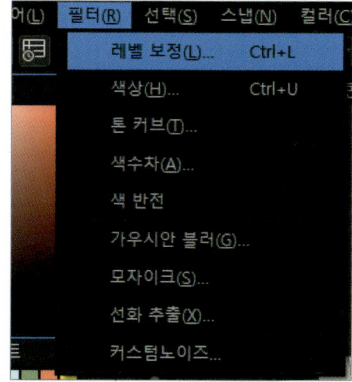

02 "레벨 보정" 창의 [입력]은 색상대비를 조정하는 기능입니다. 입력의 조절점을 우측(❷)으로 움직이면 어두운 부분이 더 선명하게 어두워지고, 좌측(❶)으로 움직이면 밝은 부분이 더 많아집니다. [출력]은 전체 레이어를 어둡거나 밝게(흐리게) 만드는 기능입니다. 작동 방법은 입력과 동일합니다.

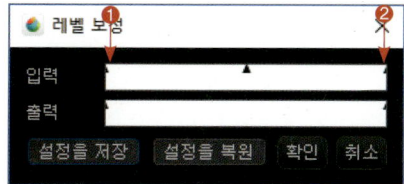

03 레벨 보정의 전과 후를 비교하면 다음과 같습니다.

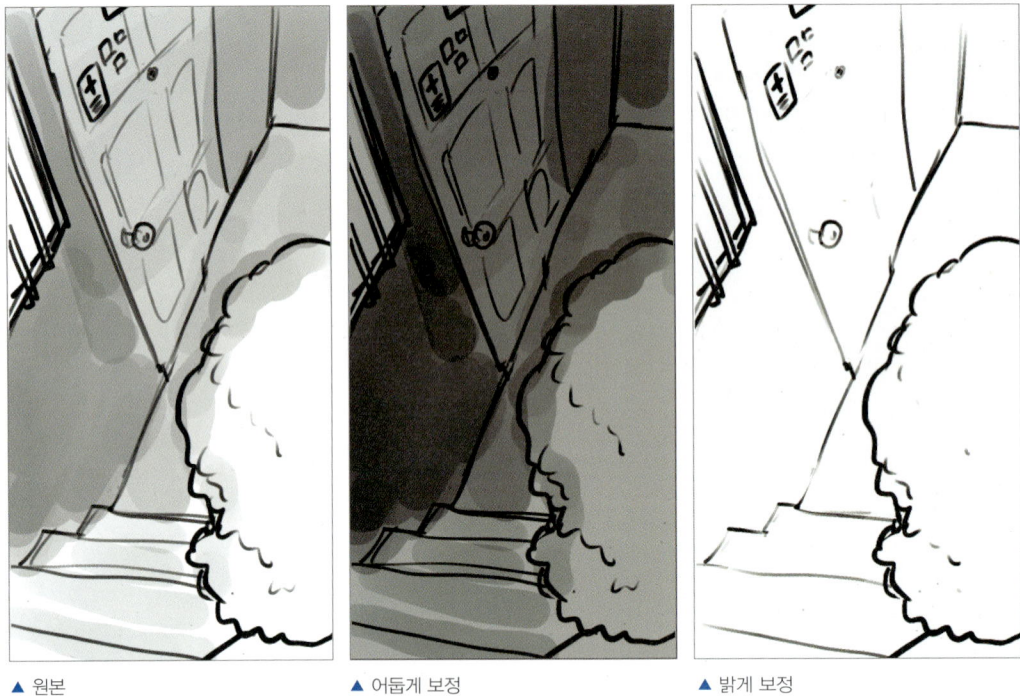

▲ 원본 ▲ 어둡게 보정 ▲ 밝게 보정

※ 메디방 페인트 프로의 레벨 보정 기능은 adobe 포토샵의 레벨 보정 기능과 단축키가 동일합니다.

07 - 4 색상값 / 톤커브로 그림 보정하기

보정해야 할 대상이 컬러가 있는 경우, 밝고 어두운 레벨값만 보정해서는 결과물이 좋지 않을 수 있습니다. 이런 경우 색상, 채도, 명도 등을 조정해서 보다 나은 결과물을 만들 수 있습니다.

01 [파일]-[열기] 메뉴를 클릭하고 파일을 불러온 후 [필터]-[색상(Ctrl + U)] 메뉴를 클릭합니다.
▶ 소스 파일 : Chpater 07\색상보정.jpg

02 '색상. 채도. 명도' 창이 열리면 색상, 채도, 명도를 변경할 수 있습니다. '색상 바'를 좌우로 움직이면 색이 변합니다(무지개 순서).

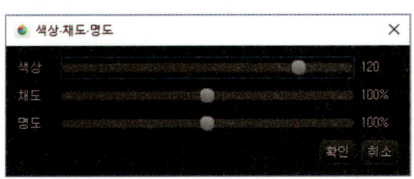

03 작업물의 색상이 탁하거나 너무 원색일 경우 '채도 바'를 좌우로 움직여서 조정할 수 있습니다.

04 작업물의 색상을 더 밝게 혹은 전체적으로 더 어둡게 하고 싶은 경우 '명도 바'를 조정해서 변경할 수 있습니다.

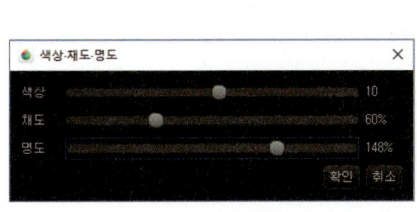

- 색상 기능은 adobe 포토샵에서도 기능과 단축키가 동일합니다.
- [필터]–[톤 커브] 메뉴를 클릭한 후 톤 커브 기능을 사용하면 RGB 색상을 개별적으로 조정할 수도 있습니다. 레벨값과 색상값 조정을 할 줄 알면 많이 쓰이지는 않습니다.

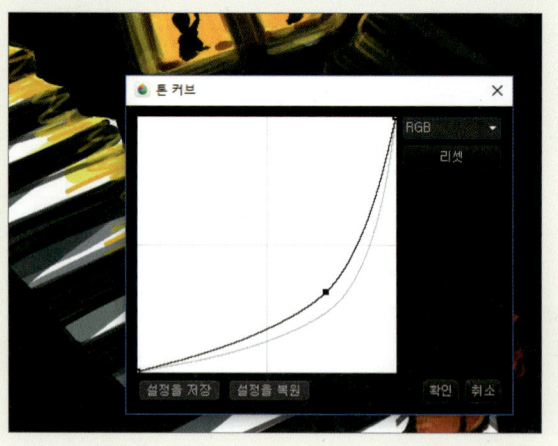

07 - 5 반투명 창문 효과 표현하기

바람 부는 창문에 휘날리는 얇은 여름 커튼처럼 속이 살짝 비쳐 보이는 오브제를 표현하려면 어떻게 해야 할까요? 하나하나 세세하게 그려주면 좋겠지만 여기서는 단순한 작업을 좋아합니다. 레이어 불투명도만 조정해서 유사한 효과를 만들 수 있습니다.

01 배경으로 사용할 이미지를 불러옵니다. 여기서는 교실 배경이 이미 그려진 상태의 문서를 사용했습니다. 반투명 재질의 객체를 위해 따로 새 레이어를 만듭니다. 새 레이어는 [레이어]–[추가(A)] 메뉴를 누르거나(❶) 메인화면 우측 레이어 패널의 레이어 추가 아이콘(▢)을 클릭하면 만들 수 있습니다. 두 개 만들고, 레이어 이름을 각각 '라인–커튼(❷)', '채색–커튼(❸)'라고 만들어 보겠습니다.

▶ 소스 파일 : Chpater 07\반투명.jpg

 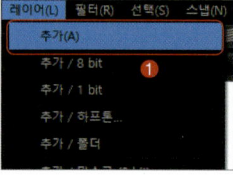 

작업 중 잘못 그린 선은 지우개 툴(◆)을 클릭한 후 지우개로 문지르듯이 사용하여 지웁니다.

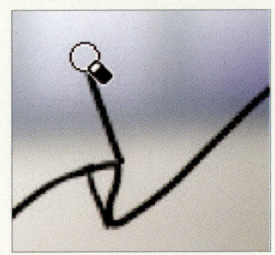

02 '라인-커튼' 레이어를 클릭합니다.(❶) 브러시 버튼(✎)을 클릭하고(❷) 하단 브러시 패널에서 펜을 클릭(❸)합니다. 브러시 사이즈, 브러시 컨트롤 속성 값을 조정하여 커튼 모양을 그립니다.(❹,❺)

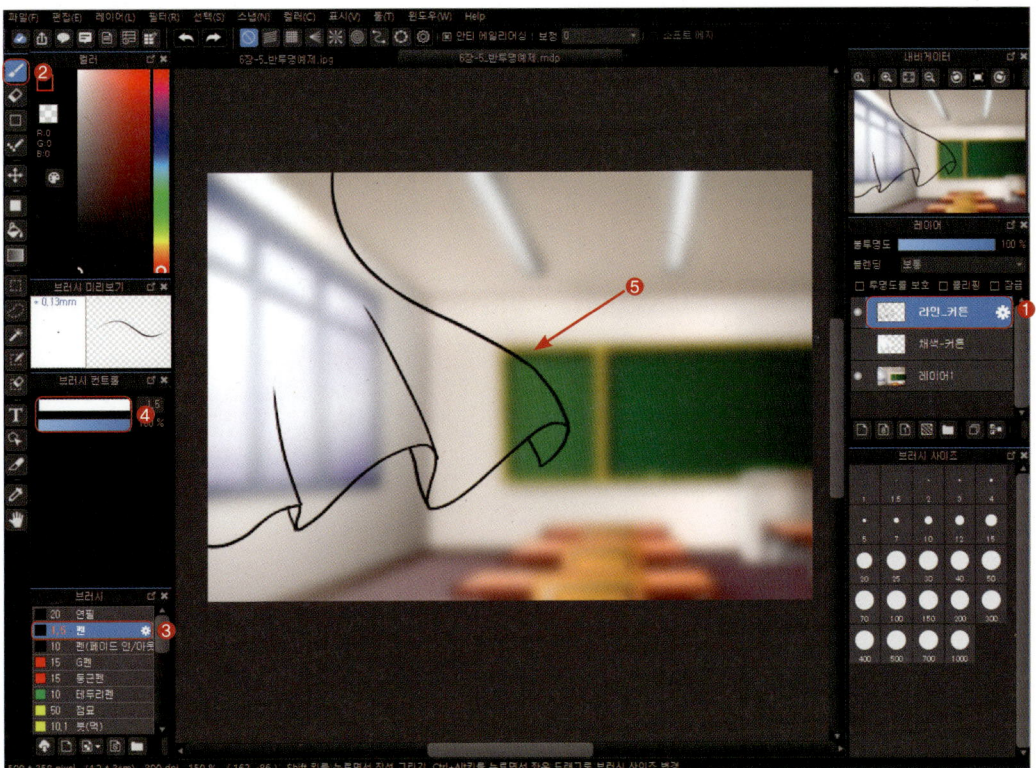

- 브러시의 크기와 불투명도는 표현해야 되는 선의 상태에 따라 변경하면서 사용합니다.
- 브러시 패널 속성 값 중 보정의 숫자를 높일수록 선은 더 부드러워지지만 속도는 느려집니다.

03 '채색-커튼' 레이어를 선택하고, 배경 레이어인 '레이어1'을 감춥니다. ON/OFF 체크 원을 클릭하면 원이 사라지면서 화면에서도 해당 레이어의 그림도 안 보이게 됩니다.

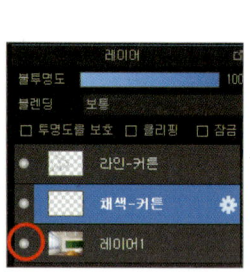 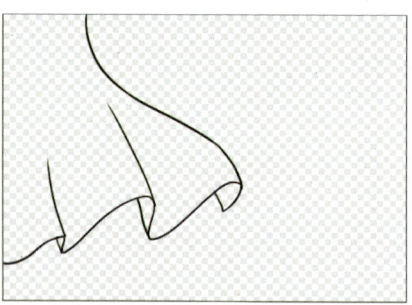

04 '채색-커튼' 레이어에서 버킷 툴( )을 클릭하고 커튼 선 안쪽을 클릭해 흰색으로 채색합니다. 간단하게 그림자 정도를 그려 넣어주어도 좋습니다. 자세한 묘사는 그림이 완성되면 보이지 않게 되므로 너무 공들여 그리지 않는 게 좋습니다. 다시 배경 레이어가 보이도록 '레이어1'의 ON/OFF 체크 원을 클릭합니다.

버킷 툴을 클릭해서 커튼 선 안쪽을 클릭하면 흰색이 배경 전체에 채색되는 경우가 있습니다. 선이 떨어져 있거나(❶) 또는 커튼선 끝 지점에 빈 틈 있는(❷) 경우 색이 배경까지 칠해질 수 있습니다.

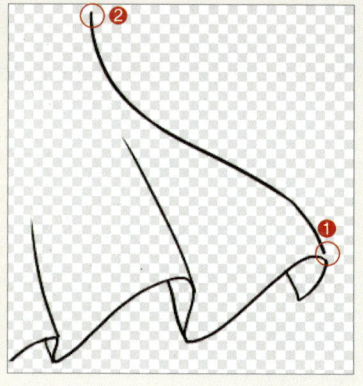

05 바로 전 단계에서 채색한 레이어의 불투명도를 조정합니다. 아래 예제에서는 50%로 조절하였습니다.(❶)

▶ 완성 파일 : Chpater 07\반투명.mdp

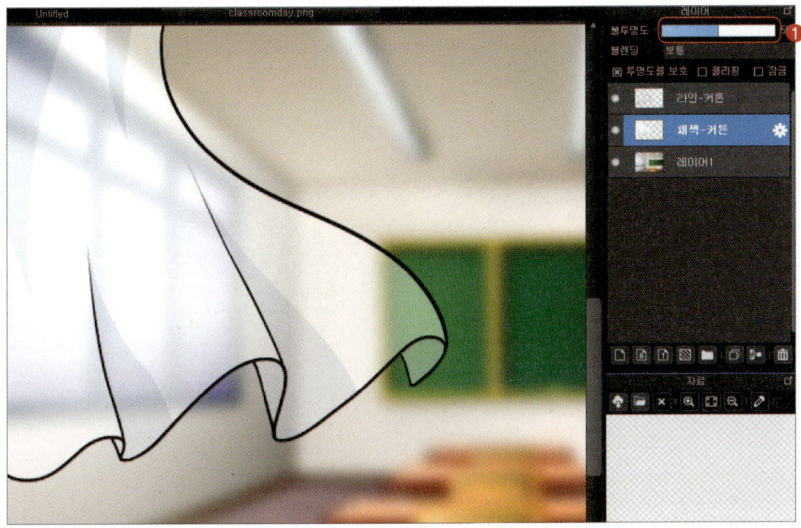

07 - 6 스포이드 툴로 채색 활용하기

그림을 처음 그릴 때 가장 고민되는 것은 아마도 동작(포즈)과 색상일 것입니다. 이때 참조할만한 타인의 작품이 있다면 작업에 매우 큰 도움이 됩니다. 다만, 머리부터 발끝까지 전부 타인의 것을 가져다 쓰는 습관은 좋지 않습니다. '쉽게 베끼자!'는 생각이 아니라 공부하는 마음으로 참조만 하시기 바랍니다. 가령, 파스텔 톤으로 여린 감성을 표현하고 싶은데 그런 색감을 평생 써 본 적이 없어서 난감한 경우랄까요. 스포이드는 생각보다 매우 많이 쓰이는 툴입니다.

01 포털사이트나 무료 이미지 등 참조하길 원하는 이미지를 찾아서 저장하거나 캡처하여 저장합니다. 무료 캡처 프로그램은 대형 포털사이트에서 검색을 통해 쉽게 찾을 수 있습니다. 아래 예제에 쓰인 파일은 필자의 습작 그림입니다.

▶ 소스 파일 : Chpater 07\스포이드.jpg

02 작업할 도큐먼트가 열려져 있는 상태에서 [파일]-[이미지를 레이어로 열기] 메뉴를 클릭한 후(❶) "열기" 창이 나타나면 바로 전에 캡처해서 저장한 이미지 파일을(❷) 클릭합니다.(❸)

03 문서에 새 레이어가 만들어지면서 이미지가 삽입된 것을 확인할 수 있습니다.(❶)

04 스포이드 툴(🖉)을 클릭합니다.(❶) 또는 브러시 툴(🖊) 상태에서 Alt 키를 누르고 있어도 스포이트 툴과 같은 상태가 됩니다 (눌렀다가 떼면 다시 브러시 상태로 원상복 귀 됩니다. 즉 누르고 있어야 됩니다).

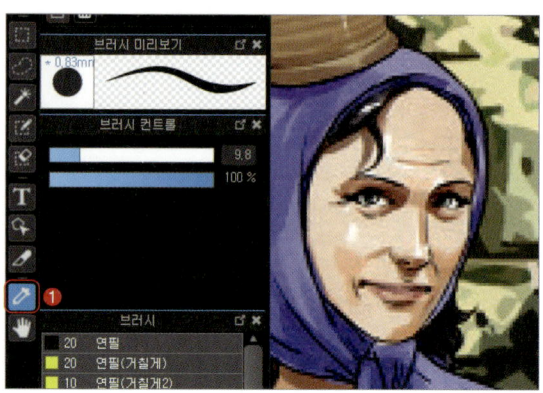

05 사용하고자 하는 색상으로 마우스 커서를 가져가 클릭합니다.(❶) 같은 색상으로 컬러팔레트 패널이 바뀐 것을 볼 수 있습니다.(❷) 예제에서는 여인의 볼 부분에 클릭했습니다.

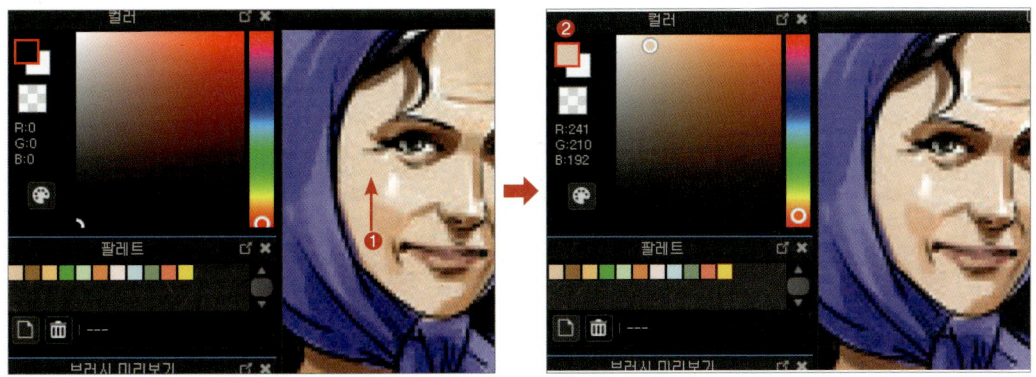

※ 인터넷에서 다운 혹은 캡처받은 연습용 그림의 화질이 떨어지거나 사이즈가 너무 작은 경우, 원래 그림의 색상값이 뭉개져 스포이드를 사용해도 원래의 색깔을 집어내지 못하게 됩니다. 참조하실 이미지는 되도록 용량이 큰 이미지를 찾는 것이 좋습니다. 그렇다고 사이즈가 큰 이미지 찾느라고 시간을 너무 보내지는 않아도 됩니다.

07 - 7 인체 그린 후 옷 스케치하기

종종 옷 주름이나 접힌 각도 등에 깊이 신경을 쓰다가 주름 묘사는 훌륭한데 막상 신체는 한쪽만 길어지거나 짧아진 그림을 접하게 됩니다. 사람을 그릴 때 인체의 기본을 먼저 간략하게 그려놓고 옷을 입히면 팔 다리가 기형적으로 길어지거나 휘는 것을 막을 수 있습니다.

01 브러시 툴(🖌)을 이용하여 원하는 형태의 캐릭터 몸통을 먼저 그립니다. 필자는 브러시 종류 중 펜 브러시를 사용하여 흐린 이미지의 선을 따라 그렸습니다. 간략하게 그리되 형체의 길이를 분간하기 힘들 정도로 러프하게 그리지는 않습니다.

▶ 소스 파일 : Chpater 07\브러시.jpg

※ 스케치 작업 시 선명한 원본 이미지의 선은 오히려 스케치를 방해하는 요소가 될 수 있어 원본 이미지의 투명도를 적절하게 흐리게 표현하는 것이 좋습니다.

02 레이어의 추가 아이콘(　)을 클릭하여 새로운 레이어를 만들고(❶) 러프하게 덩어리만 잡아서 옷을 입혀줍니다. 이때 몸통 레이어는(❷) 불투명도를 20% 정도로 낮추어 놓고 작업합니다.

마우스 스크롤을 아래로 내려 캔버스를 확대하여 작업하면 좀 더 작업하기가 수월합니다. 확대된 상태에서 손바닥 툴(　)을 이용하여 화면을 이동하면서 작업하면 더욱 효율적으로 작업할 수 있습니다.

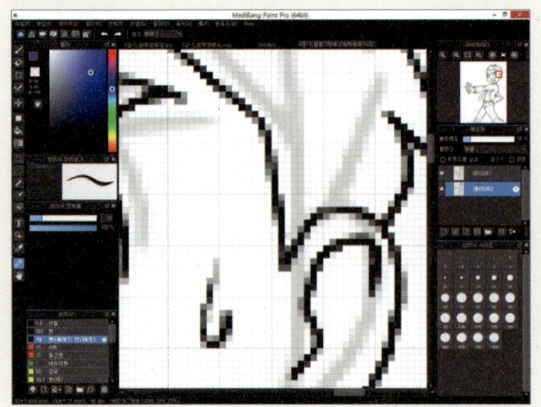

03 레이어를 아래로 통합 아이콘(　)을 누르거나 Ctrl + E 키를 눌러 두 레이어를 하나로 합쳐줍니다. 합친 후 불투명도를 10% 정도로 낮춥니다.(❶)

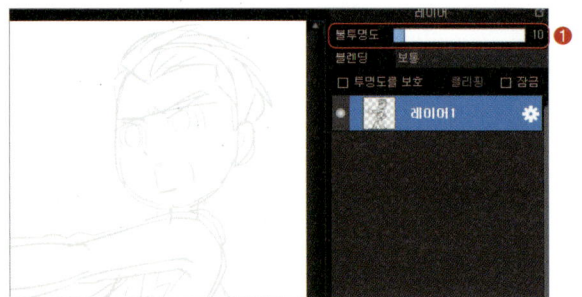

04 레이어의 추가 아이콘()을 클릭하여 새 레이어를 만들고 펜으로 정성스럽게 따서 완성합니다.

▶ 완성 파일 : Chpater 07\몸통그린후스케치.mdp

07 - 8 브러시 만들고 등록하기

메디방도 브러시 등록이 가능하며, 쉽고 편리하게 설정할 수 있도록 되어 있습니다.

01 [파일]-[신규 작성] 메뉴를 클릭하거나 신규 작성 단축키인 Ctrl +N 을 눌러 새 문서를 엽니다. '이미지의 신규 작성' 창이 나타나면 폭(가로)과 높이(세로)가 512p×(300dpi)인 새 문서를 만듭니다. 브러시 등록 사이즈는 512×512px이 최대값입니다.

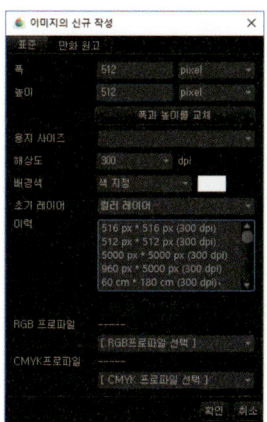

02 원하는 그림을 그립니다. 필자는 많이 사용할 가능성이 있는 풀을 그려보았습니다. 색상은 기본적으로 검정색을 사용합니다.

▶ 소스 파일 : Chpater 07\브러시.jpg

03 브러시 패널 아래쪽에 브러시 추가(비트맵) 아이콘(　)을 클릭한 후(❶) [캔버스에서 추가]를 한 번 더 클릭합니다.

 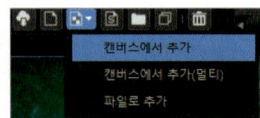

04 "브러시 편집" 창이 나타납니다. 설정 값을 움직여 본인이 원하는 대로 맞춰줍니다. 여기서는 평평한 땅에 있는 풀 브러시로 사용할 것이기 때문에 '회전'과 관련된 값은 되도록 주지 않았습니다. [확인] 버튼을 누르면 브러시 패널 맨 아래에 새로 만든 브러시가 브러시 패널에 나타납니다.

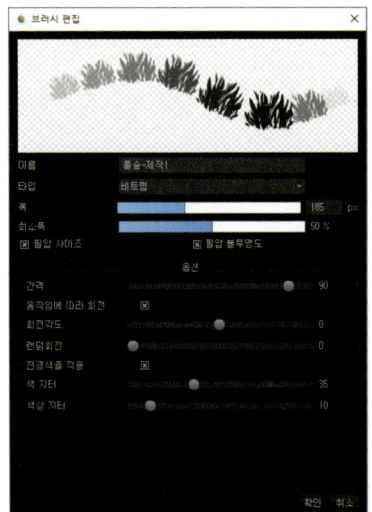 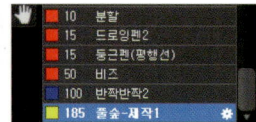

05 색상 팔레트에서 풀 브러시 색상을 지정한 후 드래그하여 사용합니다.

브러시 패널 하단의 브러시 추가(클라우드) 아이콘( )을 클릭합니다. "클라우드 소재" 창이 나타나면 키워드 입력 상자에 브러시 이름을 입력하여 검색하거나 제공되는 목록 중 원하는 브러시를 더블클릭하면 다운로드 되면서 브러시 패널에 등록됩니다.

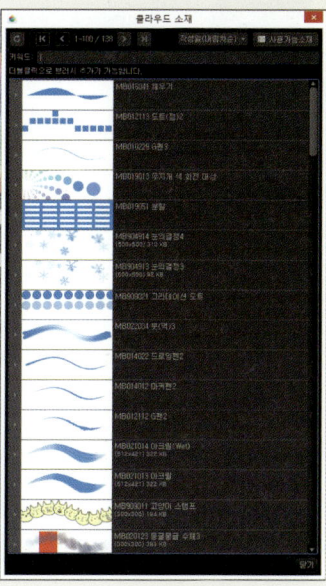

07 - 9 캔버스를 원하는 크기로 자르기

캔버스 자르기는 포토샵의 크롭(Crop)툴에 해당하는 기능입니다. [편집]-[캔버스 사이즈 (Ctrl + Alt + C)] 메뉴를 이용해서 캔버스를 자르는 방법도 있는데, 일정 픽셀 값으로만 자르기 때문에 원하는 종횡비로 자를 수 없어 불편할 때가 있습니다. 이럴 때 아래의 방법을 사용하면 간편하게 해결할 수 있습니다.

01 [파일]-[열기] 메뉴를 클릭한 후 소스 파일을 불러옵니다. 선택 툴(▫ , M)을 클릭하고(❶), 문서에서 남기고 싶은 부분만 드래그해서 아래처럼 선택합니다.(❷)

소스 파일 : Chpater 07\캔버스자르기.jpg

02 [편집]-[트리밍] 메뉴를 클릭하고(❶) "캔버스 범위 외를 삭제 하시겠습니까?" 경고 창이 나타나면 [예] 버튼을 누릅니다.(❷)

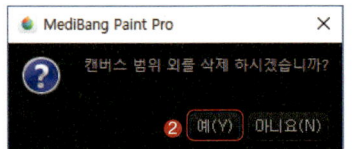

03 파일이 드래그하여 선택한 영역 크기로 잘렸습니다.

07 - 10 레이어(오브제) 좌우상하로 뒤집기

그림을 그리다보면 오른쪽 눈만 그린 후 복사해서 왼쪽에도 쓰고 싶어집니다. 이럴 때 알아두어야 할 것이 레이어(오브제)를 상하좌우로 변형하는 방법입니다.

01 [파일]-[열기] 메뉴를 클릭한 후 소스 파일을 불러옵니다. 올가미 툴( )을 이용해서 완성한 눈만 선택하여 복사(Ctrl +C) 후, Ctrl +D 를 눌러 선택을 해제합니다. 붙여넣기 단축키(Ctrl +V)를 누릅니다. 바로 새 레이어가 생기면서 복사가 되었습니다. 하지만, 복사한 그 자리에 그대로 붙여지기 때문에 마치 아무 일도 안 일어난 것처럼 보입니다.

▶ 소스 파일 : Chpater 07\레이어오브제뒤집기.jpg

02 Ctrl + T 를 눌러서 복사한 레이어의 눈을 변형할 준비를 합니다. 변형 항목은 단축키 외에도 [선택]-[변형] 메뉴를 클릭해도 됩니다. 그러나 변형은 많이 사용되는 기능이므로 단축키를 외워두는 게 좋습니다.

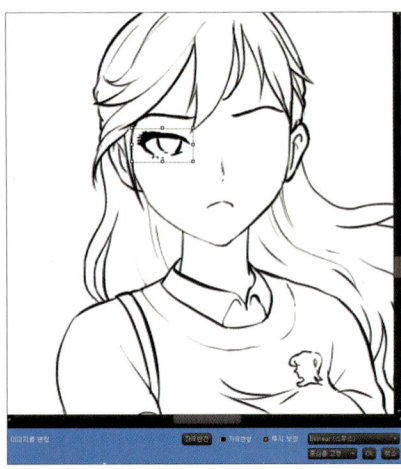

03 그림 하단의 파란색 상태 창에서 [좌우반전] 버튼을 클릭합니다.(❶) 자리는 변함없이 눈 레이어가 좌우 반전됩니다. [OK] 버튼을 누릅니다.

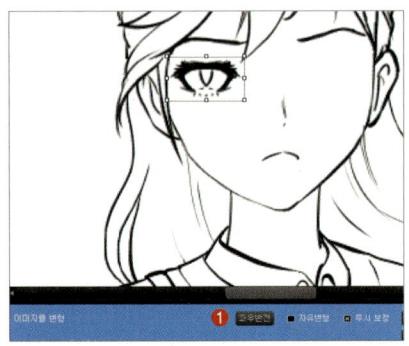

04 이동 툴( )을 선택하고 눈을 클릭 드래그하여 원하는 자리로 옮겨 놓습니다.

05 복사한 눈 레이어와 원본 레이어를 합쳐 줍니다. [레이어를 아래로 통합] 아이콘( )을 클릭하거나(❶) 단축키 Ctrl + E 를 사용하여 합칠 수 있습니다.

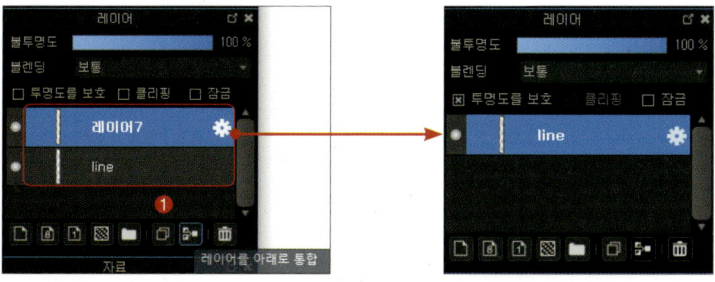

상하반전이 필요한 경우 다음과 같이 진행합니다.
위 따라하기 1번 상태에서 [레이어]-[회전(R)]-[상하반전(V)] 메뉴를 누릅니다. 여기에도 좌우반전 기능이 있습니다.

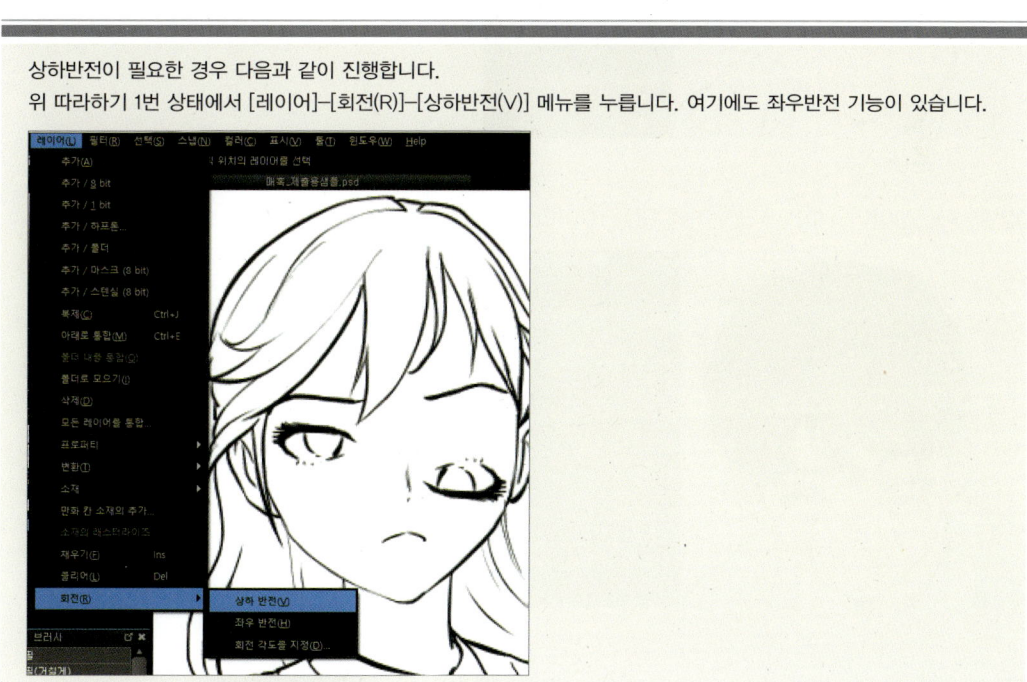

07 - 11 그룹화(클리핑)하여 부분 채색하기

개인적으로 머리(헤어)에 단계를 많이 내야 할 때 주로 사용하는 방법입니다. 원리만 이해하면 다양한 상황에 활용할 수 있습니다. 원리는 간단하니 함께 살펴보도록 합시다.

01 인물을 하나 그리겠습니다. 우선 라인용 레이어와 채색용 레이어를 따로 만듭니다. 라인용 레이어는 스케치를 해주고(❶), 채색용 레이어 밑 색을 칠합니다.(❷)

▶ 소스 파일 : Chpater 07\클리핑부분채색.mdp

02 채색용 레이어 위에 새 레이어를 만들고 머리만 칠합니다.(❶)

03 그 위에 새 레이어를 하나 더 만들고(❶) 레이어 패널의 [클리핑]에 체크합니다.(❷)

04 클리핑 체크가 된 상태로 새 레이어에 채색을 하면 밑에 있는 레이어의 사용된 부분 안쪽만 채색이 보이게 됩니다(일종의 마스킹 기능이라고 생각하면 됩니다). 어두운 색을 사용하여 브러시툴로 그림자를 표현했습니다.

05 그 위에 새 레이어를 만들고(❶) 역시 클리핑 해줍니다.(❷) 밝은 색을 사용해(❸) 에어브러시로 그립니다.(❹)

06 5번 과정에서 만든 레이어 블렌딩 속성을 [더하기+발광]으로 선택합니다.

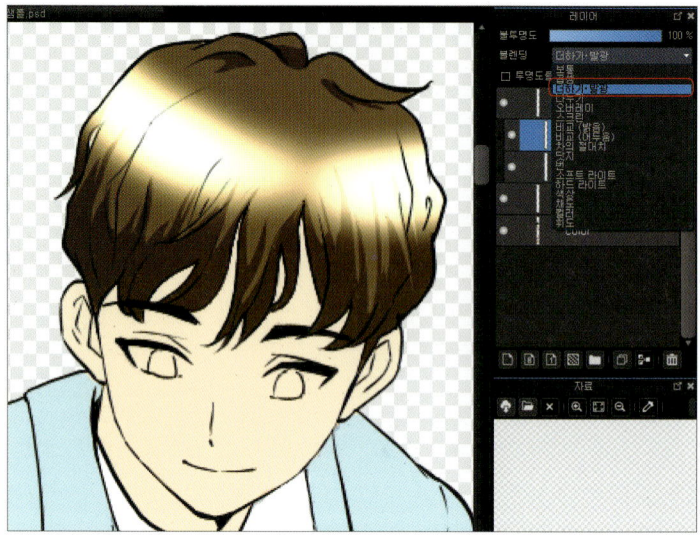

※ 원하는 밝기에 따라 그 외에 스크린, 오버레이, 소프트 라이트 등도 사용해 봅니다.

07 완성된 원고입니다.

▶ 완성 파일 : Chpater 07\클리핑부분채색_완성.mdp

07 - 12 옷에 간단한 패턴 만들어 넣기

한복이나 전통 복식 등에는 문양(패턴)이 자주 사용됩니다. 작가가 만들어서 사용하는 경우, 클리핑 기능을 이용해 손쉽게 적용할 수 있습니다.

01 옷에 사용할 문양을 그리기 위해 새 도큐먼트를 만듭니다. 도큐먼트의 크기는 임의로 정하되, 너무 작지 않게 하는 것이 좋습니다. 여기서는 폭과 높이를 각각 2000px(❶), 300dpi로 만들겠습니다.(❷)

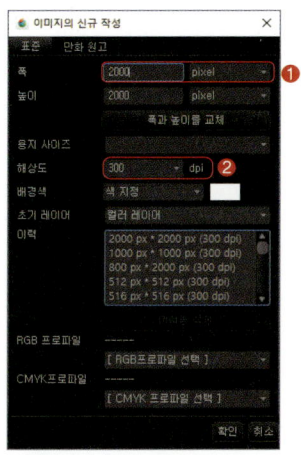

02 브러시 툴( )의 다양한 브러시를 이용해서 문양을 하나 그려줍니다. 전체 캔버스의 1/10 정도 크기로 그리면 됩니다.

▶ 소스 파일 : Chpater 07\패턴.mdp

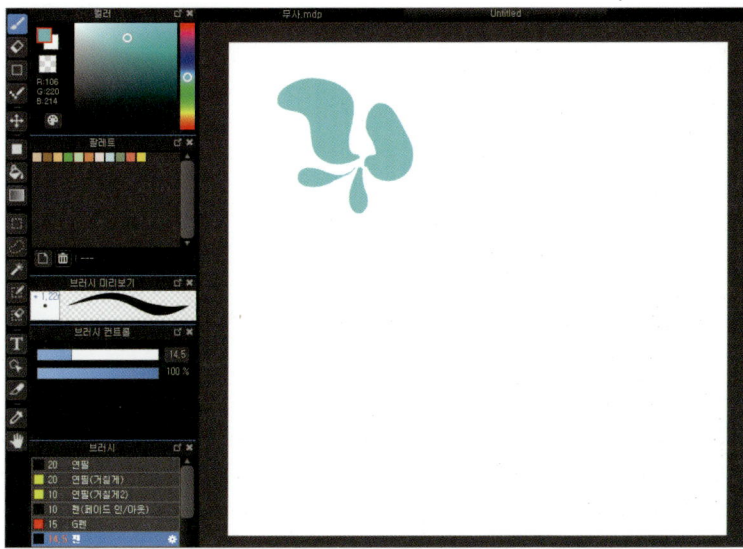

03 레이어 패널의 메뉴에서 레이어를 복제(Ctrl + J)하여 옆에 위치시켜 주고, 레이어를 합쳐줍니다(Ctrl + E).

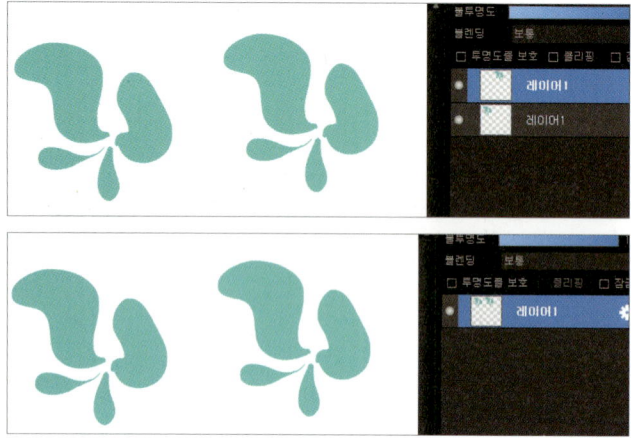

04 2번과 3번 과정을 반복하면 손쉽게 문양 하나를 만들어 낼 수 있습니다. 전체선택(Ctrl + A) 후 복사(Ctrl + C)합니다. 파일을 두고두고 사용하려면 Ctrl + S 를 눌러 저장해 둡니다.

▶ 완성 파일 : Chpater 07\패턴_완성.mdp

05 적용할 원고 파일을 새로 열고, 옷만 따로 색칠된 레이어를 클릭하고 Ctrl + V 를 눌러 붙여넣기합니다. 04번 과정에서 복사했던 패턴이 여기에 붙여넣기 됩니다.

▶ 소스 파일 : Chpater 07\무사패턴.mdp

클리핑 기능을 이용하기 위해서는 적용할 오브제를 따로 레이어 관리하는 것이 좋습니다. 본 예재에서는 옷 부분에만 패턴을 적용할 것이기 때문에, 옷 부분만 따로 레이어로 만들어져 있어야 합니다.

06 Ctrl + T 를 눌러 붙여넣기 한 문양의 크기를 조정한 후 [OK] 버튼을 누릅니다.

07 03~04번 과정에서 습득한 레이어 복사, 레이어 통합 기능을 사용해 패턴을 만들어 줍니다.

08 레이어 패널 [클리핑]에 체크합니다.(❶) 다음과 같이 옷의 영역에만 레이어에 패턴들이 종속되어 깔끔하게 마스킹 된 것을 볼 수 있습니다.

09 레이어 속성(블렌딩)을 변경하여 알맞은 효과를 냅니다. 여기서는 오버레이를 사용했습니다.

10 문양이 너무 강렬한 것 같아 불투명도를 45% 정도로 정도 설정했습니다.(❶) 문양과 옷이 자연스럽게 조화를 이룹니다.

▶ 완성 파일 : Chpater 07\무사패턴_완성.mdp

07 - 13 레이어 정리의 중요성 알아보기

그림 작업을 하다보면 종종 레이어가 너무 많아지게 됩니다. 레이어가 많아지면 파일이 무거워져서 컴퓨터에 무리를 주게 됩니다. 무엇보다 작가 본인이 헷갈리게 되어 점점 더 머리가 복잡해지게 됩니다. 레이어 정리를 해 주면 작업속도도 빨라질 뿐 아니라 쓸데없는 버퍼링도 감소시켜 줍니다. 여러 가지 레이어를 사용하여 효과를 만들어 낸 후에는 최대한 레이어를 통합해 저장하면서 진행하는 것이 좋습니다.

01 다음 그림처럼 레이어가 뒤죽박죽 많아지면 사용자가 혼동이 오기 쉽고 고사양 컴퓨터를 사용하더라도 컴퓨터 처리 속도가 느려질 수 있습니다.

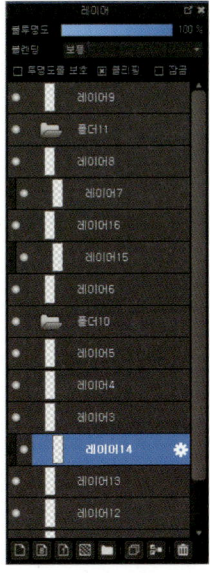

02 다음은 만화의 권장 레이어 순서 및 종류입니다.

효과음 ➡ 말풍선 ➡ 칸박스 ➡ 효과선(집중선) ➡ 라인(선화) ➡ 채색 ➡ 배경 레이어

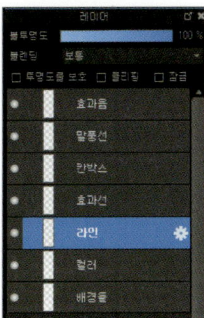

위의 7가지 순서를 기본으로 하여, 되도록 적게 만들고 관리하는 것을 권장합니다. 폴더도 많이 만들면 레이어 관리에 좋지 않습니다.

07 - 14 테두리 펜으로 효과음 넣기

메디방에는 포토샵의 레이어스타일즈(FX) 기능이 없습니다. 그래서 텍스트가 아닌 레이어에 stroke을 설정하기 어렵습니다. 하지만 브러시 중에 [테두리 펜]이 있습니다. 효과음을 그려 넣을 때는 이 기능을 사용해 봅니다.

01 브러시 툴( )을 선택하고 브러시 종류 중에서 [테두리 펜]을 찾아 클릭합니다. 메디방 브러시에 기본으로 설치되어 있으니 추가로 다운로드 받지 않아도 됩니다.

브러시 패널 하단의 브러시 추가(클라우드) 아이콘( )을 클릭합니다. "클라우드 소재" 창이 나타나면 키워드 입력 상자에 브러시 이름을 입력하여 검색하거나 제공되는 목록 중 원하는 브러시를 더블클릭하면 다운로드 되면서 브러시 패널에 등록됩니다.

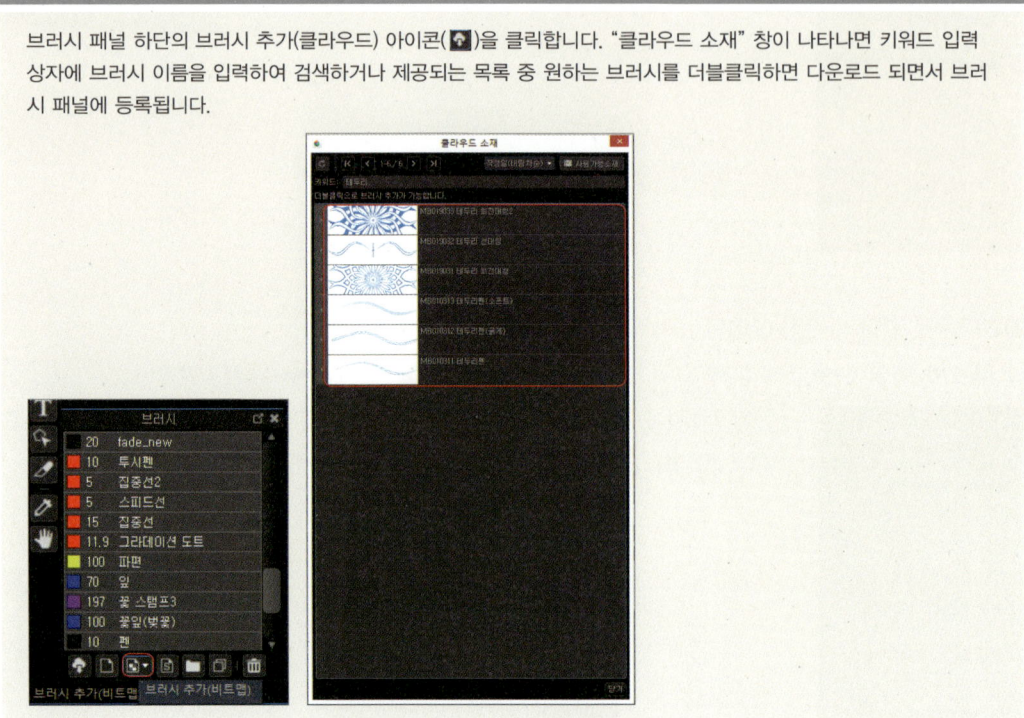

02 컬러 팔레트의 전경색이 '테두리색'이 되고, 배경색이 '몸통색'이 됩니다. 브러시 컨트롤 창에서 테두리 폭과 브러시 크기 등을 조정할 수 있습니다. 아래 화면에서 전경색은 빨간색이고,(❶) 배경색은 흰색입니다.(❷)

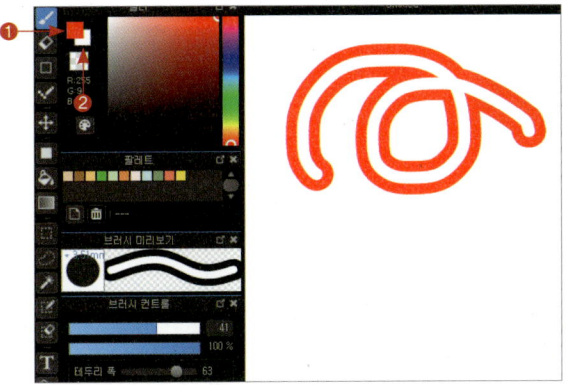

03 Ctrl 키를 누르고 글자를 그리면, 덧대어진 효과없이 효과음을 만들 수 있습니다.

▲ 그냥 그린 경우　　　　▲ Ctrl 키를 누른 채로 그린 경우

07 - 15 에어브러쉬로 그림자 넣기

그림자를 처리하는 방법에는 여러 가지가 있겠습니다만, 가장 쉽고 빠른 방법은 아무래도 에어브러시 툴을 이용한 방법일 것입니다. 정교한 그림이 아니라면 이 방법만으로도 충분히 역할을 해낼 것입니다.

01 [파일]-[열기] 메뉴를 클릭하여 소스 파일을 불러온 후 컬러(채색) 레이어와 배경 레이어 사이에 새로운 레이어를 만듭니다.(❶)

▶ 소스 파일 : Chpater 07\에어브러시그림자.mdp

02 브러시 툴(　)을 선택한 후 에어브러시를 클릭하고 그림자로 사용할 어두운 무채색을 선택합니다.(❶) 태블릿 펜을 쥔 손에 힘을 빼고 살살 그려 줍니다.

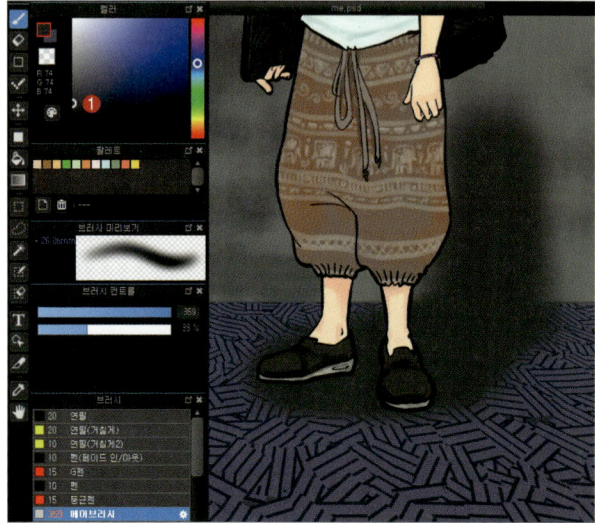

03 불투명도를 조정하거나(❶) 레이어 속성을 [곱하기] 등으로 바꾸어 줍니다.(❷)

※ 메디방 레이어 블렌딩의 [곱하기]는 포토샵 레이어의 [멀티플라이] 속성과 같습니다.

04 완성된 상태입니다.

▶ 완성 파일 : Chpater 07\에어브러시그림자_완성.mdp

07 - 16 효과 소재(배경, 톤, 말풍선) 넣기

메디방에서는 만화 원고에 자주 쓰일법한 배경들, 말풍선, 스크린 톤 등을 [소재]라고 부르는데요. 적지 않은 소재들을 무료로 자체 제공합니다. 로그인하여 메디방을 이용하는 분들이라면 상업용 만화로도 자유롭게 사용 가능합니다. 단, 소재 자체의 재배포 및 재판매는 불법입니다. 메디방의 소재를 효과적으로 사용하는 방법을 알아보도록 하겠습니다.

07-16-1 배경 가져와서 사용하기

01 인물 라인과 채색이 완료된 소스 파일을 불러옵니다. 레이어를 하나 더 만들어서 채색 레이어 아래에 둡니다.

▶ 소스 파일 : Chpater 07\효과소재넣기.mdp

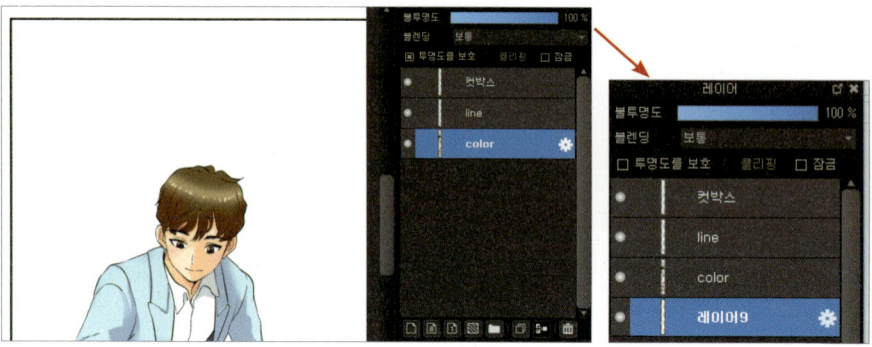

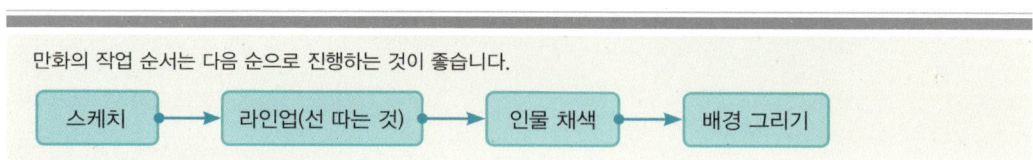

02 상단 메뉴바 바로 아래에서, 말풍선 아이콘( )을 클릭합니다.(❶) 소재 창 표시 아이콘입니다.

03 "소재" 창이 나타나면, 소재 창 하단부에서 구름 모양의 아이콘( )을 클릭합니다. 단, 로그인이 되어있지 않으면 클라우드 기능을 사용할 수가 없습니다.

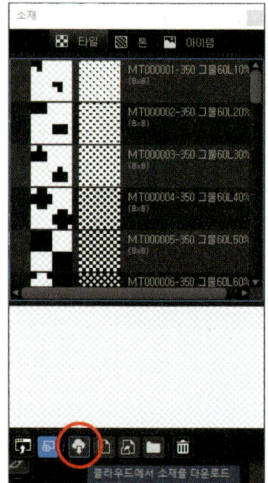

04 다음과 "클라우드 소재" 같은 창이 뜨는데요. 상단의 [타일] [톤] [아이템] 에서 타일은 한국식 표현으로 스크린 톤, 톤은 배경, 아이템은 말풍선이라고 생각하면 됩니다. 여기서는 배경이 필요하므로 [톤([톤])] 아이콘을 클릭합니다.

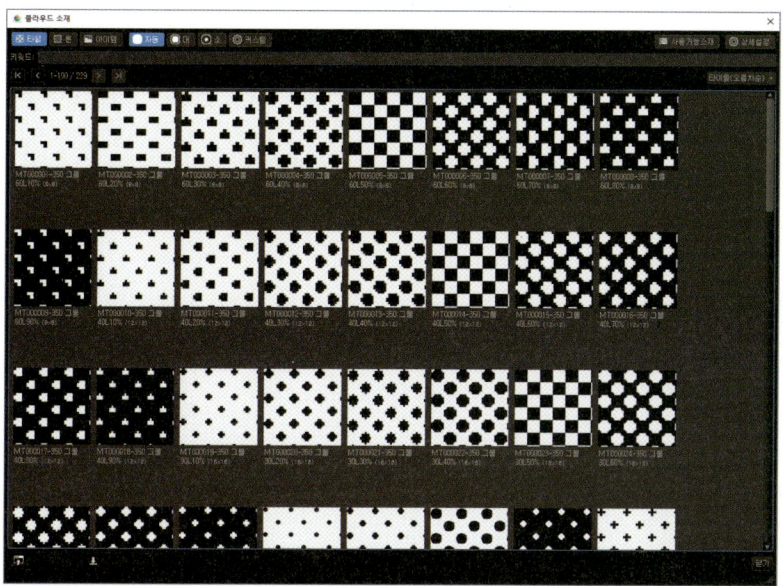

05 [톤([톤])] 아이콘을 클릭하면(❶) 다음처럼 선화로 된 배경들이 표시됩니다. 썸네일 한 개를 클릭(❷)하면 그 배경이 크게 노출됩니다.

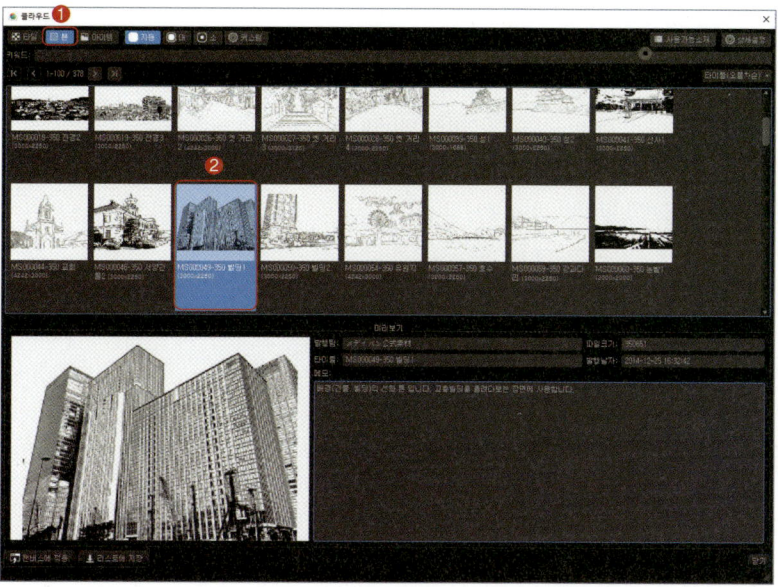

06 [캔버스에 적용] 버튼을 클릭합니다.

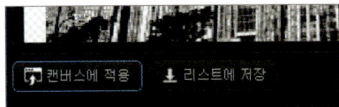

07 바로 전, 채색 레이어 밑에 만들었던 새 레이어에 배경 그림(톤)이 들어오게 됩니다. 하단부에 파란색으로 크기 조정 바가 생겼습니다.(❶) 알맞게 조정하고 [확인]을 누릅니다.

08 레이어를 배경 레이어 아래에 하나 더 만들고 채색합니다.(❶)

09 건물 밖으로 삐져나간 부분들을 지우고 다듬어서 완료합니다. 수정을 완료했으면 레이어를 하나로 합쳐주고 이름도 지정하여 여러 레이어들을 정리합니다.

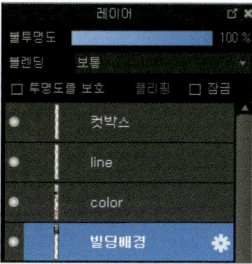

07-16-2 스크린톤 가져와서 사용하기

01 다른 컷에 배경으로 쓸 새 레이어를 하나 더 만듭니다. 그리고 위 예제의 4번 단계까지 동일하게 실행합니다. 이번에는 [타일(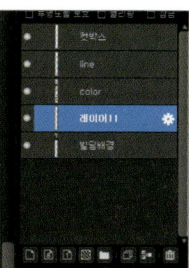)]을 클릭해 보도록 하겠습니다. 여기서 '타일'은 한국식 개념을 빌자면 '스크린톤' 개념입니다.

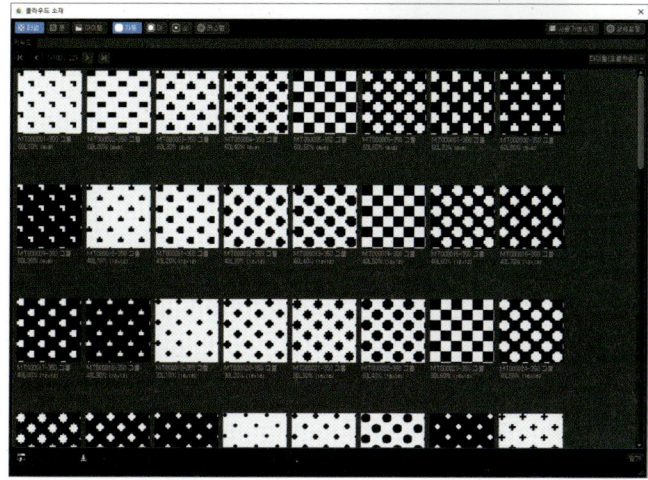

02 키워드 아래 부분에 1-100/229 같은 숫자가 보입니다.(❶) "우리(메디방)는 현재 229개의 톤을 갖고 있는데 지금 화면에선 1~100까지의 톤을 보여주고 있다."는 의미입니다. 좌우 화살표시(〈, 〉)를 (❷,❸) 눌러서 다음 페이지로 가보면 다양한 톤들이 제공되고 있는 것을 확인할 수 있습니다.

03 필자가 사용하고 싶은 것은 하트뿅뿅 스크린 톤입니다. [타일] 메뉴가 스크린톤 개념이라고 했기 때문에 여기에는 하트뿅뿅한 스크린톤이 없습니다. 다시 이전 예제에서 썼던 [톤] 버튼을 클릭합니다.

04 스크롤을 아래로 내리면 하트, 불, 밤하늘 등 효과 배경이 보이기 시작합니다.

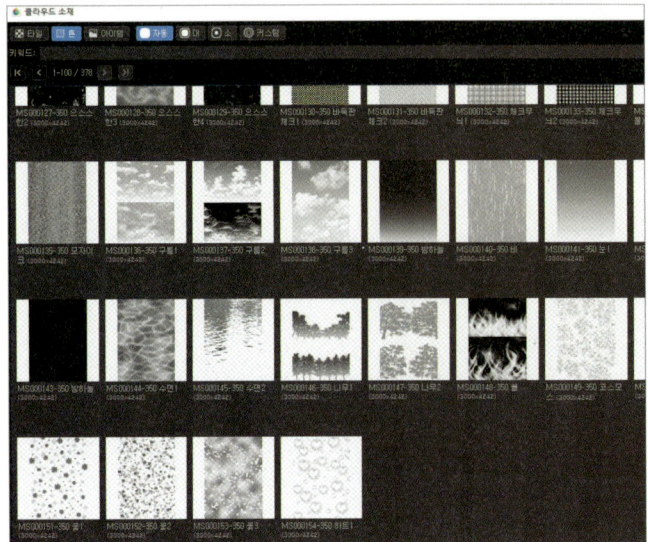

05 적당한 하트를 하나 골라서, 캔버스에 적용을 시켜봅니다. 방법은 이전 예제와 같습니다.(07-16-1의 05, 06, 07번 참조)

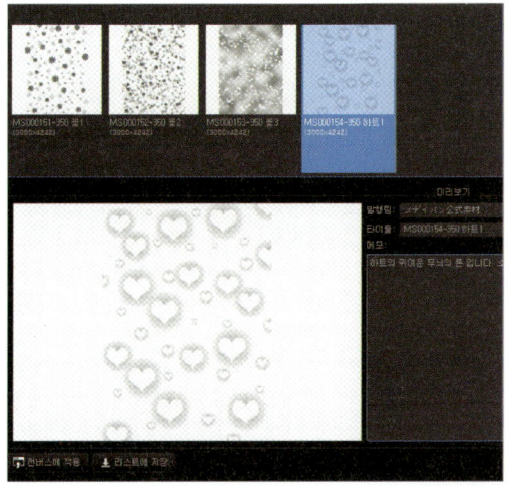

06 적당한 배율로 넣어졌으면 레이어 [투명도를 보호]에 체크합니다.(❶)

07 에어브러시로 파스텔톤의 밝은 레드, 옐로우, 그린 등을 사용하여 레이어에 바로 칠합니다. 투명도를 보호했기 때문에 톤 밖으로 칠해지지 않습니다.

08 불필요한 부분은 선택 툴( )을 사용해 자르거나 지워줍니다.

07-16-3 말풍선 사용하기

01 말풍선에 사용할 새 레이어를 만듭니다. 말풍선 레이어는 보통의 경우 가장 상위에 배치합니다. 말풍선 레이어 상위에 배치할 수 있는 것은 텍스트와 효과음 정도입니다.

※ 말풍선은 현재 선택된 레이어에 추가되기 때문에 반드시 말풍선을 위한 레이어 하나를 추가해서 사용해야 합니다.

02 이번엔 클라우드 소재에서 [아이템] 아이콘을 클릭합니다.

03 여러 아이템 목록이 나타나고 다음처럼 다양한 말풍선들이 보입니다.

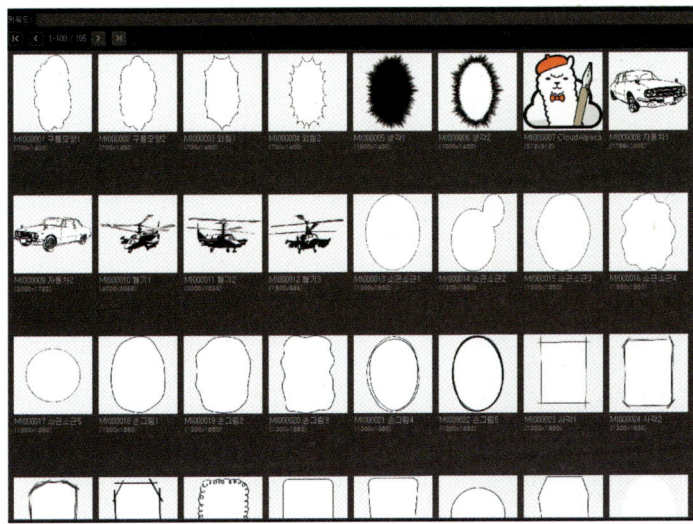

04 말풍선을 하나 선택한 후 [캔버스에 적용] 버튼을 클릭해 캔버스에 적용시켜 보겠습니다.

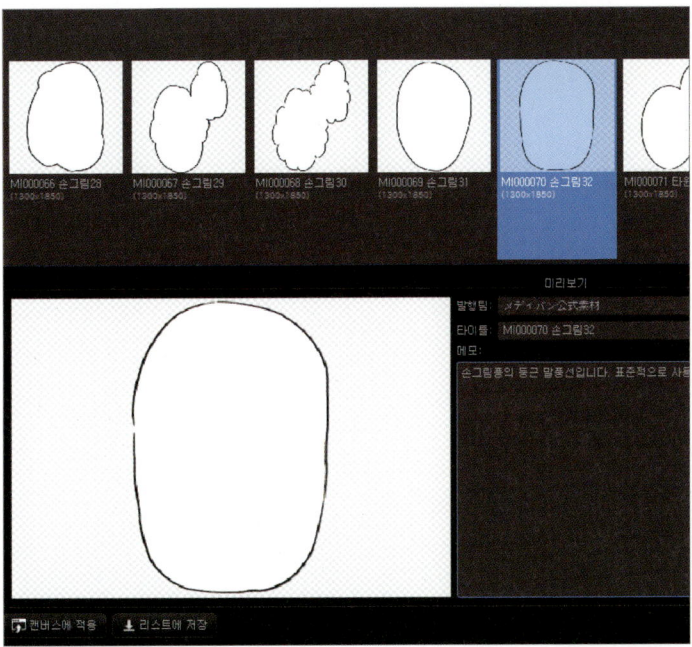

05 바로 이전에 불러온 말풍선이 삽입된 것을 확인할 수 있습니다. 레이어를 팔레트를 보면 레이어 이름 뒤에 @표시와 숫자 1이 생겼습니다.(❶) @표시는 이 레이어가 '소재'를 사용한 레이어라는 표시로 자동 생성되는 것이고, 숫자 1은 '소재'의 개수를 의미합니다.

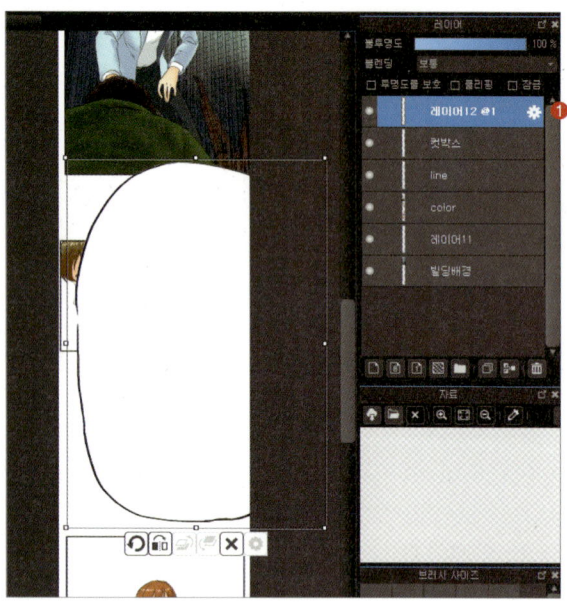

06 마우스를 드래그하여 말풍선 크기와 위치를 조정합니다.

07 다시 클라우드 소재 창에서 다른 말풍선도 불러옵니다.

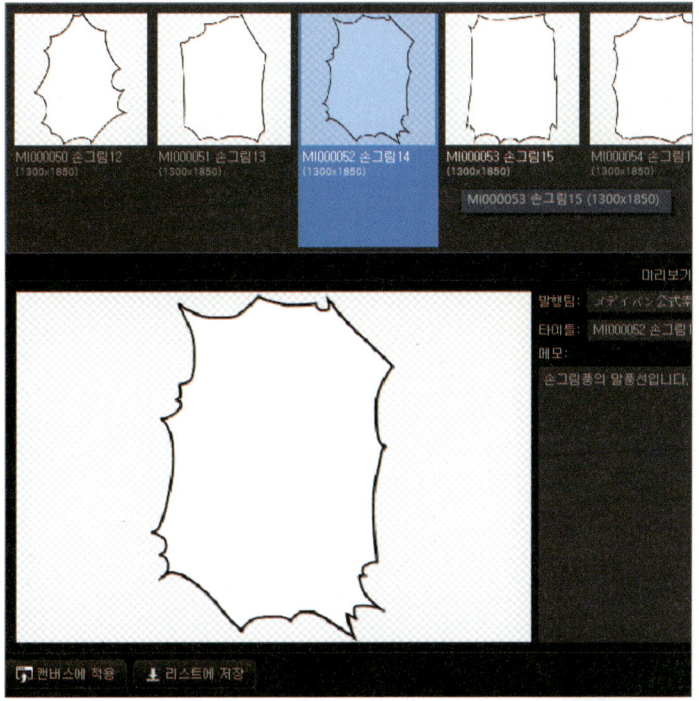

08 말풍선을 회전시키고 싶다면 회전 버튼(　)을 누른 상태로(❶) 마우스를 잡아끌면 됩니다.

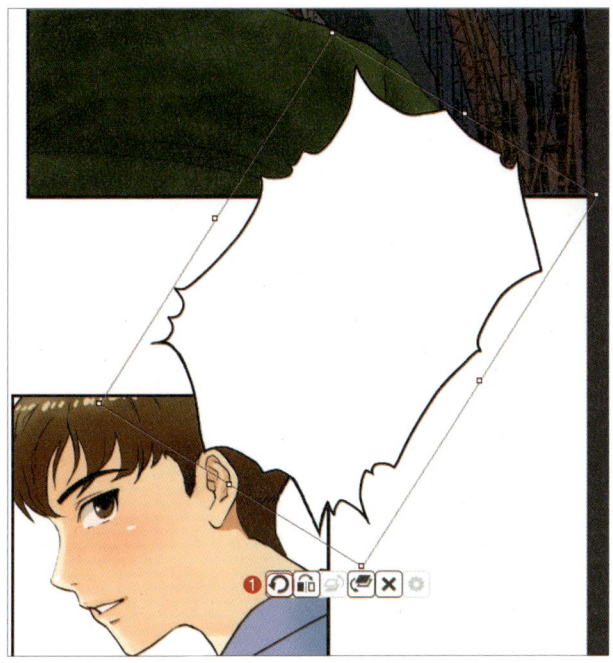

09 이와 같은 방법으로 말풍선을 작업할 수 있습니다. 레이어 창을 확인하면 @옆의 숫자가 2로 바뀐 것을 볼 수 있습니다. 소재가 2개가 되었기 때문입니다.(❶)

07 - 17 텍스트 입력과 효과 연출하기

메디방은 로그인 사용자에 한해서 일부 폰트를 무상으로 제공합니다. 대부분 일본어판이지만 몇개의 한국어 산돌서체도 제공하고 있습니다. 로그인 후 보이는 한글서체는 상업/비상업 용도 관계없이 메디방을 이용한 만화 저작물에 사용가능한 폰트입니다. 포토샵이나 인디자인 등에서도 텍스트 작업을 할 수 있지만 간략한 작업이라면 메디방에서 시작해 메디방에서 끝내는 것이 좋습니다. 메디방 파일은 psd 파일에 비해 용량이 매우 작고, 프로그램도 가벼워 작업이 수월하기 때문입니다.

01 툴바에서 텍스트 툴(T)을 선택한 후 도큐먼트의 아무 곳이나 클릭하면 "텍스트 편집" 창이 나타납니다.

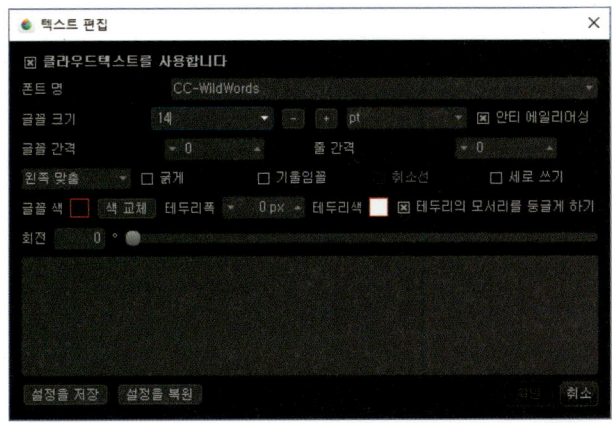

텍스트 편집 창 알아보기

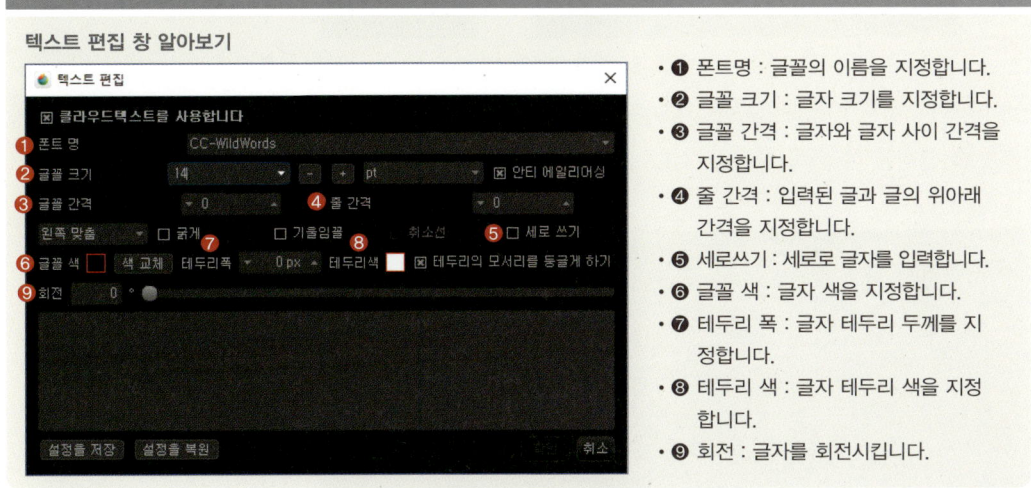

- ❶ 폰트명 : 글꼴의 이름을 지정합니다.
- ❷ 글꼴 크기 : 글자 크기를 지정합니다.
- ❸ 글꼴 간격 : 글자와 글자 사이 간격을 지정합니다.
- ❹ 줄 간격 : 입력된 글과 글의 위아래 간격을 지정합니다.
- ❺ 세로쓰기 : 세로로 글자를 입력합니다.
- ❻ 글꼴 색 : 글자 색을 지정합니다.
- ❼ 테두리 폭 : 글자 테두리 두께를 지정합니다.
- ❽ 테두리 색 : 글자 테두리 색을 지정합니다.
- ❾ 회전 : 글자를 회전시킵니다.

02 폰트명과 글꼴 크기 등을 선택하고 네모 공란을 클릭하여 대사를 기입하고 [확인] 버튼을 누릅니다.(❶)

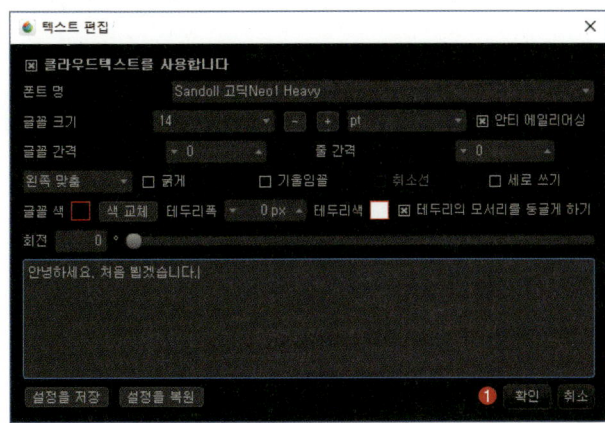

03 도큐먼트에 새로운 텍스트 레이어가 생성되었습니다.

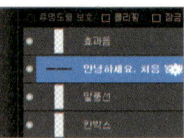

04 텍스트를 더블 클릭하거나, 레이어 패널에서 해당 텍스트 레이어를 더블 클릭하면 텍스트 편집 창을 다시 불러올 수 있습니다.

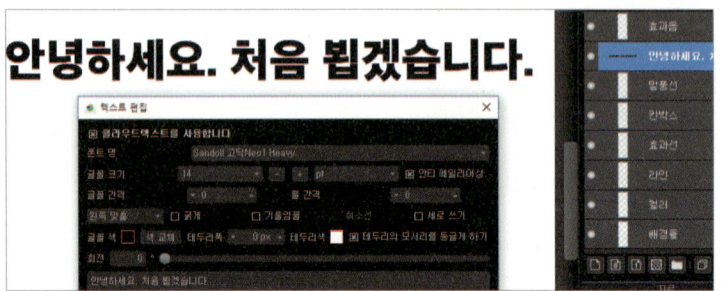

05 '안녕하세요.' 다음에 Enter 키를 눌러 한 줄을 두 줄로 만든 뒤(❶), 줄 맞춤을 [가운데 맞춤(❷)], 줄 간격을 7정도로 설정한 후(❸) [확인] 버튼을 클릭합니다.(❹)

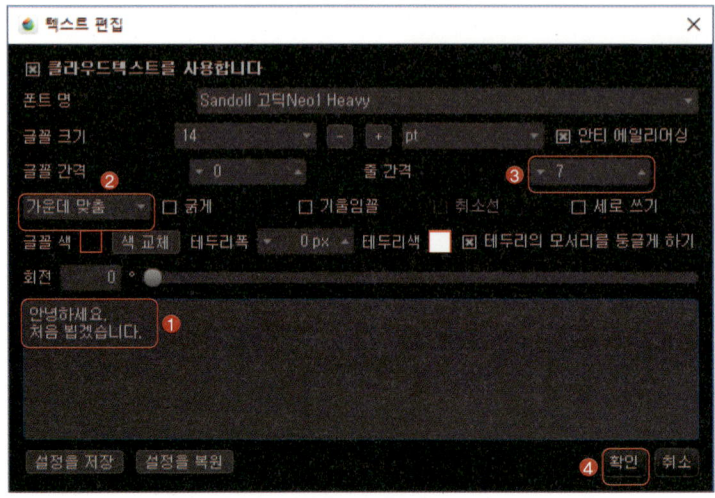

06 설정한 상태로 텍스트가 잘 바뀌었습니다.

안녕하세요.
처음 뵙겠습니다.

07 "텍스트 편집" 창에서 [테두리색]을 클릭하면(❶) "색 선택" 창이 나타나며 색을 선택하면(❷) 색깔이 있는 테두리를 줄 수 있습니다. "색 선택" 창에서 원하는 색을 선택한 후 [확인] 버튼을 누르고, 텍스트 편집 창으로 되돌아와 테두리 폭을 5px 정도로 설정하고(❸) [확인] 버튼을 누릅니다.

08 다음은 효과가 적용된 결과입니다. 응용하여 타이틀이나 효과음 등에 사용해 봅니다.
▶ 완성 파일 : Chpater 07\텍스트입력_완성.mdp

안녕하세요.
처음 뵙겠습니다.

※ 텍스트는 이동 툴()을 이용하여 위치를 이동시킬 수 있습니다.

07 - 18 텍스트를 레이어로 변환하여 편집하기

텍스트를 사용하다보면 형태 자체에 변형을 주어야 할 경우가 발생하는데, 주로 만화 효과음 때문입니다. 텍스트 레이어는 자유 변형을 허용하지 않으므로, 텍스트를 일반 레이어로 바꾼 뒤 사용해야 합니다. 단, 텍스트를 일반 레이어로 바꾼 뒤 원본보다 심하게 변형을 주면 픽셀이 깨지게 되므로 주의합니다.

01 사용할 텍스트를 만듭니다. 서체와 폰트 크기는 적절히 선택해서 사용합니다. 여기서는 산돌 광수체 Bold(❶)와 폰트 크기 48(❷)로 "쾅"이라는 글자를 만들었습니다.

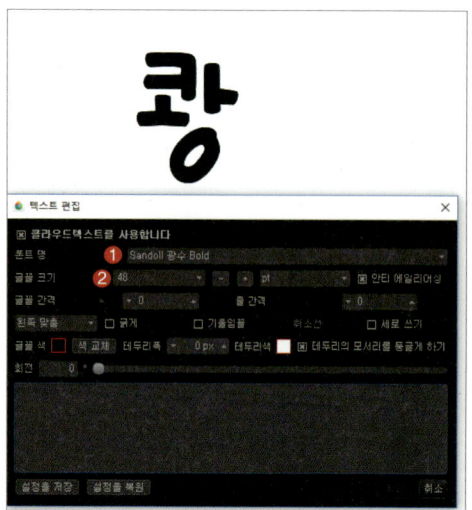

02 [레이어]-[변환]-[컬러레이어로 변환] 메뉴를 누릅니다.

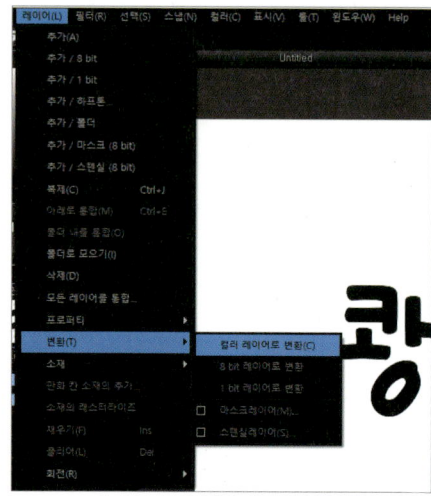

03 레이어 속성이 텍스트 레이어에서 일반 레이어로 바뀌었습니다.

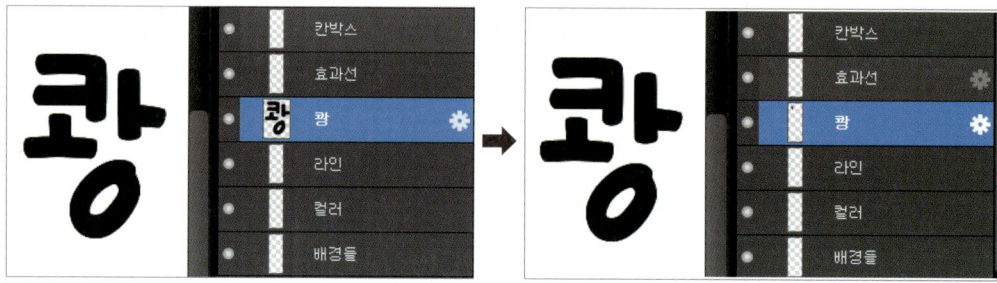

04 변형 툴(Ctrl +T) 상태에서 [자유변형]에 체크합니다.(❶) 사각형의 네 꼭지점 중, 원하는 꼭지점에 마우스를 갖다 대고 클릭하고 드래그하여 원하는 방향으로 끌어당겨 집니다.(❷) 알맞은 모양을 만들고 [OK]를 누릅니다.

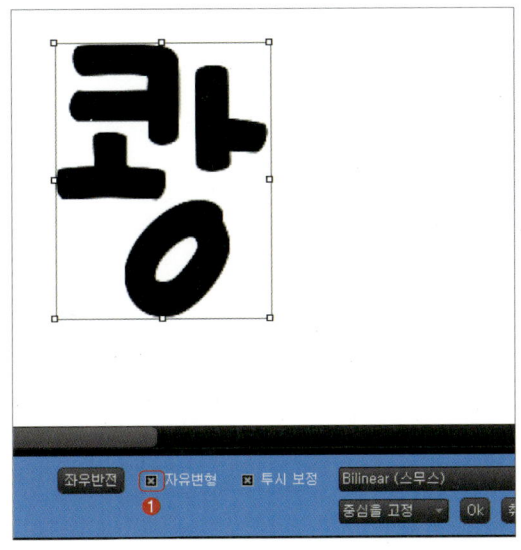
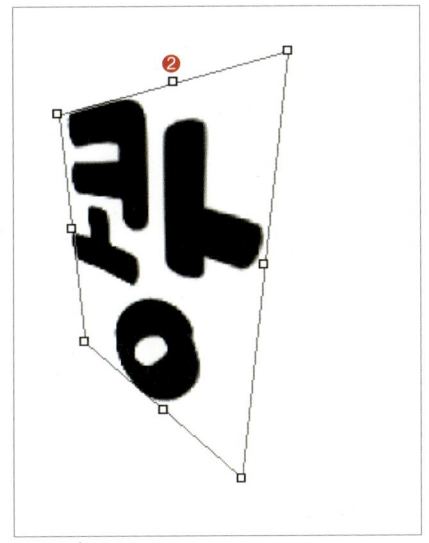

※ 이미지의 방향을 기울기가 있도록 자유롭게 변형하려면 '자유변형'을 체크해야 합니다.

05 복사하여 원고에 활용합니다.
▶ 완성 파일 : Chpater 07\텍스트를 레이어 변환.mdp

07 - 19 투시보조선 기능으로 다양한 선 그리기

메디방에도 투시를 도와주는 기능이 있습니다. 브러시툴 상태일 때만 노출되는 '스냅'툴 입니다. 투시를 잘 몰라도 이 기능을 활용하면 일단 직선과 사선을 본인이 원하는 방향으로 그을 수 있습니다. 투시는 생각보다 까다로운 부분이 있어서, '좀 더 쉽게 배울 수 없을까?'라고 고민하시는 분들이 많습니다. 이런 경우 관련 교재를 구입해서 열심히 따라해 보거나 아예 미술학원에 2~3개월 등록하여 차근히 기초개념을 배우시는 게 훨씬 효과적입니다. 여기서는 투시 공부가 아닌 투시선을 쉽게 그릴 수 있는 메디방의 스냅 기능에 대해서만 설명하도록 하겠습니다.

07-19-1 사선 그리기

01 문서를 열어서 브러시 툴(✐)을 선택합니다. 상단 메뉴바 아래에 스냅관련 툴바가 나타납니다.

02 사선 긋기는 병행스냅 툴(■)을 클릭합니다.

03 캔버스에 붉은 실선들이 보입니다. 안내선일 뿐 실제로 그어진 것은 아닙니다. 펜 브러시로 붉은색 실선방향으로 선을 그어봅니다.

04 자(ruler) 없이도 잘 그어집니다.

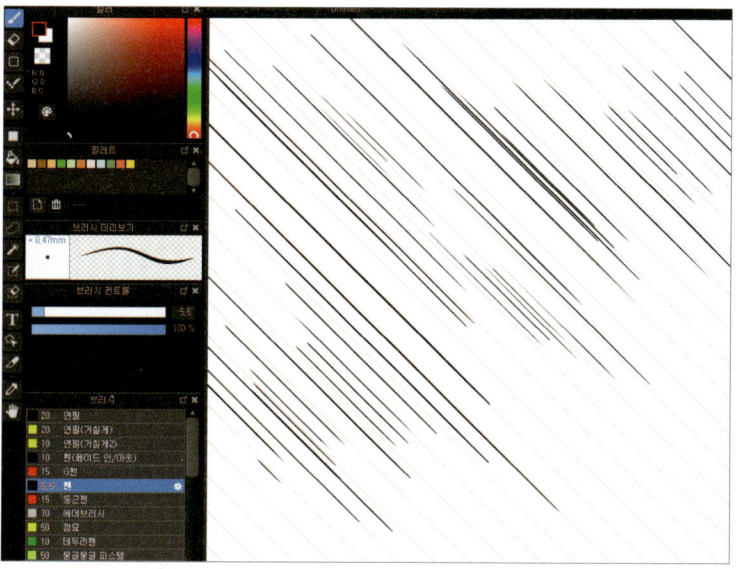

05 사선의 방향을 바꾸고 싶으면 스냅 툴바의 스냅 설정 아이콘(◉)을 클릭합니다. 그 상태로 캔버스 위에서 마우스를 이리저리 움직여 보면(클릭은 하지 말고!) 붉은 실선의 방향이 마우스를 따라 바뀌는 것을 볼 수 있습니다.

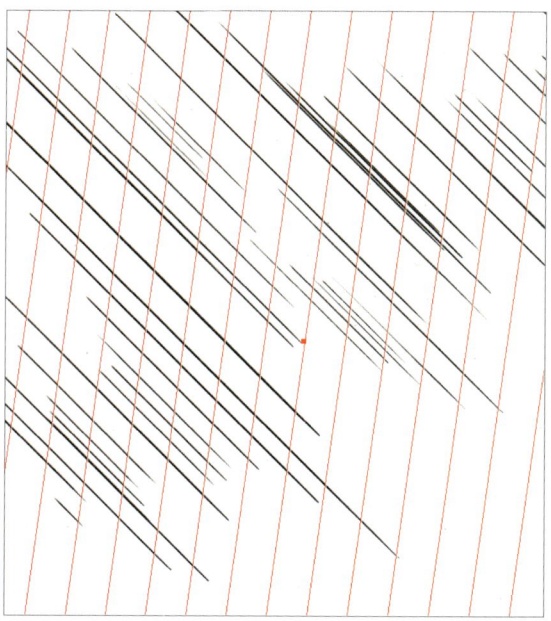

06 마우스를 움직이다가 클릭하면 그 방향으로 다시 고정됩니다. 여러분들도 직접 그려봅니다.

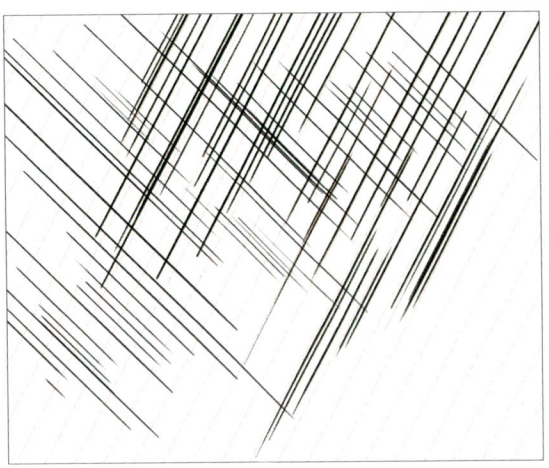

07 스탭 Off 아이콘( )을 눌러 스냅을 해제( )합니다.

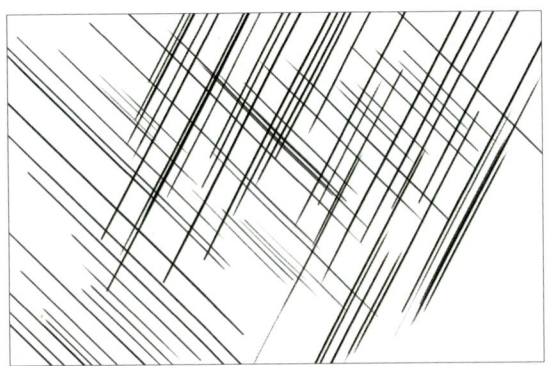

스탭 Off 아이콘( )을 눌러 스냅을 해제( )해야 자유롭게 선을 그릴 수 있습니다.

07-19-2 가로 세로 직선 그리기

01 문서를 열어서 브러시 툴( )을 선택합니다. 상단 메뉴바 아래에 스냅관련 툴바가 나타납니다.

02 가로세로 격자는 십자스냅 툴(▢)을 활용합니다. 화면에 붉은 격자실선이 나타납니다.

03 가로 직선과 세로 직선만 그을 수 있습니다.

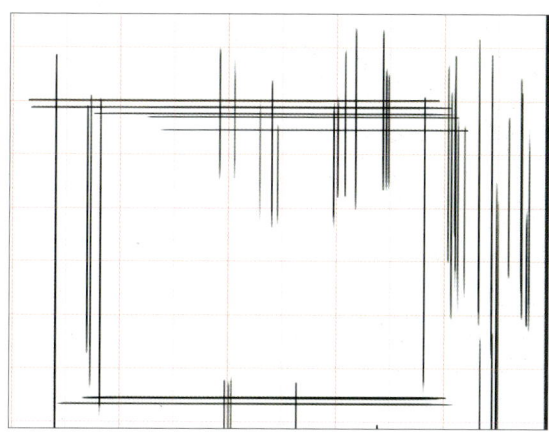

04 스탭 Off 아이콘(⊘)을 눌러 스냅을 해제(⊘)합니다.

07-19-3 소실점 그리기

01 문서를 열어서 브러시 툴(✎)을 선택합니다. 상단 메뉴바 아래에 스냅관련 툴바가 나타납니다.

02 소실점 스냅 아이콘(◧)은 러프한 이미지를 좀 더 샤프하게 다음어 완성시키고자 할 때 유용하게 사용할 수 있습니다. 레이어에 아래와 같이 2점 투시가 있는 그림을 간략히 그려 보겠습니다.

▶ 소스 파일 : Chpater 07\소실점 그리기.jpg

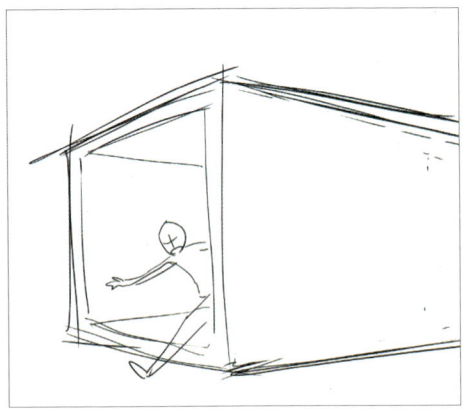

03 02번 과정에서 만든 레이어의 불투명도를 20% 정도로 낮추고(❶), 새 레이어를 만든 뒤(❷) 소실점 스냅 아이콘(◧)을 클릭합니다.(❸) 마우스를 움직이면 마우스 포인트를 따라 붉은 색 십자(+) 표시가 나타납니다.

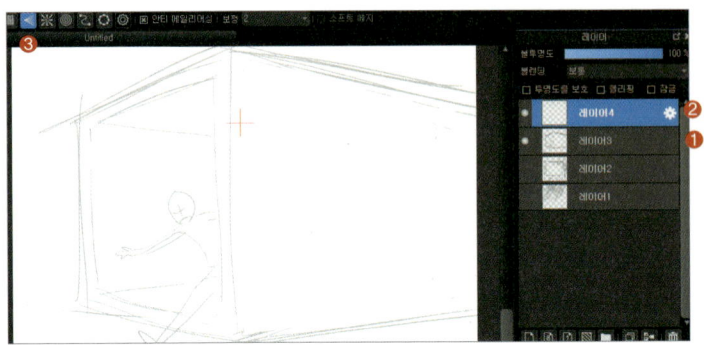

04 아래 그림처럼 시작점(❶)에서 마우스를 한 번 클릭하고, 끝점(❷)에서 마우스를 한 번 더 클릭합니다.

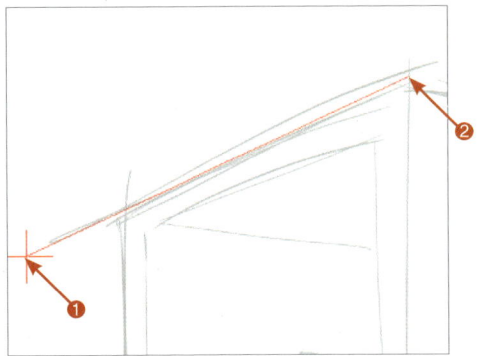

05 스케치의 통로 바닥 부분 다음 그림처럼 ❶번에서 마우스를 한 번 클릭하고, 2번 위치에서 마우스를 한 번 더 클릭합니다.

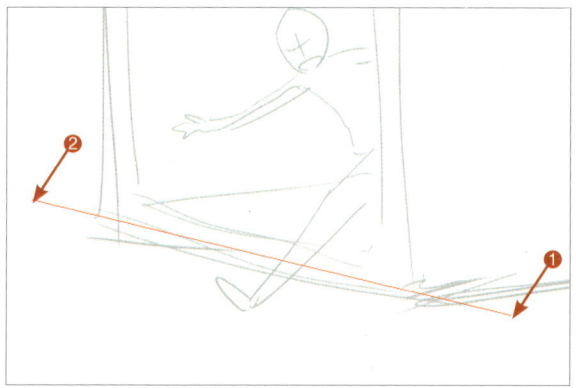

06 오브제의 좌측부분에 필요한 소실점 스냅이 만들어졌습니다.

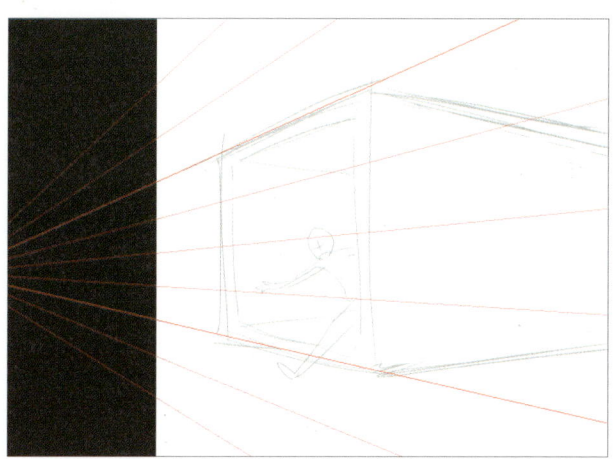

07 왼쪽 사선에 해당하는 부분에 선을 그어 줍니다.

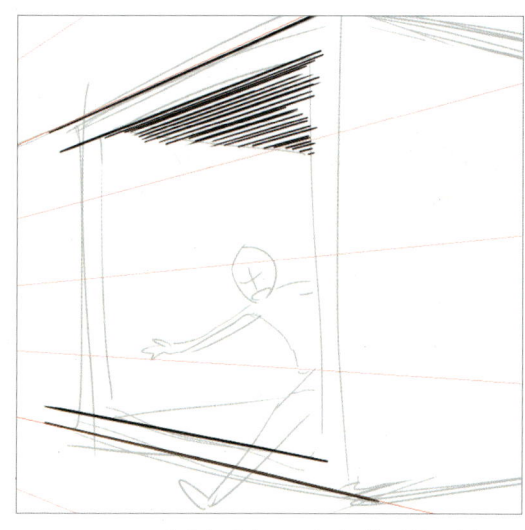

Chapter 07_메디방 페인트로 배우는 홍보웹툰 제작 기초 123

08 스냅설정 아이콘(◉)을 눌러서 반대쪽에도 4~6번 과정을 반복하여 필요한 선을 그어 줍니다.

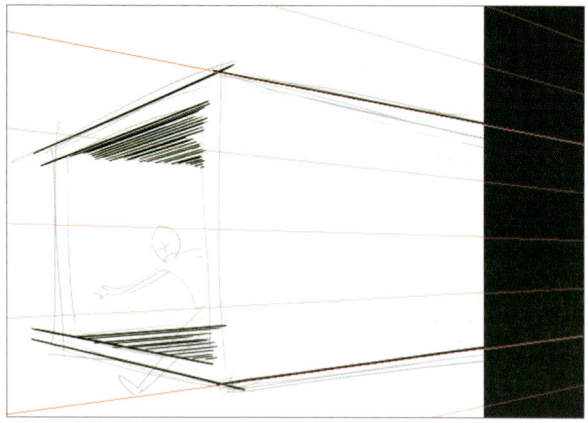

09 해제 버튼(◉)을 눌러 스냅을 해제하고, 남은 부분을 다듬어 완성합니다. 세로 직선은 위에서 실습했던 격자스냅 툴을 사용합니다.

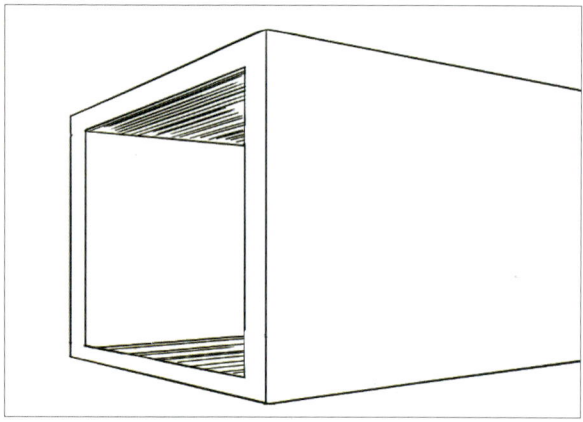

07-19-4 집중선 그리기

01 문서를 열어서 브러시 툴(✎) 선택합니다. 상단 메뉴바 아래에 스냅관련 툴바가 나타납니다.

02 집중선 스냅 툴(✷)을 클릭합니다. 화면에 방사형 붉은 실선이 나타납니다.

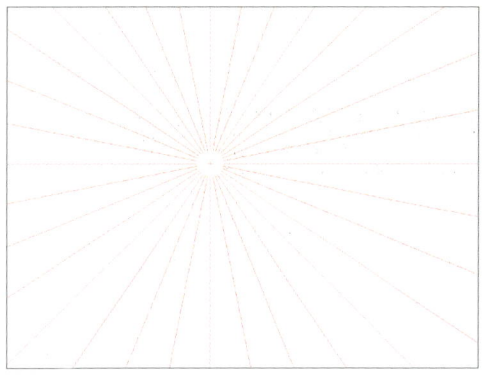

03 스냅설정 아이콘(◉)을 클릭하고 화면에서 마우스를 움직이면 방사형 안내선이 이리저리 따라 움직입니다. 적당한 위치를 정하고 마우스를 클릭하면 그 위치에 고정됩니다. 펜 브러시 버튼(✐)을 이용해서 선을 그어 봅니다.

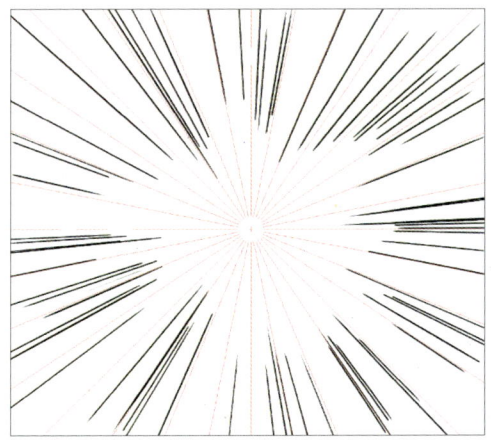

04 스탭 Off 아이콘(⊘)을 눌러 스냅을 해제(⊘)합니다.

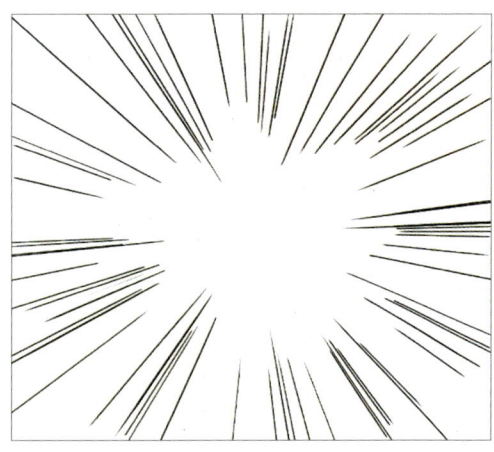

07-19-5 원형(방사형) 그리기

01 문서를 열어서 브러시 툴( )을 선택합니다. 상단 메뉴바 아래에 스냅관련 툴바가 나타납니다.

02 원형 스냅 툴( )을 클릭합니다. 화면에 원형 붉은 실선이 나타납니다.

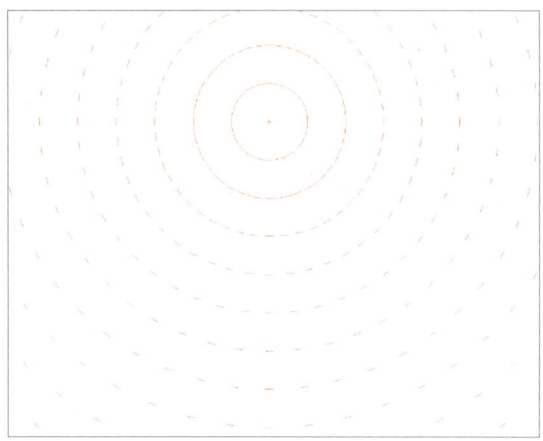

03 스냅설정 아이콘( )을 클릭하고 화면에서 마우스를 움직이면 원형 안내선이 이리저리 따라 움직입니다. 적당한 위치를 정하고 마우스를 클릭하면 그 위치에 고정됩니다. 펜 브러시 버튼( )을 이용해서 선을 그어 봅니다.

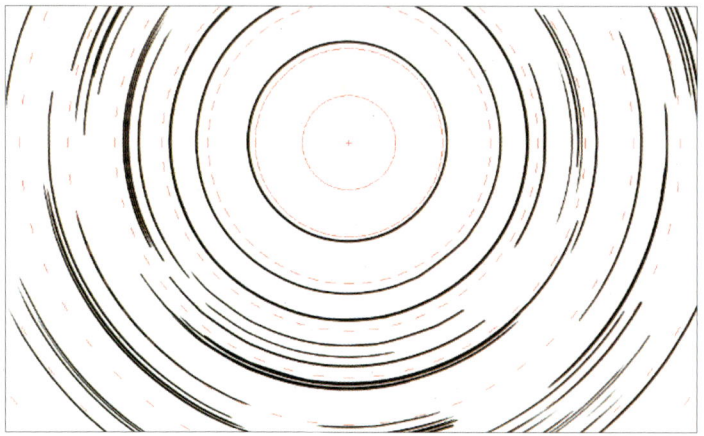

04 스탭 Off 아이콘(　)을 눌러 스냅을 해제(　)합니다.

07-19-6 곡선 그리기

01 문서를 열어서 브러시툴을 선택합니다. 상단 메뉴바 아래에 스냅관련 툴바가 나타납니다.

02 곡선 스냅 툴(　)을 클릭합니다. 캔버스에 아래 그림과 같은 위치에 마우스를 한번 클릭합니다.

03 마우스를 옮겨 아래 그림처럼 다른 위치에서 한 번 더 클릭합니다. 이때 클릭하고 마우스를 떼지 많습니다.

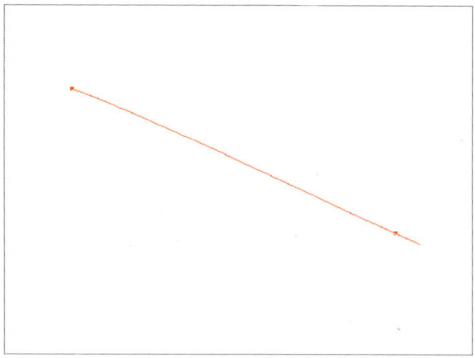

04 마우스를 떼지 않은 상태로 이리저리 움직이면 아래 그림처럼 커브 라인이 생깁니다.

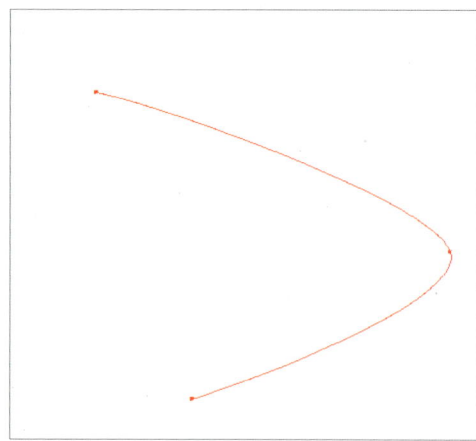

05 마우스를 더블클릭하면 커브가 종료되면서 다음과 같은 화면으로 변합니다.

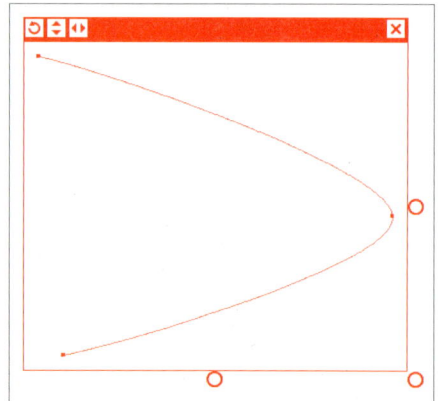

06 네모박스 밖에 있는 3개의 동그라미를 움직여서 곡선의 형태를 조정할 수도 있습니다.

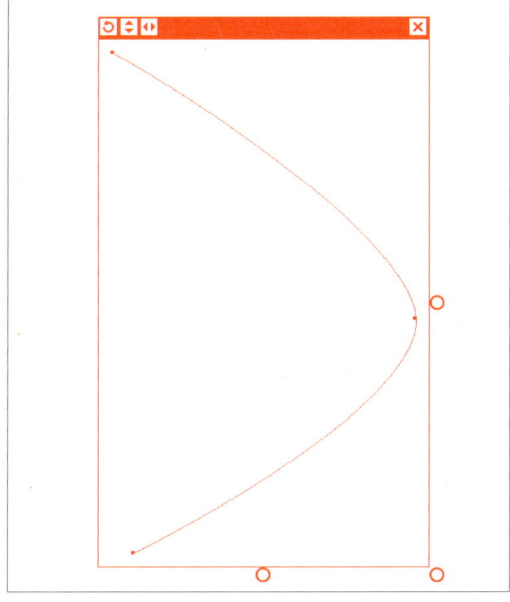
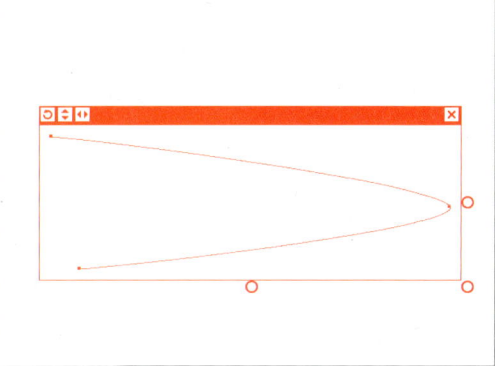

07 커브 라인을 따라 펜 브러시로 그어봅니다.

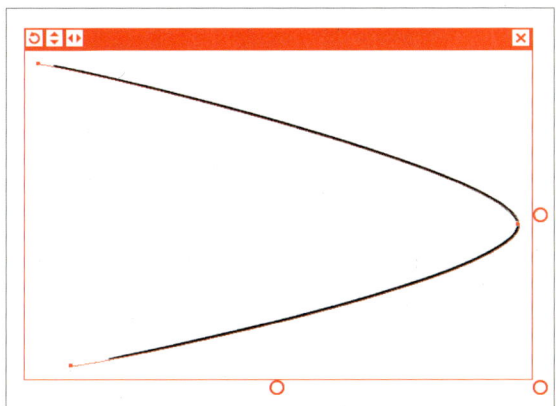

08 스탭 Off 아이콘( )을 눌러 스탭을 해제하면 아래와 같이 깔끔한 곡선을 얻을 수 있습니다.

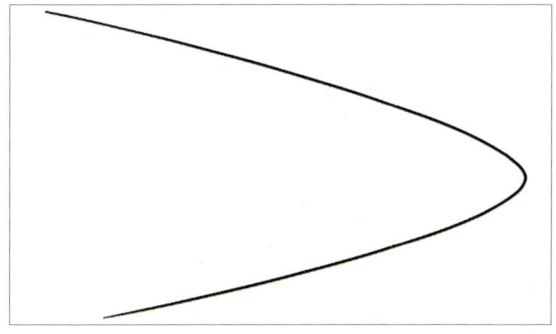

07-19-7 타원 그리기

01 문서를 열어서 브러시 툴( )을 선택합니다. 상단 메뉴바 아래에 스냅관련 툴바가 나타납니다.

02 타원 스냅 툴( )을 클릭합니다. 캔버스에 마우스를 한번 클릭한 상태로 손을 떼지 말고 마우스를 움직여서 타원 모양을 잡은 뒤, 한 번 더 진행합니다.

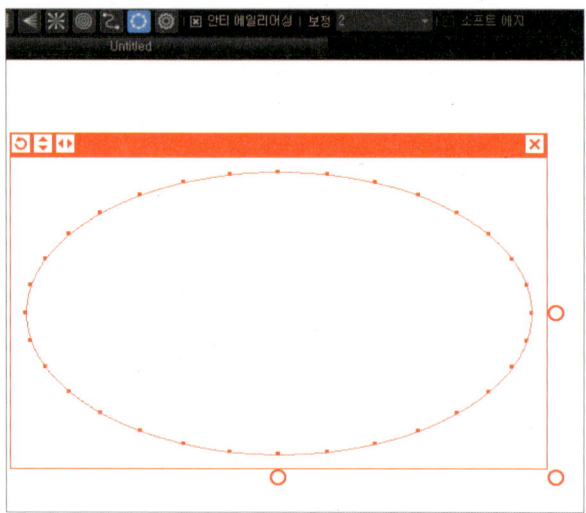

03 타원 라인을 따라 펜 브러시로 그어 봅니다.

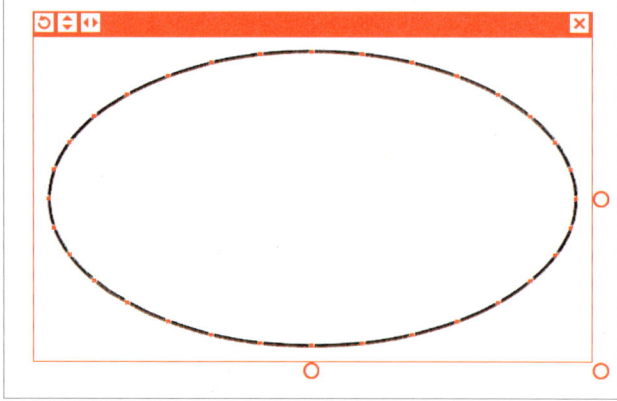

04 스탭 Off 아이콘( )을 눌러 스냅을 해제( )하면 아래와 같이 깔끔한 타원을 만들 수 있습니다.

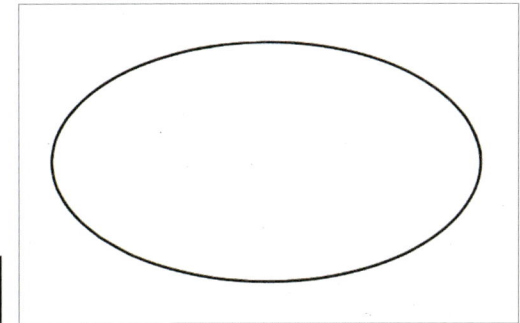

07 - 20 칸박스 사용하기

만화는 '칸의 예술'이라는 말이 있을 만큼 칸 개념을 뺄 수가 없습니다. 만화책이나 웹툰 모두 내용이 잘 구분되게 칸으로 나뉘어 있어 읽기 편하게 되어 있습니다. 메디방 페인트에는 칸을 쉽고 편리하게 그릴 수 있는 기능을 제공하고 있습니다. 메디방의 '만화 칸 소재의 추가' 기능과 '분할 툴'을 이용하면 어렵지 않게 칸을 만들 수 있습니다.

01 칸박스를 만든다는 것은 스케치를 마치고 본격적인 작업에 들어가기 시작했다는 것을 의미합니다. 당연히 데생 콘티가 있겠지요? 콘티 파일을 열어줍니다. 그리고 레이어 '불투명도'를 20% 정도로 흐리게 해줍니다.

▶ 소스 파일 : Chpater 07\칸박스 활용.mdp

※ 웹툰 제작 화면 구성이 잘못된 경우 작업 완료 후 편집 시 새로 그리는 것보다 더 많은 시간이 소요될 수 있기 때문에 칸 구성을 보다 철저하게 해야 합니다.

02 레이어를 새로 만들어 줍니다. 사실 라인과 칸이 한 레이어 안에서 분리되어 저장되기 때문에 만들지 않아도 되지만 이 문장을 읽으시면서 '라인과 칸이 한 레이어 안에서.. 분리..;; 뭐가 어떻다고??'라는 생각이 드시는 분이라면 추가로 새 레이어를 만듭니다.

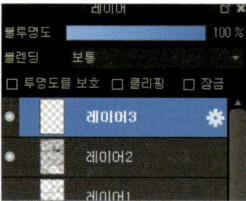

03 [레이어]-[만화 칸 소재의 추가] 메뉴를 클릭합니다.

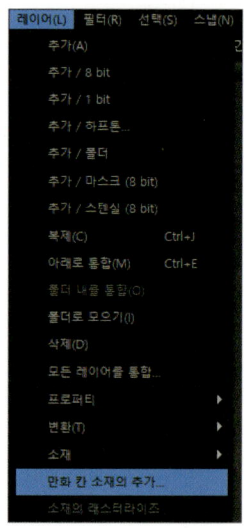

04 "칸의 프로퍼티" 창이 나타납니다. 칸으로 사용할 선의 굵기(폭)와 색상을 지정해 줄 수 있습니다. 단위는 pt(포인트)로 표시되고, 지정한 굵기가 센티미터 측량법으로는 몇 mm 굵기에 해당하는지 수치가 표시됩니다. 아래 화면에서는 20포인트로 굵기가 지정되고(❶), mm로 환산하면 1.45mm 가량 됩니다. [확인] 버튼을 누릅니다.

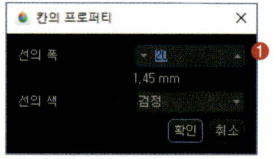

- 선의 폭 : 만화 칸의 보여지는 두께값을 의미합니다.
- 선의 색 : 만화 칸의 보여지는 색상을 의미합니다.

05 칸이 생겼습니다. 레이어 패널에는 @1 표시가 생겼습니다. @는 소재 레이어를 뜻하고, 뒤의 숫자는 칸(소재)의 개수를 의미합니다. 칸을 12칸으로 나눌 경우 레이어 이름을 바꾸지 않아도 저절로 @12로 표기됩니다.

※ 홍보웹툰에서 광고주가 전달하고자 하는 내용을 잘 전달할 수 있도록 스토리에 어울리는 컷 칸을 제작해서 사용합니다.

06 분할 툴(✎)을 사용하여 칸을 자를 수 있는데, 2~5번 과정의 방법으로 칸을 만들면 별도로 클릭할 필요 없이 자동으로 분할 툴로 넘어간 상태가 되어 있습니다. 좌에서 우(혹은 우에서 좌)측으로 커서를 죽 그으면 직선으로 칸이 나뉩니다.

※ 마우스 커서를 위 그림 화살표처럼 '칸 왼쪽 밖(❶)'에서 시작해 '칸의 오른쪽 밖(❷)'까지 그어줍니다. 칸 안에서 마우스로 그으면 칸이 나뉘지 않습니다.
※ 우측 좌측 등의 순서는 관계가 없고, 칸 이쪽 밖에서 시작해 칸 저쪽 밖 부분까지 긋는 것이 포인트입니다.

07 위와 같은 방법으로 다음과 같이 칸을 마저 그어 봅니다.

08 사선이 필요한 경우, Shift 키를 누른 상태에서 원하는 방향으로 드래그하면 칸이 분할됩니다.

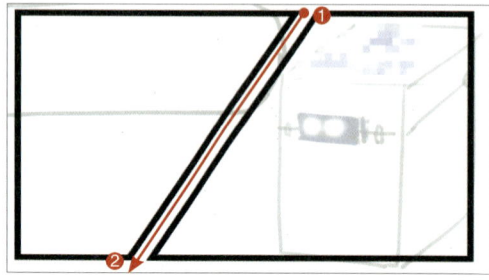

09 칸의 크기를 변형하거나 칸을 삭제해야 할 경우, 툴바에서 조작 툴( )을 선택한 후, 크기 조정이 필요한 칸을 클릭합니다. 칸을 선택한 상태에서 삭제 버튼(✕)을 클릭하면(❶) 해당 칸이 삭제됩니다.

10 꼭지점을 잡고 움직이면 칸의 크기나 모양을 변형할 수 있습니다.

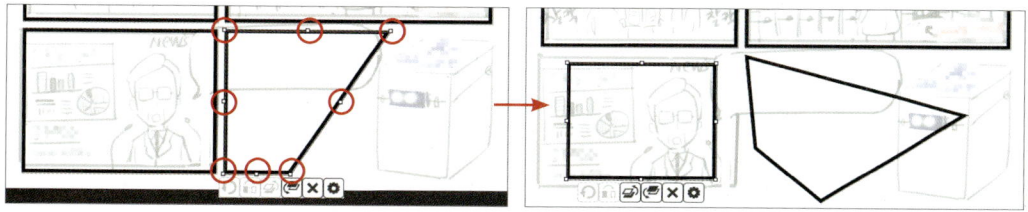

※ 칸에 이미지를 삽입하는 경우 [선택]-[변형] 메뉴를 클릭한 후 '자유변형'을 이용하여 칸에 맞게 조절합니다.

07 - 21 스케치업 파일로 원하는 앵글로 배경소스 만들기

웹툰 제작 시 스케치업(SketchUp)으로 배경을 그리는 경우가 많아졌습니다. 3D 기반의 배경 소스 판매도 활발해 지고 있습니다. 스케치업을 다루지는 못하더라도 구매한 스케치업 파일을 열어서 캡처 정도는 할 줄 아는 것이 좋습니다. 전혀 어렵지 않으니 따라해 봅니다. 스케치업 파일은 스케치업 홈페이지(https://www.sketchup.com/ko)에서 체험판 다운로드 및 영구 구매가 가능합니다. 여기서는 스케치업 프로그램을 설치했다는 전제 아래, 오브제를 움직여서 캡처하는 방법만 설명하도록 하겠습니다.

01 스케치업 파일을 엽니다. 스케치업 프로그램이 정상적으로 깔려있고, 파일에 문제가 없는 경우, 파일을 더블클릭 시 다음과 같은 화면이 나타납니다. 하단의 [Start using SketchUp] 버튼을 누릅니다.(❶)

※ 본 예제에 활용된 스케치업 파일은 필자가 [곽시탈] 작가님의 웹툰 배경용 Skp 상품을 '텀00' 스토리펀딩 사이트를 통해 정상적으로 구매한 것이기 때문에 배포할 수 없음을 안내합니다. 독자는 적절한 스케치업 샘플 파일을 구해서 사용할 것을 권장합니다.

02 아래와 같이 스케치업 파일이 열립니다. 파일의 크기와 컴퓨터 사양에 따라 열리는 데 시간이 조금 걸릴 수도 있습니다.

03 우리는 스케치업 메뉴 바의 기능 중 다음 두 가지만 사용하도록 합니다.
- Orbit 툴( ) : 화면을 회전시키는 기능입니다.
- Pan 툴( ) : 화면을 이동시키는 기능입니다.

❶ Orbit 툴( )을 클릭한 후, 마우스 왼쪽 버튼을 누른 채 마우스를 이리저리 드래그하면 화면이 움직입니다.

❷ 다른 툴이 선택된 상태에서, 마우스 휠 버튼(가운데 버튼)을 누른 채로 마우스를 이리저리 옮기면 Orbit 툴( )로 일시적으로 전환되어 화면이 움직입니다(❶과 ❷의 결과값이 동일합니다).

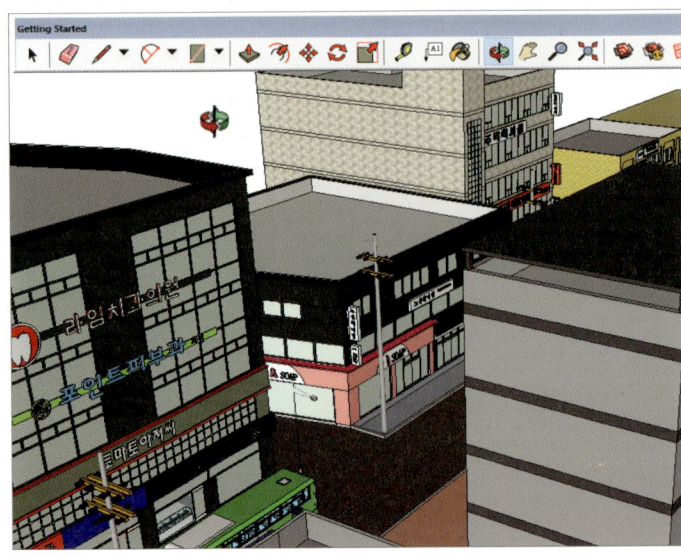

❸ Pan 툴( )을 선택한 후 마우스 왼쪽 버튼을 누른 채 마우스를 이리저리 옮기면 화면(카메라)이 이동합니다.

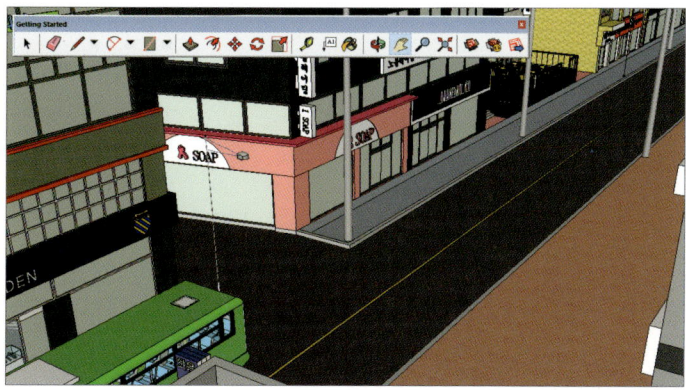

• 확대/축소 : 마우스의 휠 스크롤(가운데 버튼)을 올리거나 내리면 화면이 확대 혹은 축소(줌인, 줌아웃)됩니다.

04 위의 기능으로 웹툰 배경에 활용할 위치를 찾습니다. 스케치업에서 [File]-[Export]-[2D Graphic] 메뉴를 클릭한 후(❶) "Export 2D Graphic" 창이 나타나면 파일명을 입력하고(❷) [Export] 버튼을 눌러(❸) 내보내기 합니다. 캡처 프로그램을 이용해 간단히 캡처할 수도 있습니다.

※ 화면 캡처 프로그램 : 화면 캡처 프로그램은 검색 창에 "캡처 프로그램"을 검색하면 알캡처(ALCapture), 네이버 캡처, 칼무리 등 다양한 캡처 프로그램을 찾을 수 있습니다.

07 - 22 스케치업 배경 소스 파일 리터칭 하기

스케치업 파일을 구매해서(혹은 제작해서) 배경 소스를 얻었다면 이제 극의 흐름에 어울리도록 리터칭을 해야 합니다. 스케치업 캡쳐 이미지 뿐 아니라 다른 배경 소스 파일에도 동일하게 적용할 수 있는 방법이기 때문에 충분히 연습해서 숙지할 수 있도록 합니다.

07-22-1 밝은 낮 만들기

01 [파일]–[열기] 메뉴를 클릭한 후 소스 파일을 불러옵니다. 편의상 라인과 인물 채색까지 완료된 파일을 불러왔습니다.

▶ 소스 파일 : Chpater 07\밝은낮.mdp

02 [파일]–[이미지를 레이어로 열기] 메뉴를 클릭한 후 "열기" 창이 나타나면 배경 소스 파일을 선택하고 [열기] 버튼을 클릭해 불러옵니다.

03 불러온 배경 소스 레이어를 컬러 레이어 아래로 이동시킵니다.(❶)

04 이동툴(, V)을 이용하여 알맞은 자리를 잡아주고, 선택 툴(, M)을 이용하여 필요 없는 부분을 선택한 후 Del 키를 눌러 지워줍니다.

05 이 상태로도 사용은 할 수 있지만 좀 더 밝고 눈부신 분위기를 내 보겠습니다.

06 레이어 패널에서 배경 레이어를 하나 복제합니다. 레이어 패널 하단에 있는 레이어의 복제버튼 (🗖)을 클릭하면 됩니다.(❶)

07 복제된 레이어에서 [필터]-[가우시안 블러] 메뉴를 클릭하고 "가우시안 블러" 창이 나타나면 적당한 값을 지정하고 [확인] 버튼을 누릅니다. 아래 예제에서는 7 정도 주었습니다.

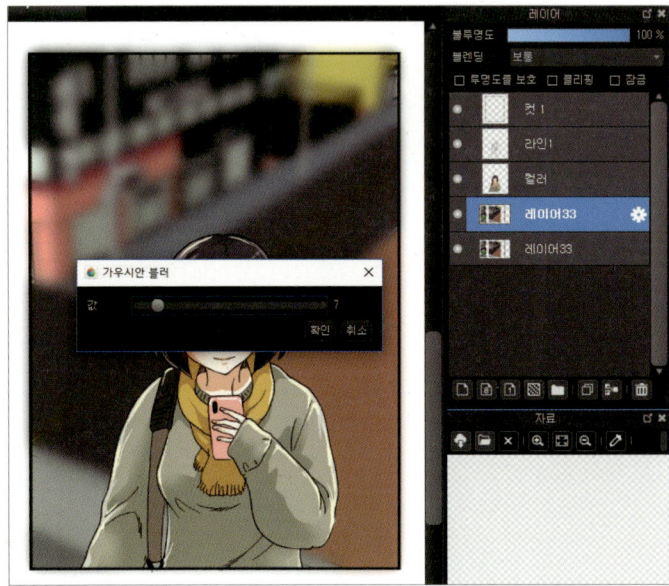

08 가우시안 블러 효과를 입힌 레이어의 블렌딩(레이어 속성)을 [스크린]으로 바꾸어 주면(❶) 원본 소스 보다 화사하고 뽀얀 느낌을 얻을 수 있습니다.

09 새 레이어 한 개를 더 만들어 배경 위에 올리고(❶) 레이어 블렌딩(속성)을 [오버레이]로 바꾸어 줍니다.(❷) 브러시 툴( )을 선택하고(❸), 에어브러시 툴을 이용해(❹) 살짝 살짝 밝은 색으로 찍어 줍니다.

▶ 완성 파일 : Chpater 07\밝은낮_완성.mdp

07-22-2 노을 배경 만들기

01 위 '밝은 낮' 예제의 5번 과정까지 동일합니다.

▶ 소스 파일 : Chpater 07\노을.mdp

02 레이어를 새로 만들고 컬러(채색) 레이어 위로 올립니다.(❶) 주황색과 붉은 색을 써서 에어브러시 툴로 노을빛을 대충 만들어 줍니다. (예제에 사용된 붉은 색 : R255, G9, B0 / 주황색 : R252, G150, B3)

03 레이어 블렌딩을 소프트라이트 혹은 오버레이로 변경합니다. 예제에서는 오버레이로 변경 후(❶) 불투명도를 80% 정도 주었습니다.(❷)

04 레이어를 하나 더 만들고 컬러(채색) 레이어 아래로 둡니다.(❶) 레이어 블렌딩을 [스크린]으로 바꾸고(❷) 에어브러시 툴로 크게 몇 번 그어줍니다. 색상은 밝은 노란 계열을 사용하도록 합니다.(❸)

05 완성된 상태입니다.

▶ 완성 파일 : Chpater 07\노을_완성.mdp

07-22-3 밤 배경 만들기

01 위 '밝은 낮' 예제의 5번 과정까지 동일합니다.

▶ 소스 파일 : Chpater 07\밤.mdp

02 레이어를 새로 만들고, 채색(컬러) 레이어 아래에 위치시킵니다. 창문과 사인보드(간판)에 해당하는 부분에 밝은 노란색과 밝은 하늘색을 사용해서 적당히 칠해줍니다.(❶)

다음과 같은 상태가 됩니다. 반드시 레이어가 별도로 있어야 합니다. 배경 레이어 위에 바로 붓지 마세요. 배경에 바로 부으면 나중에 돌이킬 수 없는 상태가 됩니다.

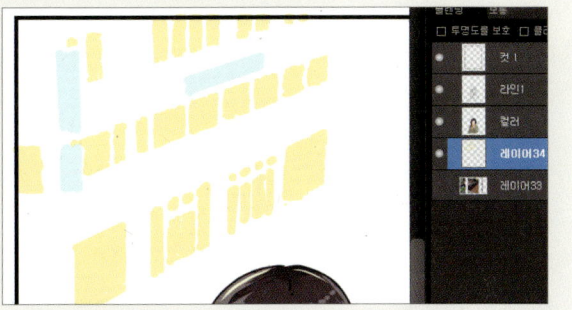

03 배경 레이어(❶)와 바로 이전에 만든 빛 레이어(❷) 사이에 새로운 레이어를 한 개 더 만듭니다.(❸) 브러시 툴( )의 에어브러시 툴을 선택하고 어두운 파란색과 보라색 등을 사용해서 레이어를 채워줍니다.

Chapter 07_메디방 페인트로 배우는 홍보웹툰 제작 기초 **145**

04 레이어 블렌딩(속성)을 [곱하기]로 변경하고(❶) 불투명도를 75% 정도로(❷) 설정합니다.

05 창문 빛을 만들었던 레이어(그림에서는 레이어34)를 선택한 뒤, [필터]-[가우시안 블러] 메뉴를 선택해 값을 5 정도로 설정합니다.

06 레이어 블렌딩(속성)을 [더하기+발광]으로 바꾸어 줍니다. 불이 환하게 켜지네요. 그림의 색온도에 따라 블렌딩이 스크린, 밝음 등에 더 적합할 때도 있습니다.

07 좀 더 푸른 느낌을 내고 싶으면 레이어를 하나 더 만들어서(❶) 곱셈 레이어 위에 갖다놓고, 블렌딩을 [오버레이]로 바꿉니다.(❷) 에어브러시로 상하 부분을 체도가 높은 남색이나 보라색 계열로 조금씩 그어 줍니다.

08 레이어를 통합하고, 칸 밖의 부분을 잘라내어 완료시킵니다.

▶ 완성 파일 : Chpater 07\밤_완성.mdp

07 - 23 용도에 맞는 파일 형식으로 저장하기

메디방 파일은 용량이 매우 작다는 장점이 있습니다. 메디방에서 작업한 파일(.mdp)을 포토샵 파일(.psd)로 전환할 경우 용량이 갑자기 몇 배로 불어나는 경험을 하게 됩니다. 그럼에도 불구하고 다른 프로그램을 써야 할 때가 있기 마련이죠. 파일을 여러 가지로 저장하는 법에 대해 간단하게 알아보도록 하겠습니다.

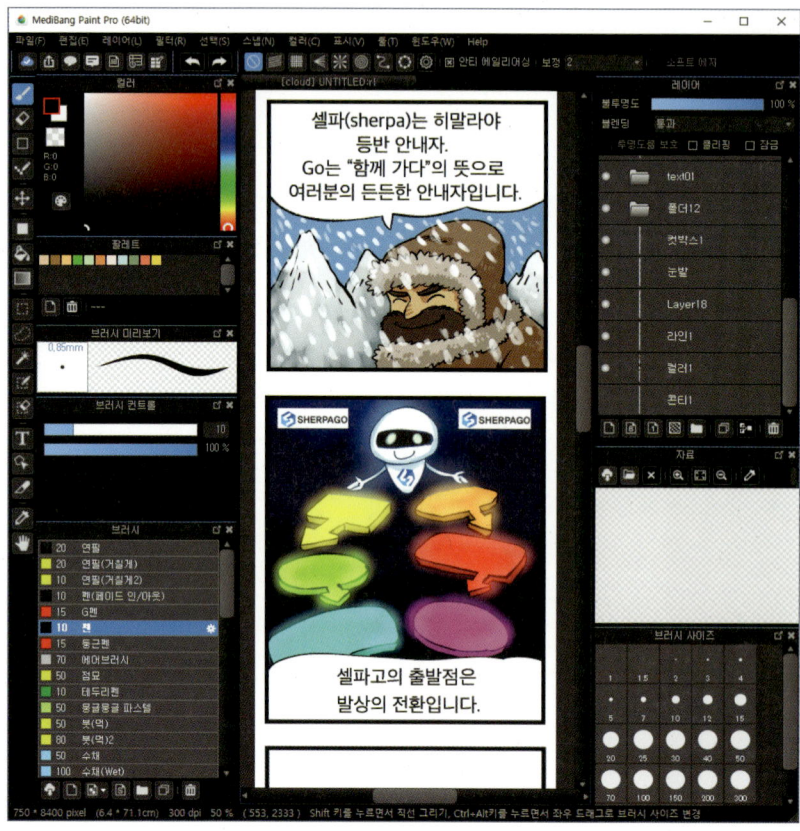

07-23-1 JPG 파일 형식으로 저장하기

jpg 형식의 이미지 파일로 저장합니다.

01 [파일]-[다른이름으로 저장(Ctrl+Shift+S)] 메뉴를 클릭합니다.

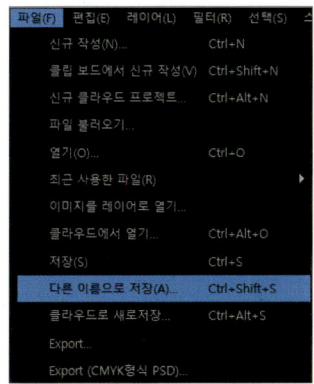

02 "이미지의 저장" 창이 나타나면 파일 형식을 jpg, 파일 이름을 입력한 후 [저장] 버튼을 누르면 JPG 파일 형식으로 저장됩니다.

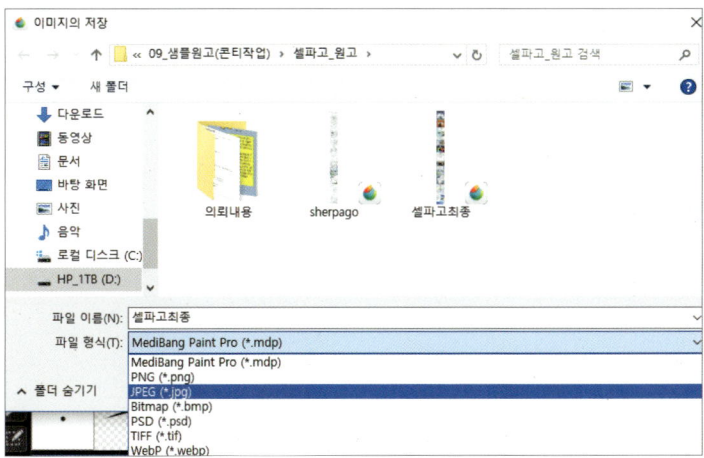

- *.mdp : 메디방 페인트 프로 파일로 저장합니다. 메이방에서 [파일]-[파일 불러오기]로 언제든 불러와서 다시 작업할 수 있습니다.
- *.jpg : 메디방에서 작업 완료한 결과를 jpg 형식의 이미지 파일로 저장합니다. 모든 레이어가 합쳐진 상태이므로, 레이어별로 수정할 수 없는 상태입니다.
- *.png : 배경을 투명하게 저장합니다. 인물이나 캐릭터 등 배경이 필요 없을 때 png 형식으로 저장합니다.
- *.psd : 포토샵에서 작업할 수 있는 psd 파일로 저장합니다. 포토샵에서 작업해야 되는 경우에 저장합니다. psd 파일을 메디방에서도 작업할 수 있습니다. 단, 포토샵에서 적용했던 이펙트와 폰트 등 속성은 사라지게 됩니다.

07-23-2 PSD 파일 형식으로 저장하기

포토샵에서 작업할 수 있는 psd 파일 형식으로 저장합니다.

01 [파일]-[다른이름으로 저장(Ctrl + Shift + S)] 메뉴를 클릭합니다.

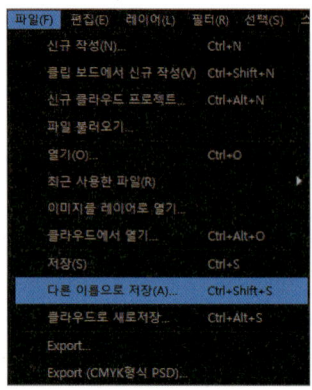

02 "이미지의 저장" 창에서 파일 형식을 PSD(*.psd)로 설정하고 [저장] 버튼을 누릅니다. PSD 파일은 포토샵 파일입니다. 메디방 고유 확장자 파일인 .MDP 파일은 포토샵에서 열 수 없지만 PSD 파일로 다시 저장해서 불러오면 열립니다.

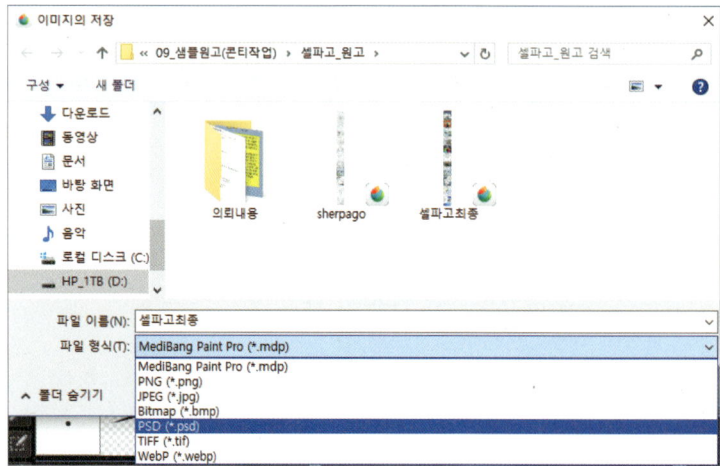

※ 메디방에서 PSD 형식으로 따로 저장한 파일을 포토샵에서 여는 순간, 파일 안에 있던 폰트는 [일반레이어]로 "자동" 변경되며, 이렇게 한번 포토샵에서 열린 후 저장된 PSD 파일은 두 번 다시 메디방에서 열어도 폰트로 복구되지 않습니다.

07-23-3 메디방 클라우드에 저장하기

01 클라우드 저장은 메디방이 제공하는 가상 저장 공간에 파일을 저장시키는 방법입니다. 파일의 종류와는 관계가 없습니다. 단, 메디방에 로그인 한 상태여야 하며, 인터넷이 연결된 상태여야 합니다.

02 [파일]-[클라우드로 새로 저장(Ctrl + Alt + S)] 메뉴를 클릭합니다.

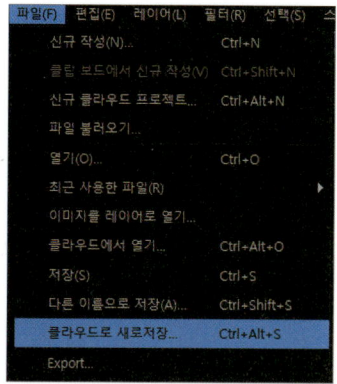

03 "클라우드로 새로저장" 창이 나타나면 타이틀에 파일 이름을 입력하고(❶), 메모는 특별히 입력할 필요 없으며 [확인] 버튼을 누릅니다.(❷)

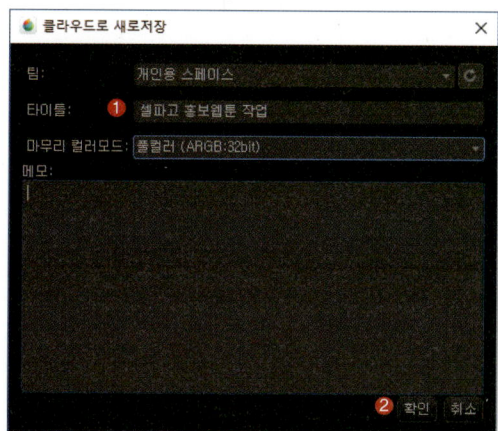

04 "클라우드 접속" 창이 나타나고 업로드 상태가 표시됩니다. 업로드가 완료되면 따로 완료 창은 생기지 않습니다.

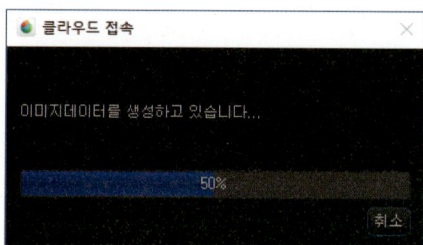

05 메디방 앱이 설치되어 있고, 메디방 계정이 활성화 되어있는 아이패드나 안드로이드 태블릿에서 같은 파일을 열 수 있습니다. 필자의 아이패드 프로에서 메디방 앱을 실행시켜 보겠습니다. 버튼 중에 [온라인]을 선택합니다.(❶) 인터넷은 당연히 연결된 상태여야 합니다.

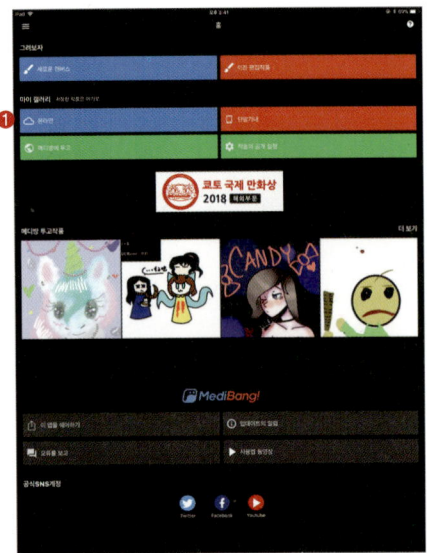

06 목록에 바로 이전에 저장한 파일을 확인할 수 있습니다.

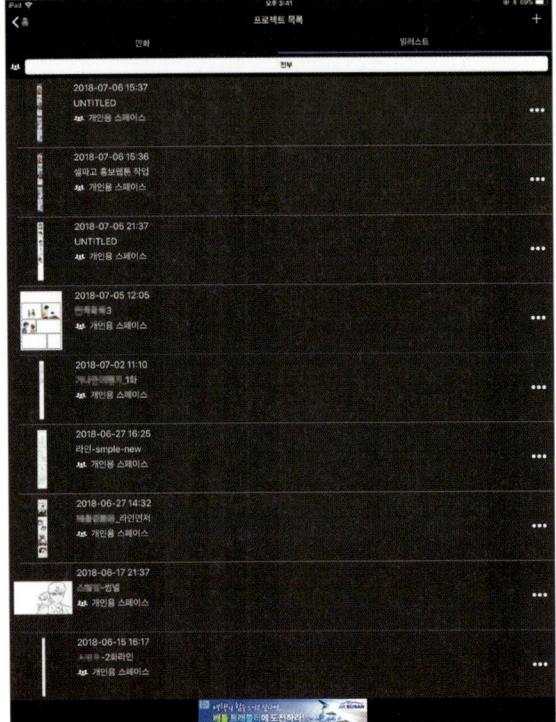

07 파일을 열어서 작업하면 됩니다.

▶ 완성 파일 : Chpater 07\용도에 맞게 파일 저장.mdp

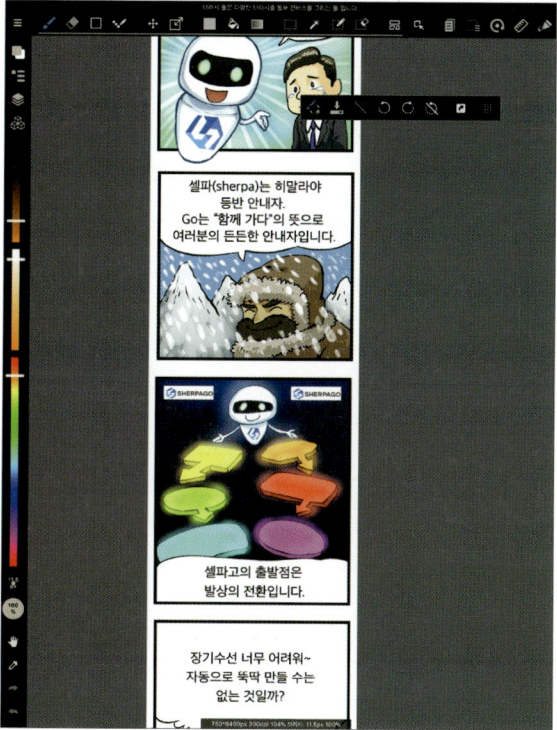

PART 03

홍보웹툰 요소 실전 제작하기

Chapter 08 사람과 동물 그리기
Chapter 09 배경과 소품 그리기

Chapter

사람과 동물 그리기

08-1 사람 전신 그리기

8등신의 남자 캐릭터의 전신을 그려보겠습니다.

08-1-1 사람 전신 기초 그리기

01 [파일]-[신규 작성(Ctrl + N)] 메뉴를 클릭한 후 "이미지의 신규 작성" 창이 나타나면 문서 크기를 가로(폭) 1000px(❶), 세로(높이) 2000px(❷), 해상도 300dpi(❸)로 설정한 후 [확인] 버튼을 클릭합니다.

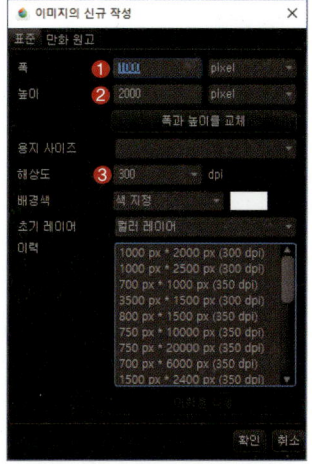

02 브러시 툴( )을 클릭합니다. 밑그림을 그릴 것이기 때문에 브러시 종류는 연필을 선택하고(❶) 크기를 12px 정도로 합니다.(❷)

03 8등신의 남자 전신을 그릴 것입니다. 머리끝부터 발끝까지 위치를 아래 그림처럼 두 개의 선(❶, ❷)으로 잡아줍니다. 전체 위치를 잡아놓고 그리는 습관을 가지면 하체나 발이 잘리는 경우를 줄여줍니다.

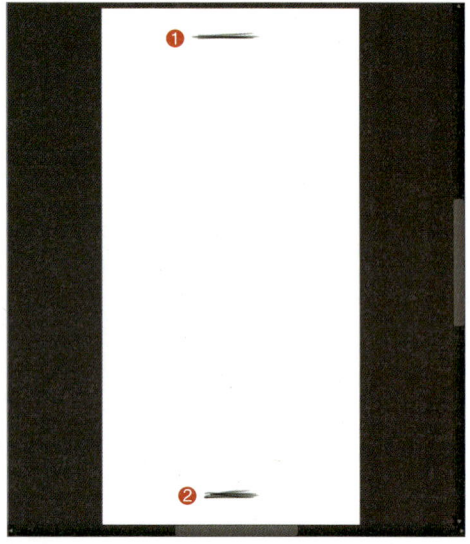

04 레이어의 추가 아이콘(□)을 클릭(❶)하여 새 레이어(❷)를 만듭니다.

05 도형브러시 툴(□)을 클릭하고(❶), 상단 메뉴에서 원형브러시 아이콘(○)를 선택합니다.(❷)

06 도형브러시 툴의 원형브러시를 이용해 적당한 크기의 원을 그립니다. 머리 하나(1등신)가 되겠지요.

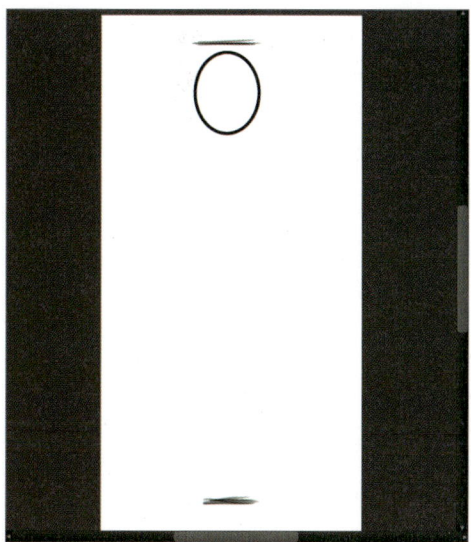

07 레이어 패널에서 레이어복제 아이콘(   )을 클릭하여(❶) 같은 레이어를 하나 더 만듭니다. 원이 두 개가 됩니다.

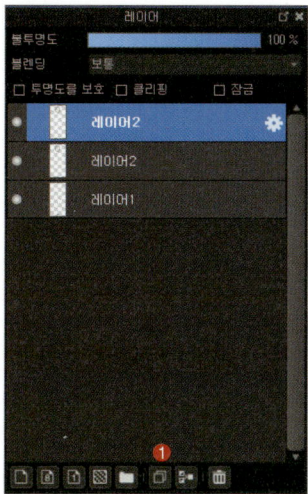

Chapter 08_사람과 동물 그리기 159

08 이동 툴(✥)을 선택하고, 마우스를 캔버스에 클릭한 후 손을 떼지 말고 아래로 끌어봅니다. 새로 만든 원형이 따라 내려올 것입니다. 메디방은 어떤 부분을 복사해서 붙여넣기 하거나 복제하면 원 위치 위에 그대로 얹혀서 생성되므로, 초보자의 경우 아무 일도 안 일어난 것처럼 착각하여 당황할 수 있으니 유의합니다.

09 위와 같은 방법을 몇 번 반복하여 다음과 같은 그림을 만듭니다. 그런데 8등신이 되기도 전에 캔버스가 꽉 차버렸기 때문에 약간 줄여야 되겠습니다.

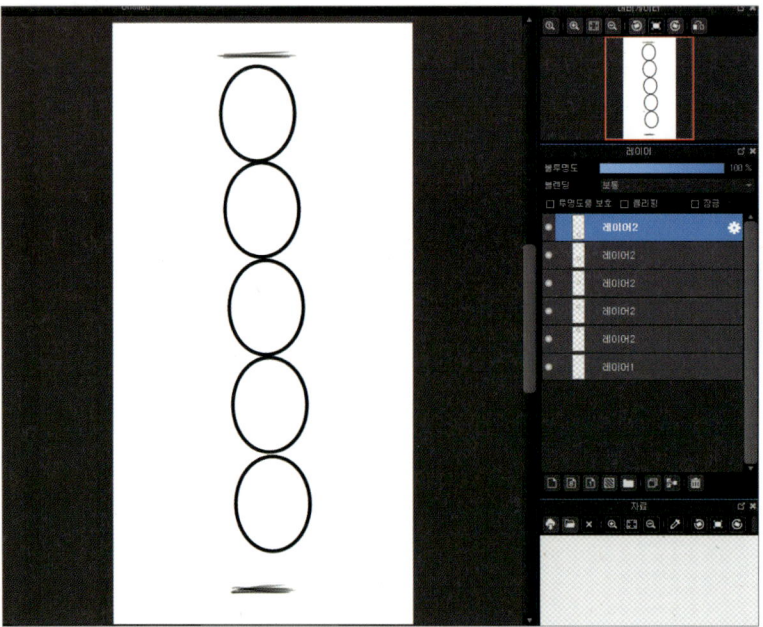

10 우선 레이어들을 하나로 합쳐줍니다. 가장 상단 레이어를 선택한 상태에서 Ctrl + E 를 반복합니다.

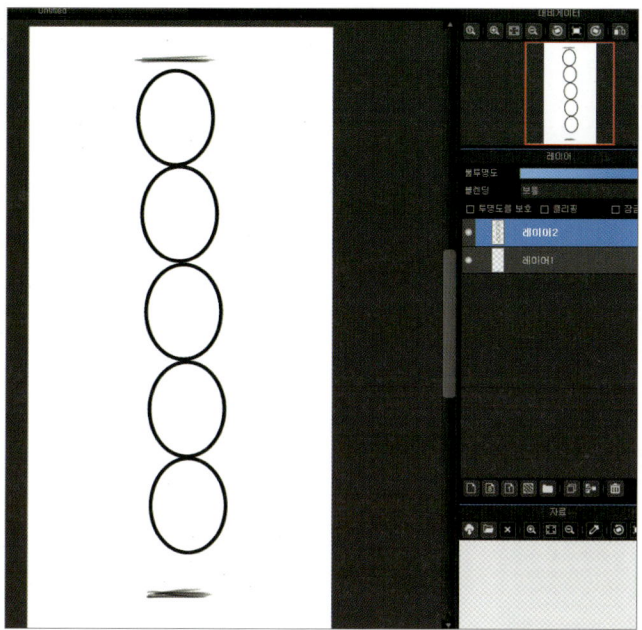

11 [선택]-[변형] 메뉴를 클릭하거나 Ctrl + T 를 누르면 변형툴 상태가 됩니다. 마우스를 변형창( ) 모서리에 갖다대고 움직여 크기를 조정한 후 Enter 를 누르거나 문서 하단에 보이는 파란색 부분에서 [OK] 버튼을 누릅니다.(❶)

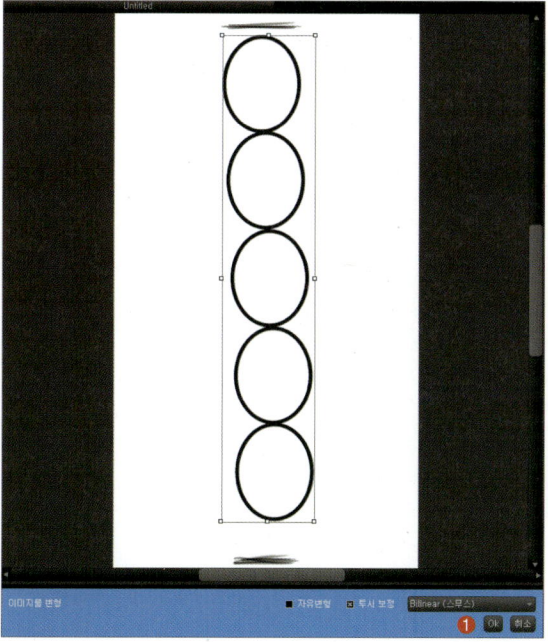

12 올가미 툴( )을 클릭하고, 원형을 3개만 선택합니다. 태블릿 펜를 클릭한 상태에서 떼지 않고 그리세요. 선택된 부분은 원래 색으로 보이고(❶), 선택에서 배제된 부분은 푸른색으로 표기됩니다.(❷)

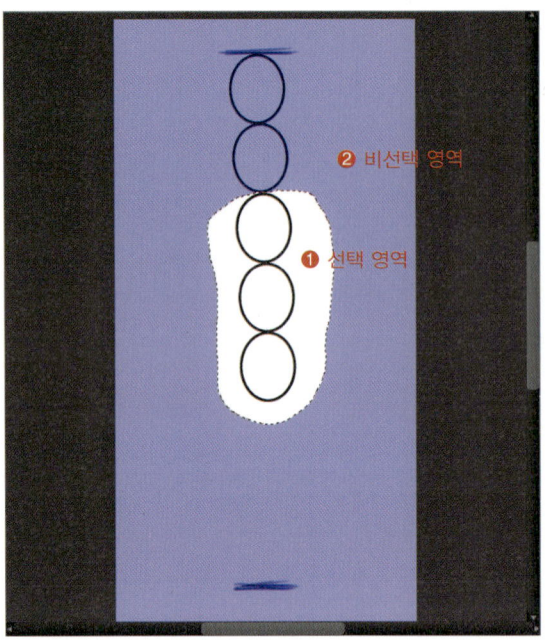

13 Ctrl + C 를 눌러 복사하고, Ctrl + V 를 누르면 새로운 레이어3이 생기면서 붙여넣기가 완료됩니다. Ctrl + D 를 눌러서 선택툴 상태(아래 그림처럼 파랗고 하얀 캔버스 화면)에서 해제하여 일반 화면으로 돌아옵니다.

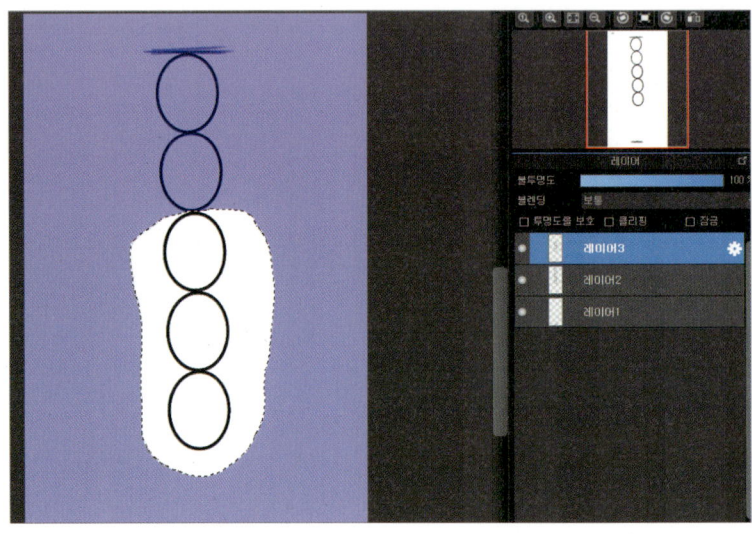

14 복사한 원형을 그림처럼 잘 정렬한 뒤 모든 레이어를 하나로 합쳐줍니다. Ctrl + E 를 반복하거나 [레이어]-[모든레이어를 통합...] 메뉴를 클릭하면 됩니다.

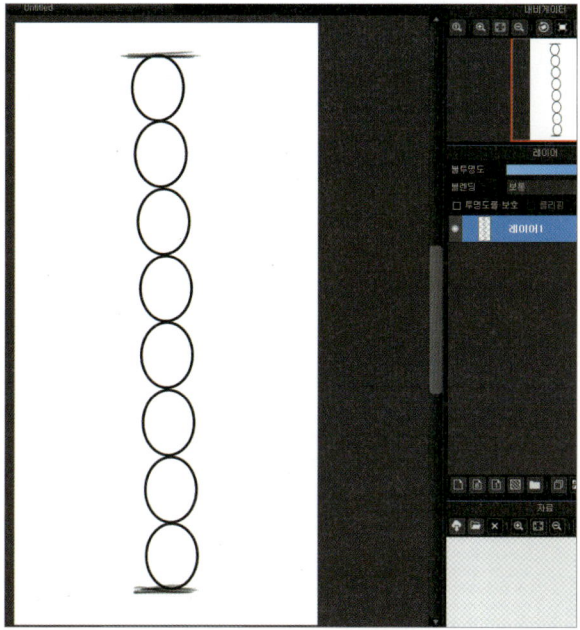

15 합쳐진 레이어1의 불투명도를 19~20% 정도로 흐릿하게 바꾸어줍니다.

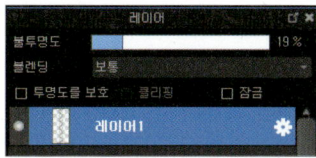

16 새로운 레이어를 만듭니다.

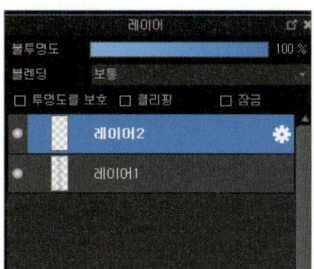

17 브러시 툴(🖌)을 클릭한 후 연필브러시 상태로 돌아옵니다. 현재 레이어1은 흐릿하고, 레이어2는 선택된 상태입니다. 레이어2에서 첫 번째 동그라미 아래에 진한 선을 그어줍니다.(❶)

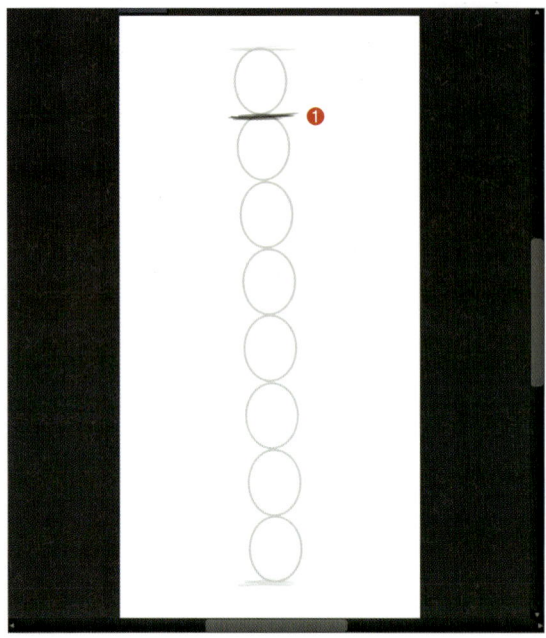

18 바로 이전에 그은 선을 기점으로, 선 위는 머리가 되고 나머지는 몸 부분이 됩니다.

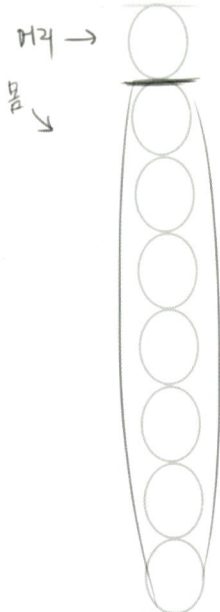

19 바지를 입혔을 때 벨트가 위치할 라인을 만듭니다. 대략 배꼽위치로 보아도 되지만, 벨트라인으로 보는 게 더 정확합니다.

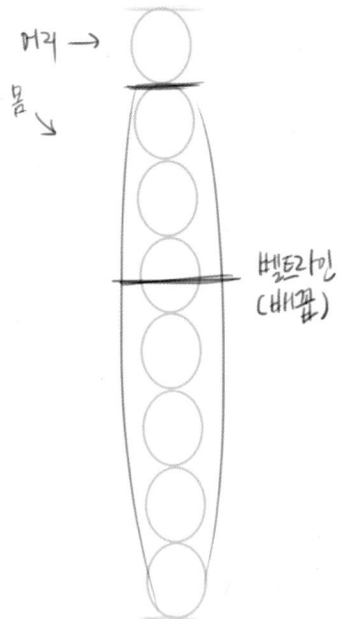

20 왜냐하면 다음과 같이 그 아래로 역삼각형을 만들어서, 팬티 라인을 그릴 것이기 때문입니다.

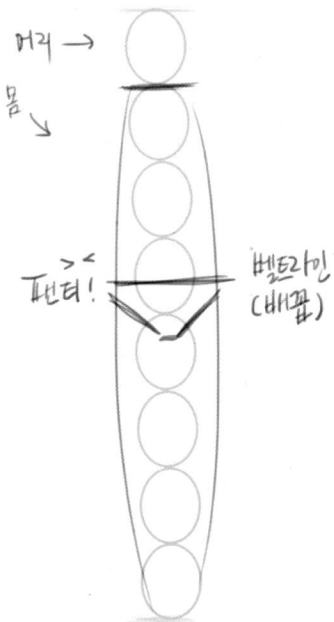

21 팬티를 그렸다면, 그 아래 부분은 다리가 되고, 윗부분은 몸통부분이 되겠죠? 인체비례 잡는 게 이렇게나 쉽습니다.

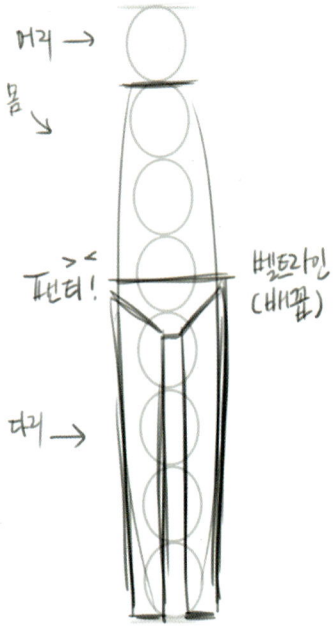

22 맨 아랫부분은 당연히 발이 되겠지요. 반원을 그려서 발을 표시해 주고(❶), 팬티와 발 사이에 적당한 위치를 잡아 무릎을 만들어 줍니다.(❷)

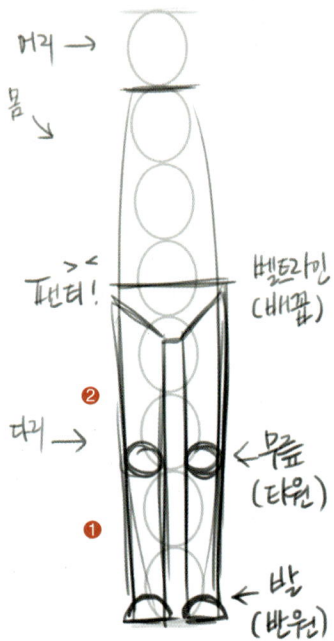

23 몸통을 만들겠습니다. 목은 반드시 먼저 자리잡아 줍니다. 여기서 목 길이를 잡아주지 않으면 나중에 거북이가 되거나 목 짧은 캐릭터가 되고 맙니다. 목 아래 부분은 가슴과 배(허리)가 되겠지요? 여기서 어깨가 되는 부분의 폭(❶)을 정해줍니다. 어깨가 발달된 체형의 캐릭터라면 어깨의 폭을 길게, 좁은 캐릭터라면 좁게 만들어 줍니다.

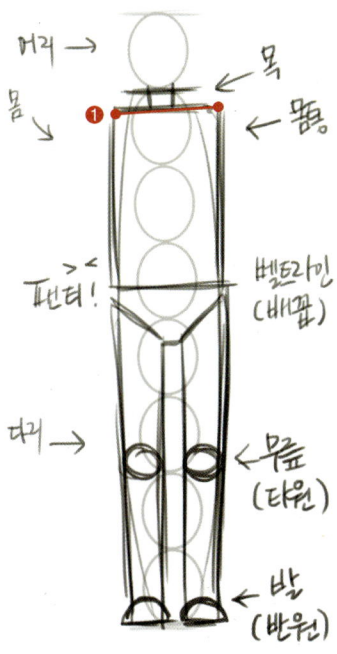

24 팬티 라인(❶) 아랫부분에서 주먹 하나 혹은 반개 정도가 내려간 위치(❷)에 동그라미 두 개를 그려줍니다.(❸) 거기가 손의 위치가 됩니다.

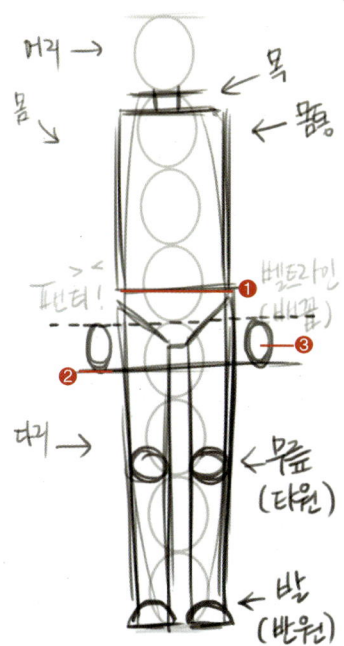

25 손(주먹)부터 어깨까지 선을 그어 이어줍니다. 팔이 그려졌습니다. 적당한 위치에 팔이 접히는 팔굽 부분도 표시합니다.

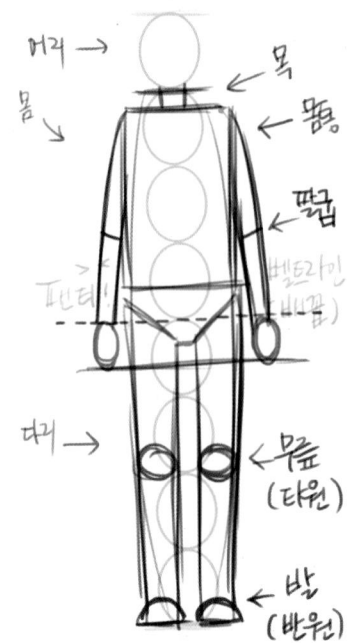

26 얼굴은 3가지만 잡으면 됩니다. 이마, 눈썹, 코의 위치만 잡아줍니다.

27 이제 몸 덩어리는 모두 잡았습니다.

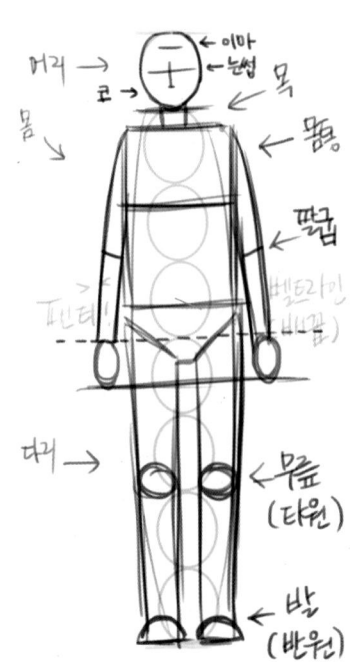

28 등신비례 때문에 만들었던 레이어1은 레이어 패널에서 레이어 삭제 아이콘(🗑)을 눌러 삭제하고, 덩어리 만든 레이어는 이름을 러프로 바꾸어 줍니다. 선택 레이어를 마우스로 더블클릭하면(❶) 레이어 속성 창이 나오는데(❷), 여기서 이름을 바꾸어 주면 됩니다. 이름을 바꾸었으면 불투명도를 조정하여 흐릿하게 합니다.(❸) 필자는 19% 정도로 조정해 주었습니다.

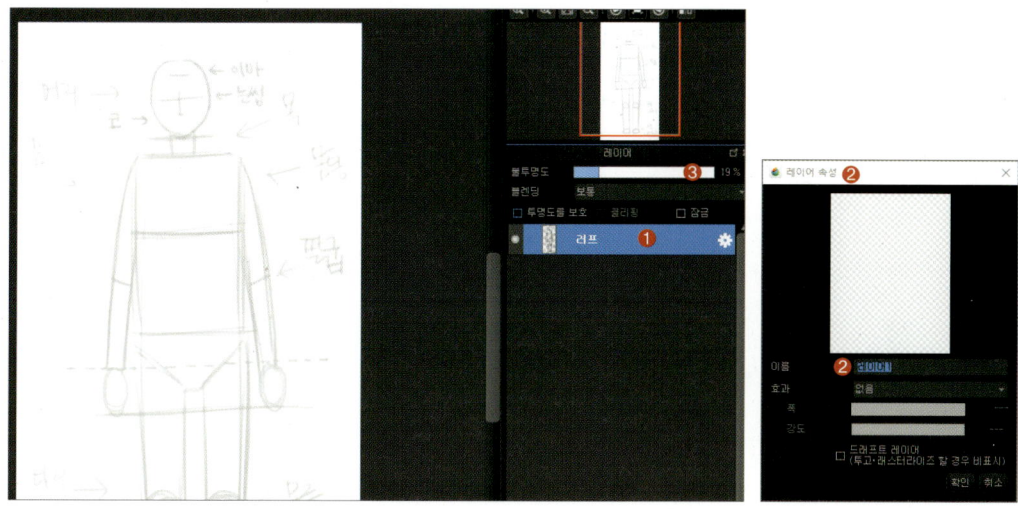

29 새 레이어를 만들고, 러프보다 조금 더 자세하게 묘사하기 시작합니다.

이때 주의할 것은, 처음부터 옷 등을 묘사하려고 하지 말고, 인체 덩어리를 묘사하는 데 주력하도록 합니다. 초보자일수록 옷 주름이나 세부묘사부터 하려는 성향이 강한데, 덩어리가 정확하지 않은 그림은 특히나 극화형식의 그림체에서 최종 퀄리티가 좋지 못합니다. 인체가 어그러지는 경우가 대부분입니다. 그렇기 때문에 반드시 인체 기본형부터 하도록 합니다.

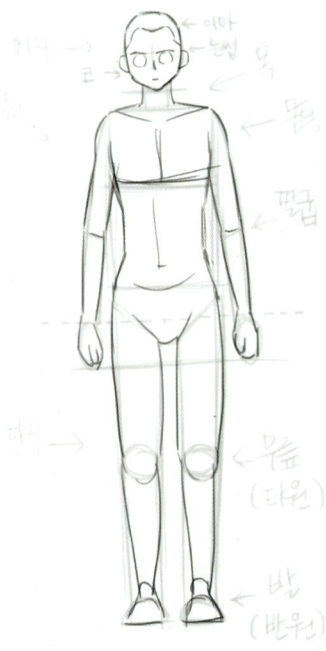

08-1-2 세부 묘사하기

01 신체 기본을 완성했으면, 레이어3의 불투명도를 20% 정도로 낮추고 새로운 레이어를 만들어 [라인]이라고 이름을 바꾸어 줍니다. 여기서 [러프] 레이어는 지우지 말고, 보이지 않도록 설정합니다. 레이어 패널에서 해당 레이어 왼쪽에 있는 점 모양을 클릭하면 해당 레이어를 보였다 보이지 않도록 만들 수 있습니다. 아래 그림에서 레이어4(라인)와 레이어3에는 왼쪽에 점이 보이고(❶), 러프 레이어에는 왼쪽에 점모양이 없습니다.(❷)

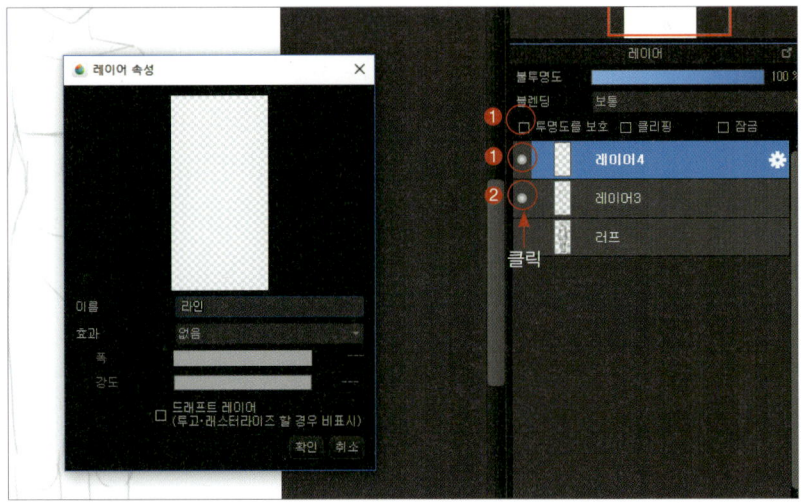

02 좀 더 다듬어서 묘사할 것이기 때문에, 브러시 툴(　)을 선택하고 연필대신 [펜]으로 바꾸겠습니다. 펜 사이즈는 6px 정도로 해두었습니다.

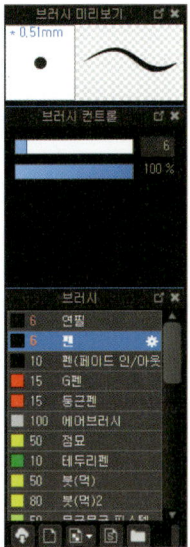

03 다음 그림처럼 좀 더 세분화된 상태로 덩어리를 잡아가며 그려줍니다. 아직 완성본 라인은 아닙니다.

04 세부묘사(머리카락 등)는 하지 않고, 전체적인 덩어리와 형태만 좀더 자세히 잡습니다. 가르마 위치, 머리의 큰 모양, 옷의 대략적인 모양 등을 잡아줍니다.

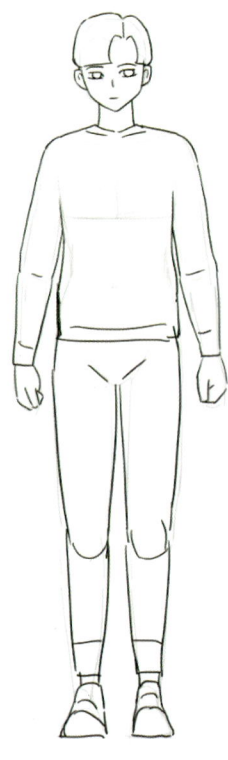

05 레이어를 하나 더 만들고, 이름을 [남주-라인]으로 바꾸어 줍니다. 이때, 바로 직전까지 사용했던 [라인] 레이어는 불투명도를 20% 정도로 낮추어 놓습니다.

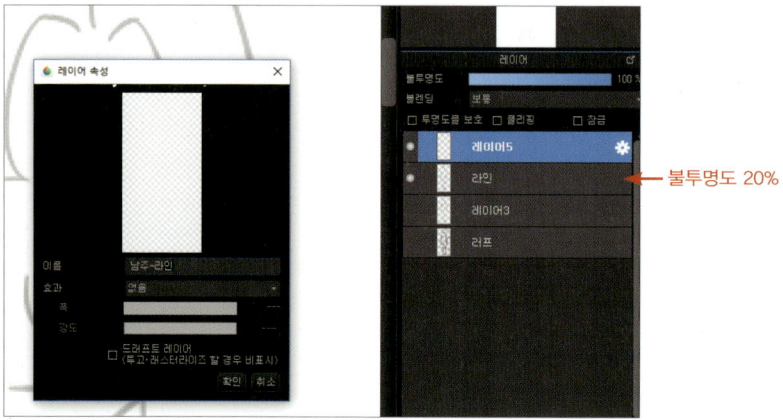

06 이전 과정에서 덩어리만 잡았던 것을 토대로 해서, 이제 본작업 라인에 들어가는 것입니다. 초보자라고 해도 이렇게 3번 정도의 과정을 거치면 생각보다 만족할만한 결과물을 얻을 수 있습니다. 한 번에 속색! 완성해 내고픈 마음만 다스릴 수 있다면 시간은 걸려도 평소보다 좋은 결과물을 얻을 수 있습니다. 이렇게 연습하다 보면 묘사력도 늘기 때문에 결과적으로 작업시간도 점차 줄어들게 되겠지요. 물론, 본인이 프로라면 중간 스케치 과정은 생략하고 러프에서 바로 라인작업으로 넘어가도 무방합니다.

07 묘사를 할 때, 주름은 팔굽과 무릎 등 '자주 많이 접하는 부분' 우선으로 작업합니다.(❶) 주름묘사는 인체 다음 페이지에 자세히 다루겠습니다. 자 이제 라인작업은 끝났고, 채색에 들어가보도록 하겠습니다.

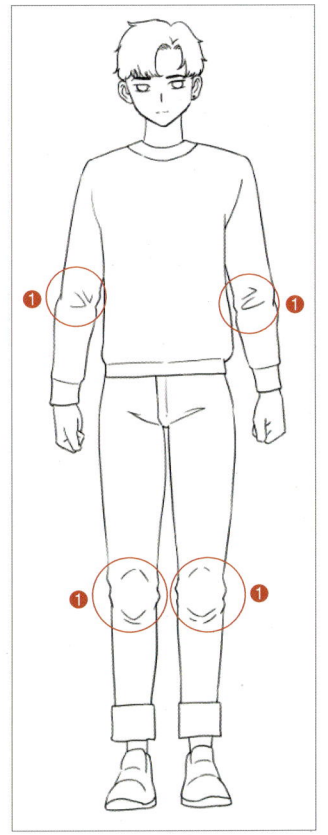

Chapter 08_사람과 동물 그리기 173

08-1-3 채색하기

01 새 레이어를 만들고 '남주-채색'으로 이름을 바꿉니다. 레이어 이름은 안 바꾸어도 되지만 초보일수록 레이어가 많아지면 혼동할 수 있기 때문에 레이어마다 특징을 나타내는 이름을 정해놓는 것이 좋습니다. 이때, 레이어 순서는 반드시 라인 레이어(❶) -〉 채색 레이어(❷) 순서가 되도록 합니다.

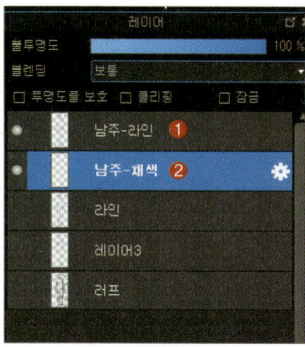

02 자동선택 툴( )을 선택합니다. 캐릭터의 바깥 빈 공간에 대고 클릭하면(❶) 위와 같이 빈 공간이 선택되고, 캐릭터 몸통부분이 비선택 부분인 상태(❷)가 됩니다.

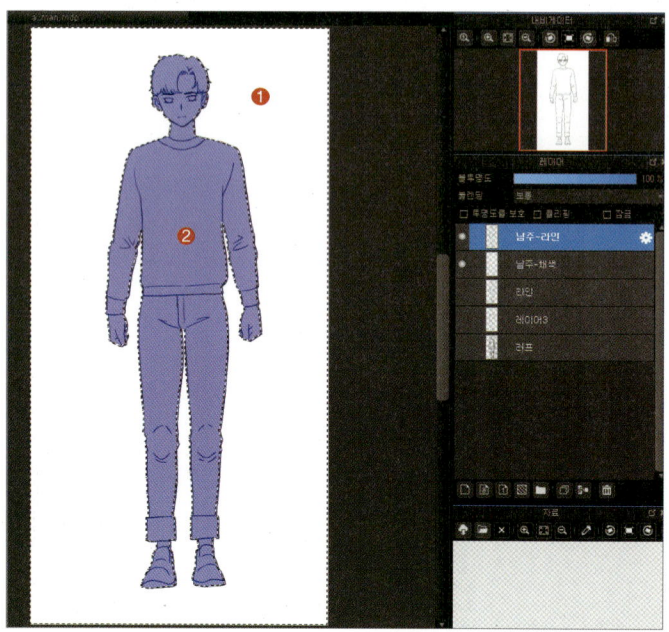

자동선택 툴은 선으로 그려진 범위 안쪽의 같은 색을 자동으로 선택해주는 기능입니다. 옵션 중 '확장'은 영역을 선택할 때 같은 색을 어느 정도 설정할 수 있는지 정하는 기능으로 숫자가 클수록 경계선에 영역이 가까워집니다.

03 [선택]-[반전(Ctrl + Shift + I)] 메뉴를 클릭하면 선택된 공간이 반대로 변합니다. 필자는 'R : 255 / G : 233 / B : 217'의 색상을 사용했습니다.

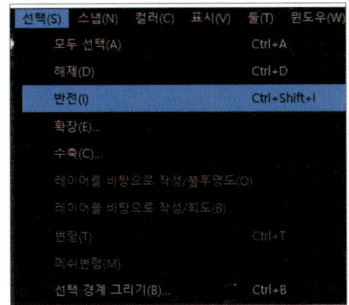 

※ 포토샵과 달리 메디방에는 컬러값을 입력하는 부분이 아직 없습니다.

04 [레이어]-[채우기] 메뉴를 클릭하거나 Insert 키를 누르면 선택 공간에 전체 붓기(채우기)가 됩니다. 채우기 색상은 컬러 팔레트 채널에서 현재 전경색으로 되어있는 색상이 부어집니다. 여기서는 03번에서 선택한 색상이 부어졌으므로, 온통 살색처럼 보입니다.

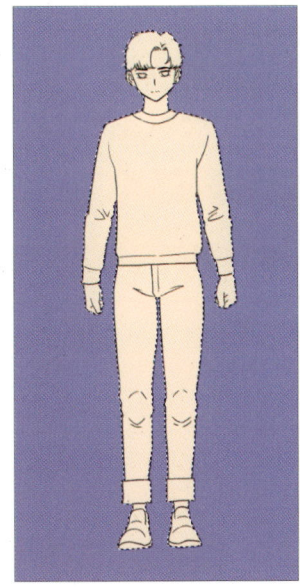 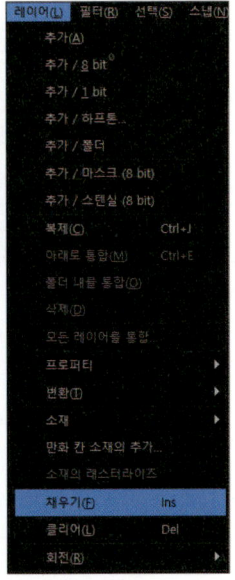

05 피부의 명암 색을 정하고(R : 247 / G : 198 / B : 164), 빛의 방향을 정해서 묘사합니다. 브러시는 부드러운 느낌을 가미하기 위해 연필브러시로 바꾸고(❶), 사이즈를 13.5 정도로 살짝 키웠습니다(❷). 위 그림은 빛이 왼쪽 위에서 내려 비추는 자연광입니다. 이 그림에서 살이 노출되는 얼굴과 목, 손등에 전부 묘사합니다.

06 티셔츠는 민트색으로 채워보겠습니다. 색상(R : 207 / G : 244 / B : 242)을 정하고, 버킷 툴(　)을 선택하여 티셔츠 영역을 클릭해 색을 채워줍니다.(❶) 브러시 툴(　)을 선택하고(❷) 티셔츠의 그림자 색에 해당하는 색상(R : 171 / G : 219 / B : 234)을 선택한 후(❸) 아래와 같이 그림자 부분을 묘사합니다.(❹) 그림자 묘사는 덩어리 위주로, 가장 많이 접하는 부분 위주로 간단하게 합니다.

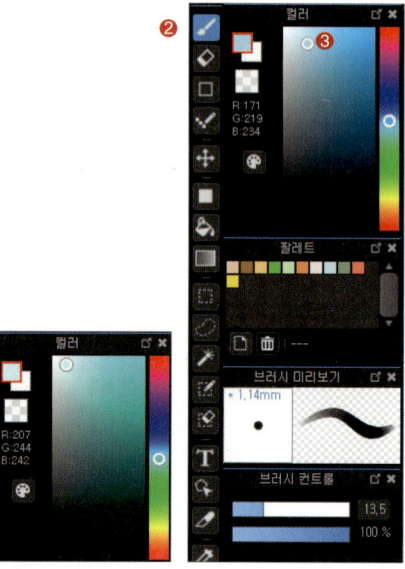
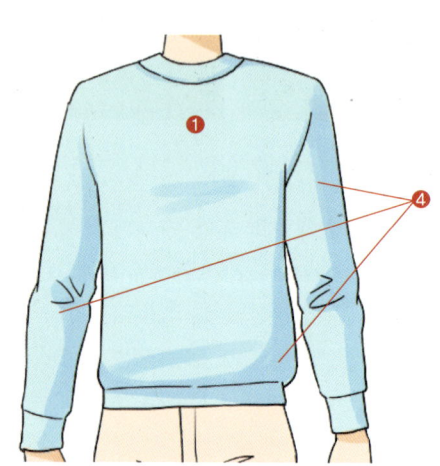

07 바지와 신발도 위와 같은 방법으로 칠해줍니다. 흰 양말 부분은 흰색으로 부어주셔야 합니다.

- 바지 색상 : R96 / G124 / B178
- 바지 명암 색상 : R68 / G 93 / B140
- 신발 색상 : R195 / G144 / B81
- 신발 명암 색상 : R159 / G118 / B68

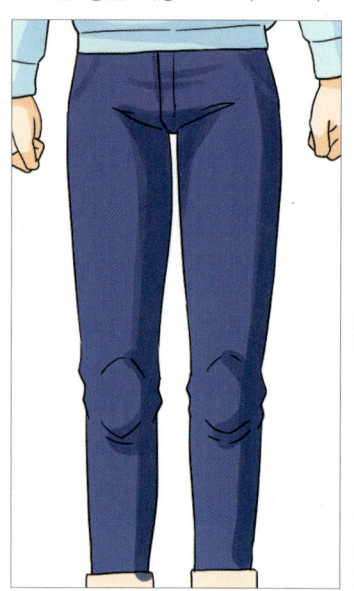
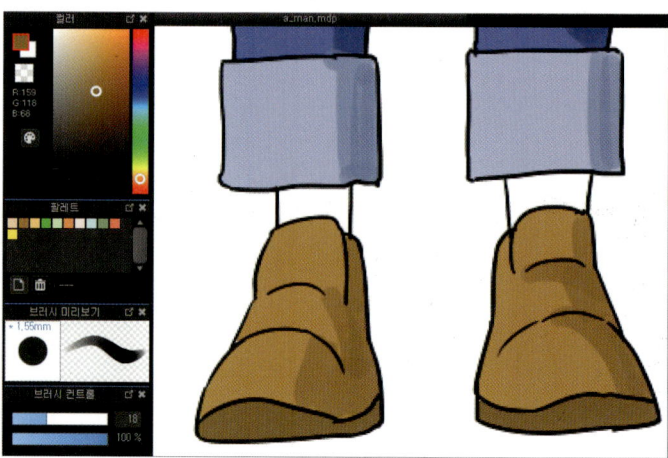

08 머리 색상을 칠해보겠습니다. 새 레이어를 만들어서 [라인] 레이어와 [채색] 레이어 사이에 위치(❶)하도록 합니다. 헤어 색상은 'R : 255 / G : 158 / B : 124'입니다. 라인과 새로운 레이어 외에는 모두 안보이게 해줍니다.(❷)

09 펜 브러시를 선택한 후 뚫려있는 가르마 부분을 그어서 메워줍니다. 새로 만든 레이어에서 진행되어야 합니다.

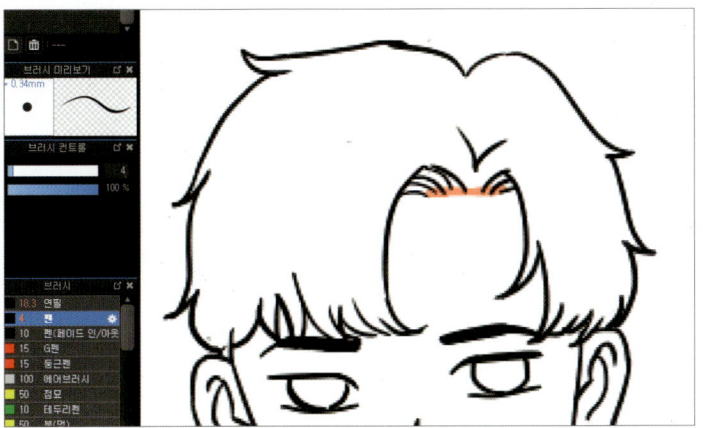

※ 레이어 패널에서 현재 레이어(선택 상태 레이어)는 파란색으로 표시됩니다.

10 버킷 툴( )로 색을 부어주고, 부어지지 않는 부분은 브러시로 살살 그려서 메워줍니다.

11 머리 그림자가 생겨야 할 부분의 라인을 따 줍니다. 머리모양에 따라 날카롭거나 둥글둥글하게 해 줄 수 있습니다. 헤어 명암 색상은 'R : 233 / G : 120 / B : 105'입니다.

12 버킷 툴( )을 클릭한 후 색을 채웁니다. 눈을 감겨놨던 채색 레이어를 다시 보이도록 합니다.(❶)

13 이제 눈을 칠해보겠습니다. 펜 브러시로 눈동자의 흰자위 부분을 흰색으로 그려줍니다. 홍채부분은 동양인이니까 갈색으로 진행하겠습니다.

- 홍채 색상 : R : 183 / G : 131 / B : 75
- 홍채 명암 색상 : R : 115 / G : 73 / B : 32

14 홍채 안에 있는 동공은 검은색을 써도 괜찮은데, 필자는 살짝 색(R : 34 / G : 16 / B : 0)을 사용 했습니다.

15 얼굴이 완성되었습니다.

16 8등신의 남자 캐릭터의 전신이 완성되었습니다.

▶ 완성 파일 : Chpater 08\남자캐릭터_완성.mdp

08 - 2 사람 손과 발, 주름 그리기

08-2-1 손 기초 그리기

손은 기본적으로 직사각형 형태라고 이해하면 됩니다.(❶) 직사각형을 둘로 나누고,(❷) 아래 부분을 4등분 하면 손가락이 되는 구조입니다.(❸) 옆에 엄지만 붙이면 완성됩니다.

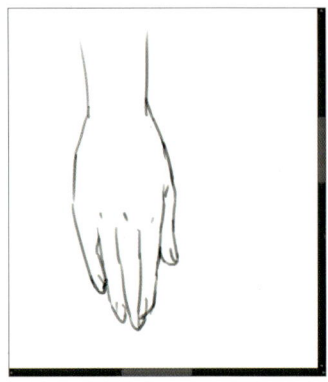 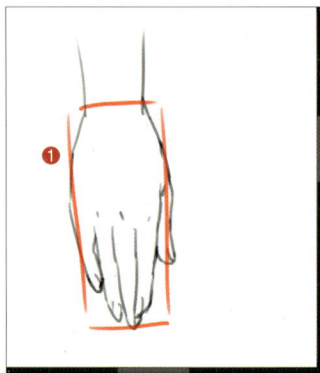 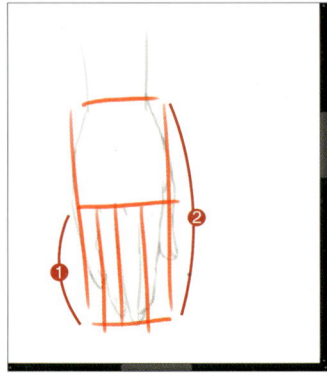

▶ 소스 파일 : Chpater 08_손그리기_완성.mdp

01 메디방에서 [파일]-[신규 작성] 메뉴를 클릭해 "이미지의 신규 작성" 창이 나타나면 폭과 높이를 각각 1000px, 해상도 300dpi로 새 문서를 만듭니다.

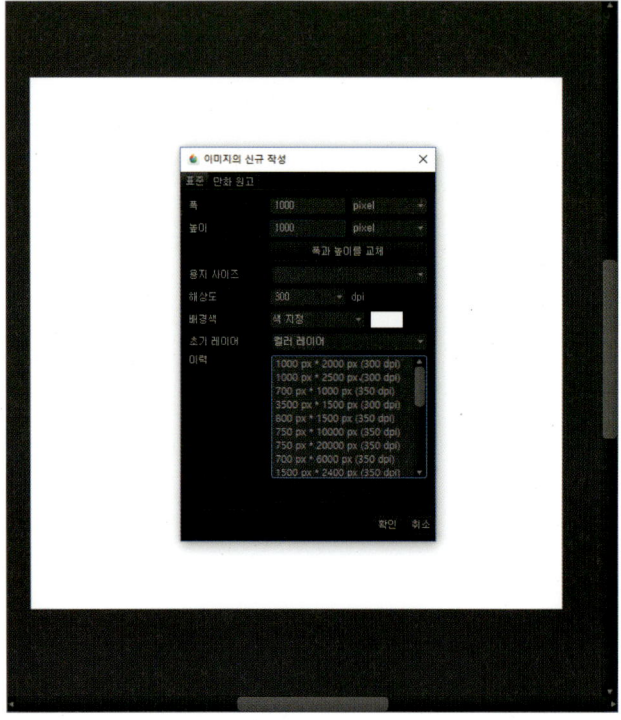

02 대강 색상을 정해서 길쭉한 직사각형을 그려봅니다. 중간을 2등분합니다. 윗부분은 손등(손바닥)이 되고 아랫부분은 손가락 부분이 됩니다.

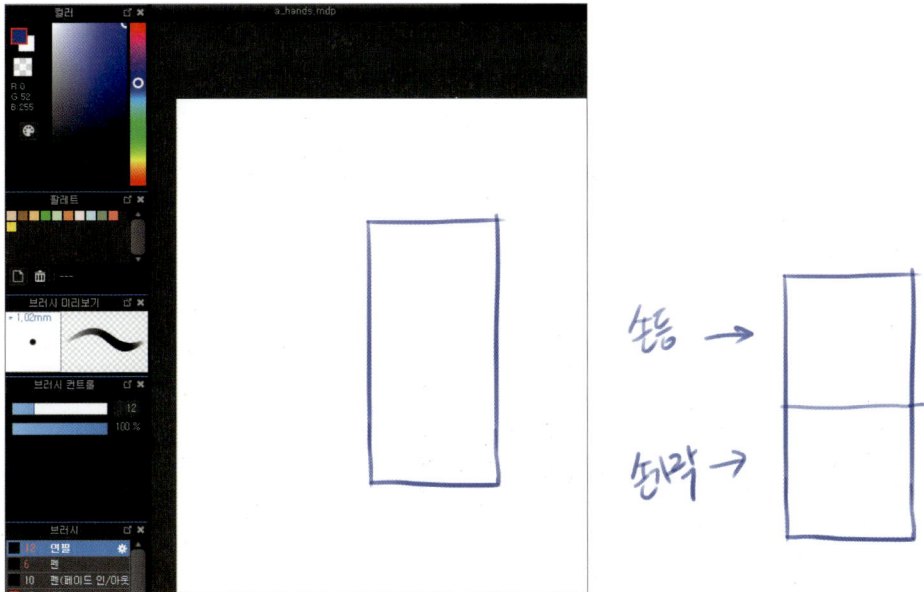

03 손가락 부분을 2등분하고 4등분합니다. 반드시 반으로 나눈 후 등분합니다. 왼쪽이나 오른쪽부터 등분을 하게 되면 마지막에 그리는 손가락 마디 하나가 굵어지거나 얇아지는 일이 종종 있습니다.

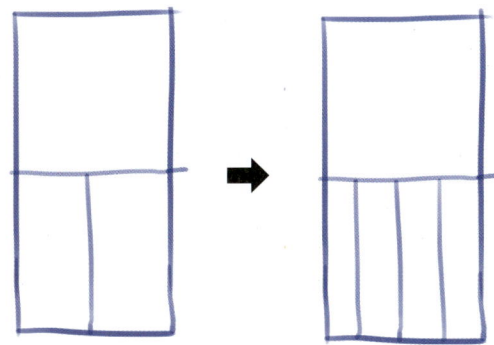

04 오른손인지 왼손인지에 따라서 중지와 검지 위치가 달라집니다. 여기서는 오른손으로 해 보겠습니다. 중지를 정했으면(=왼손인지 오른손인지 정했으면) 중지를 중심으로 브이(V)자 모양을 그어줍니다.

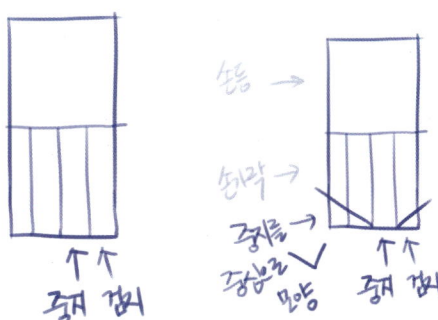

05 엄지를 붙여줍니다. 검지 첫마디에 엄지 끝이 오도록 그립니다.

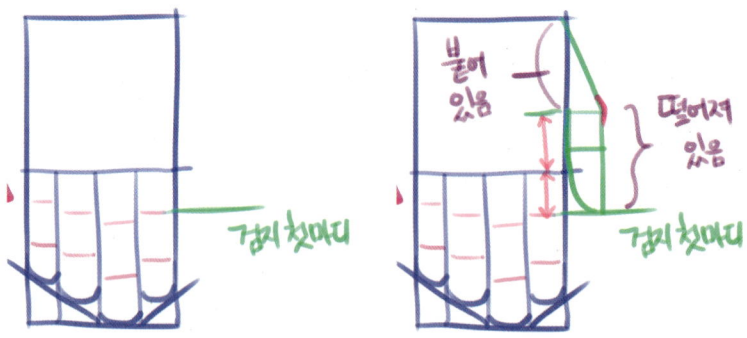

06 레이어 불투명도를 17% 정도로 내리고, 위에 새 레이어(레이어2)를 만듭니다.

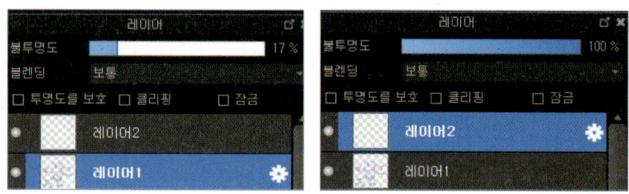

07 손 모양을 덩어리만 잡아서 묘사하고, 다듬어서 완성합니다. 묘사력을 기르려면 좋아하는 작가들의 손 모양을 부지런히 따라서 그려보는 게 제일 좋습니다. 덩어리 잡는 법은 형태감을 좋게 해 주지만, 묘사력을 한 번에 올려주진 않습니다. 그런 일은 일어나지 않으니 꾸준히 연습하세요.

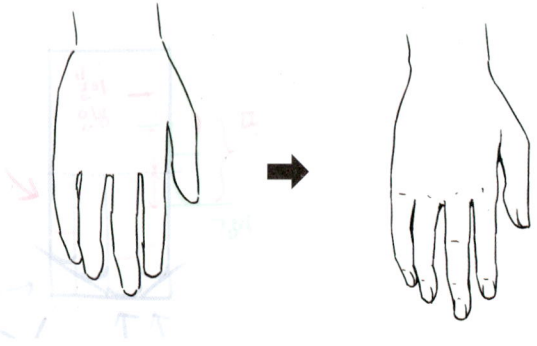

08-2-1 손(직육면체 덩어리) 그리기

손은 기본적으로 직육면체입니다. 평면이 아니라 과자박스처럼 '두께'가 있는 형태입니다. 이 개념을 이해한다면 아래와 같이 자유로운 응용이 가능합니다.

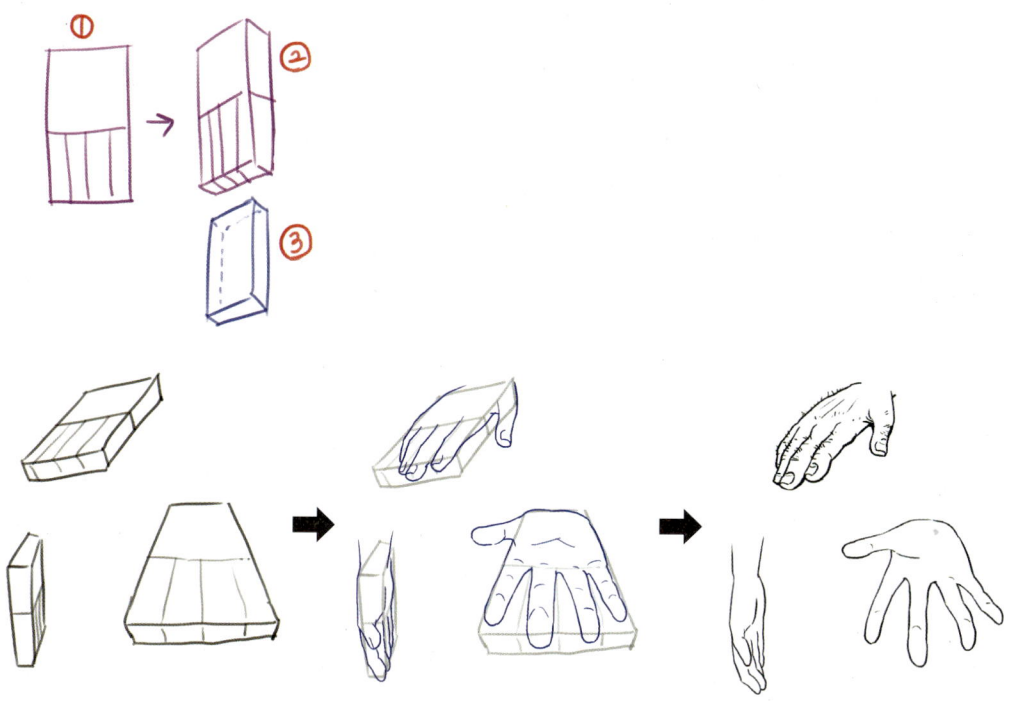

08-2-3 손가락을 덩어리로 이해하기

이번에는 손가락 부분을 삼단으로 접힌 종이라고 생각해 봅니다. 아래 그림처럼 접히 겠지요?

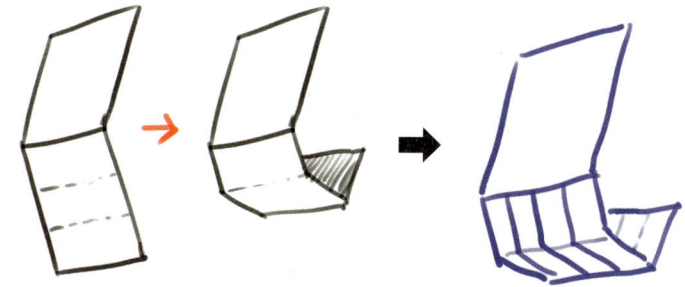

거기에 줄 4개만 그으면 손가락이 됩니다. 그리고 엄지를 그려주는 것입니다.

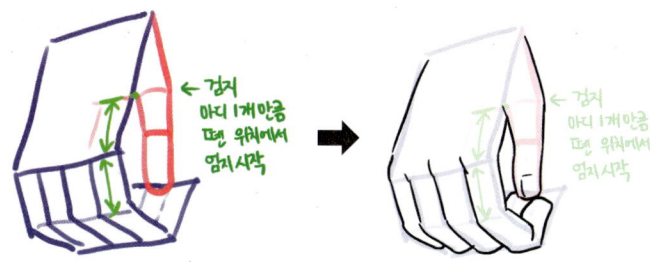

새 레이어를 만들어 묘사합니다. 다듬어서 완성해 봅니다.

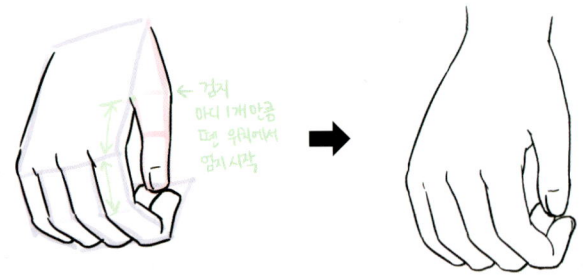

08-2-4 발 기초 그리기

발도 덩어리로 만들어 구조를 파악할 수 있습니다.

▶ 소스 파일 : Chpater 07\-1_03_발그리기_완성.mdp

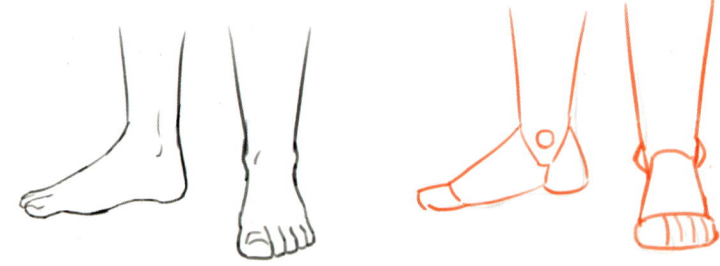

발은 위와 같은 모양의 합체 모형입니다.

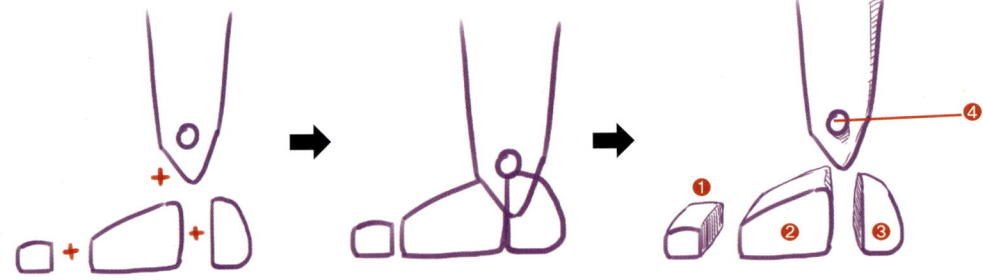

물론 이게 입체라는 것은 잊으면 안됩니다. 발가락 부분은 길쭉한 네모지우개 모양(❶)이고, 발등 부분은 경사가 있는 직육면체 모양(❷), 발꿈치 부분은 달걀을 반으로 쪼갠 모양(❸)입니다. 동그란 부분은 복숭아뼈(❹)입니다.

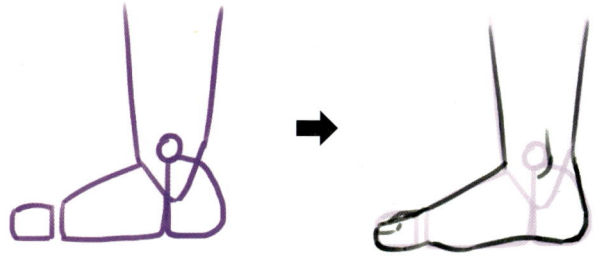

뒤에서 그리면 아래와 같은 모양이 됩니다.

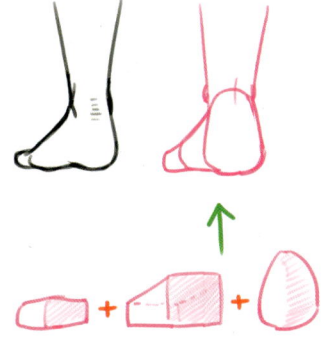

발도 처음에 덩어리로 만들어 그리고, 묘사하면 훨씬 수월하게 그릴 수 있습니다.

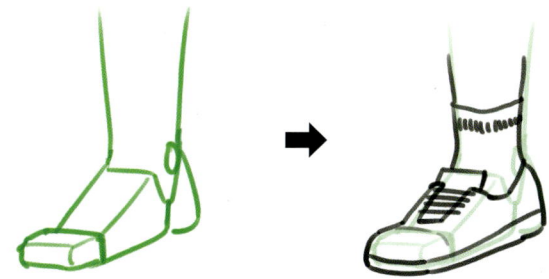

신발의 종류별로 따라 그려보면서 형태를 익힌 후, 발 형태에 적용하여 그려봅니다.

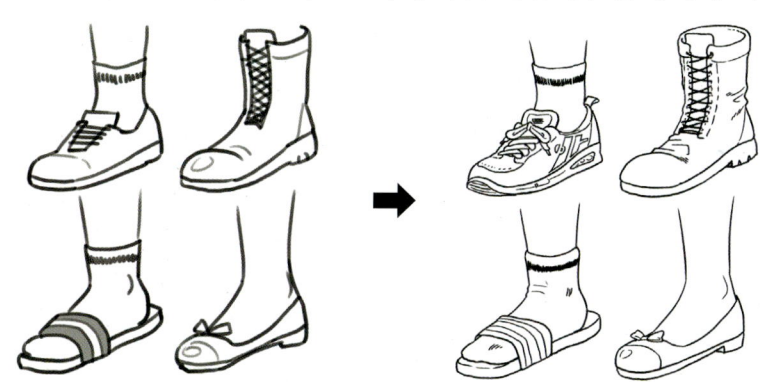

08-2-5 주름 표현하기

주름 표현은 난이도가 높고 어렵습니다. 초보자일수록, 가죽이든 맨투맨이든 셔츠든 관계없이 주름을 엄청 그리는데요. 멋져 보이기 때문이기도 하지만 잘 몰라서 그렇기도 합니다. 주름은 많이 접히는 부분 위주로 묘사해 주는 게 효과적입니다. 부드러운 옷감이어서 여기저기 주름이 지는 게 아니라면 말이지요.

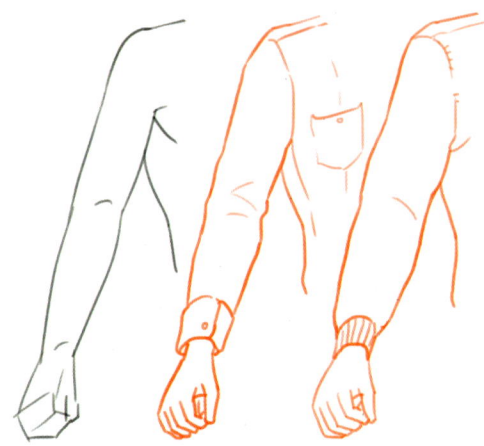

다음 그림에서 팔꿈치 부분은 펴지는 부분이기 때문에 주름이 잘 생기지 않습니다. 안쪽(붉은 화살표)부분이 제일 많이 접히고, 접힐 일이 없는 팔뚝 부분은 거의 주름이 없는 게 정상입니다.

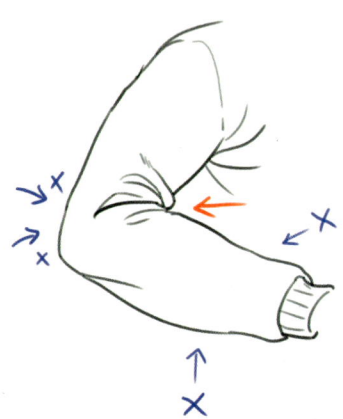

인체 전체에서는 팔굽과 무릎 부분이 제일 큰 각도로 접히고, 어깨와 사타구니 부분이 그 다음의 각도로 접힙니다.

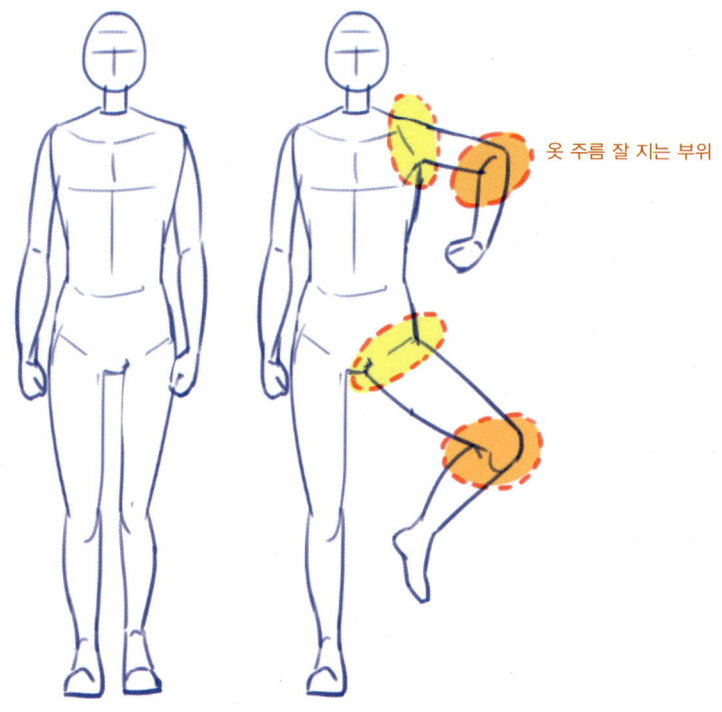

옷 주름 잘 지는 부위

가죽옷을 입혀서 팔굽과 무릎, 어깨와 사타구니의 접히는 표현을 배워봅니다. 가장 잘 접히는 부분이 붉은색 화살표, 그 다음 접히는 부분은 녹색 화살표로 표시된 부분입니다.

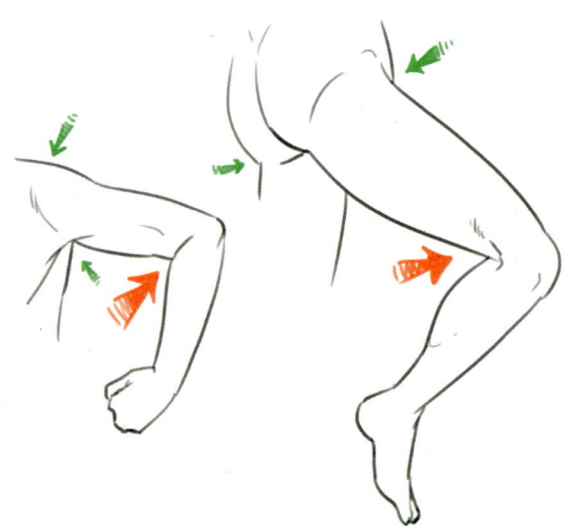

01 주름은 그리지 말고 우선 옷부터 입혀봅니다. 딱 붙는 가죽옷은 신체에 거의 그대로 붙습니다.

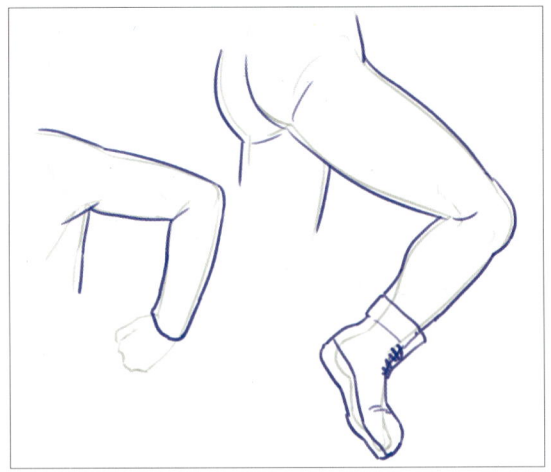

02 이제 접히는 부분마다(녹색, 붉은색 화살표) 주름을 그려줍니다.

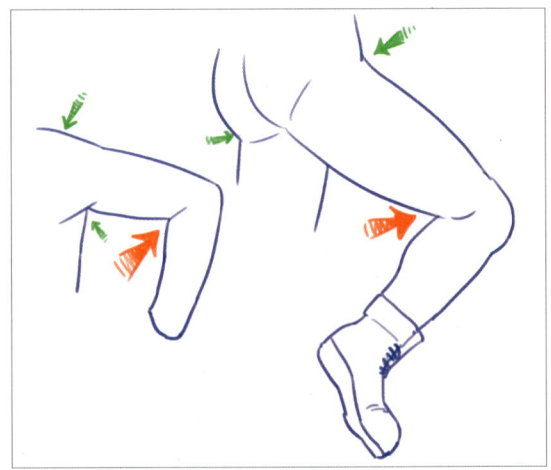

03 접히는 부분에 주름을 그립니다. 어깨 윗부분은 잘 접히는 부위는 아니지만, 가죽재질은 경직도가 높으므로 잘 접히는 부위로 표현할 수 있습니다.

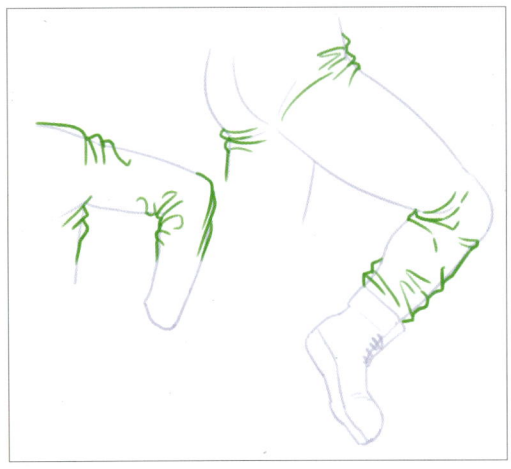
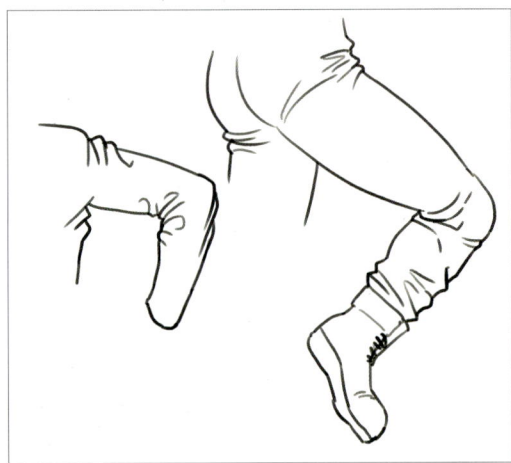

04 이제 색칠을 해 보겠습니다. 새 레이어를 만들고 밑색을 칠합니다. 하나는 검은 계열, 하나는 브라운 계열로 해보겠습니다. 검은색 가죽이라고 해서 무채색으로만 표현하지 말고 푸른색 계통에서 시작하거나 녹색 계통에서 시작하면 더 풍부한 느낌을 얻을 수 있습니다. 색을 다 부은 뒤에 레이어 패널에서 [투명도 보호]에 체크합니다.

- 브라운 : R : 193 / G : 157 / B : 85

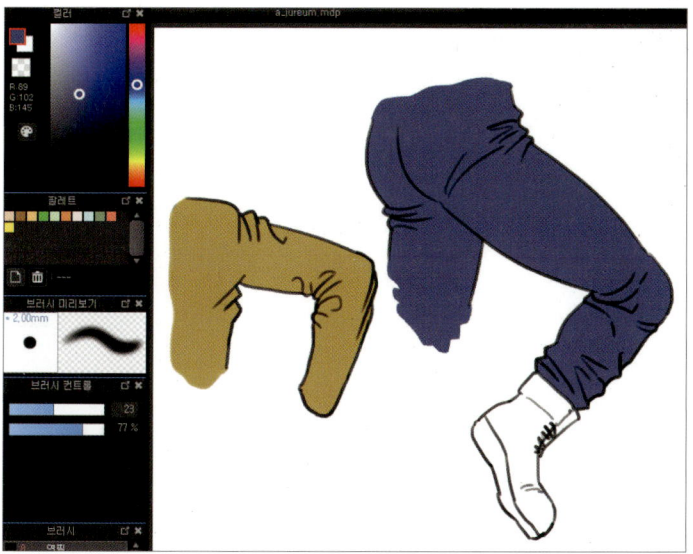

05 에어브러시를 이용해 어두운 색으로 그림자 부분을 칠합니다. 덩어리를 생각하며 큼직큼직하게 합니다. 주름은 아직 묘사하지 않습니다.

- 브라운 : R : 122 / G : 93 / B : 35
- 블랙 : R : 32 / G : 42 / B : 78

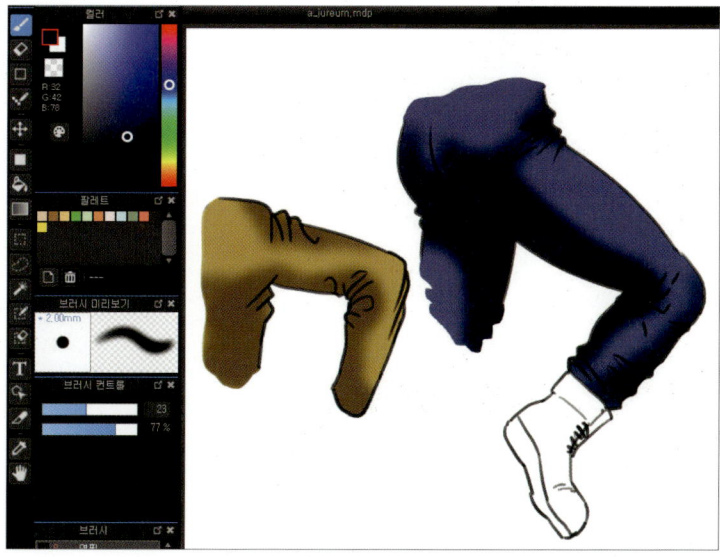

06 바로 전에 사용한 가죽의 바탕색(밑색)으로 주름의 튀어나온 부분을 묘사합니다. 에어브러시의 브러시 크기를 적절히 줄여서 사용합니다.

07 바탕색보다 밝은 색을 선택해서 반사되는 부분을 표현합니다.

- 브라운 : R : 221 / G : 199 / B : 154
- 블랙 : R : 162 / G : 170 / B : 199

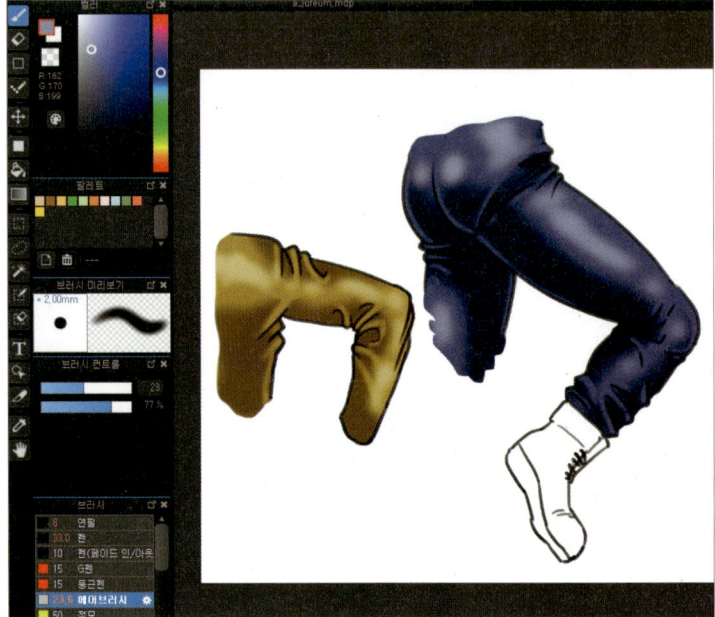

08 가죽이 아니라 라텍스 같은 광택을 더 내고 싶으면 화이트를 사용해서 에어브러시로 살살 터치합니다.

▶ 완성 파일 : Chpater 08\주름표현하기_완성.mdp

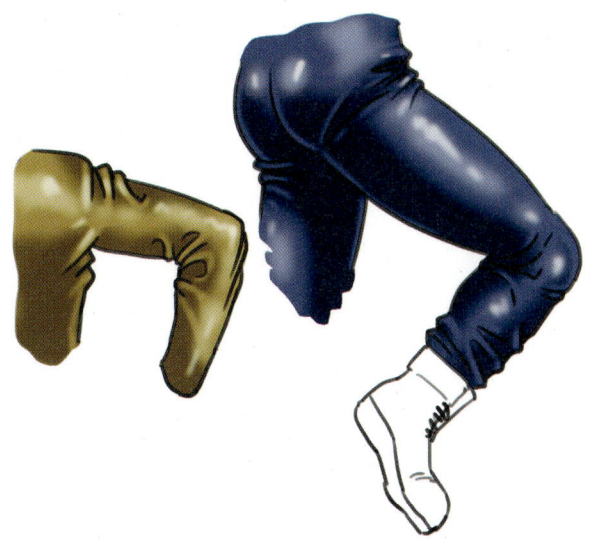

08 - 3 동물 그리기

08-3-1 개와 고양이 그리기

01 메디방에서 [파일]–[신규 작성] 메뉴를 클릭해 "이미지의 신규 작성" 창이 나타나면 폭은 2000, 높이는 1000px, 해상도 300dpi로 새 문서를 만듭니다. 새 문서에서 다음과 같이 적당한 크기의 원을 그립니다.

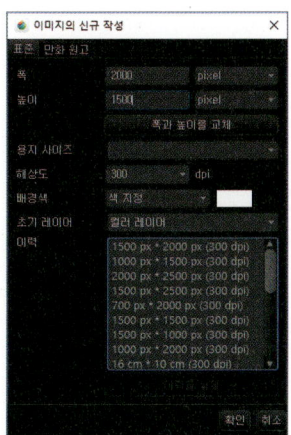

02 원 1개와 1/2 지점을 목의 길이로 사용할 것입니다. 물론 동물의 종류, 분류에 따라 조금씩 다를 것입니다.

03 대각선 옆으로 목을 그리고, 원을 3개 더 그립니다.

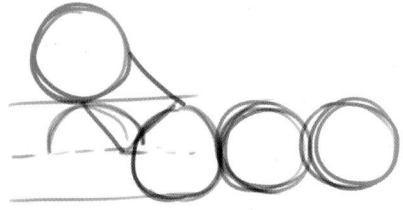

04 머리와 목, 몸통이 만들어졌습니다.

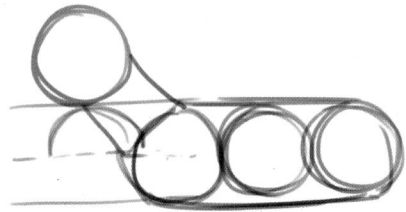

05 다리 뼈대를 그리고 살을 붙입니다.

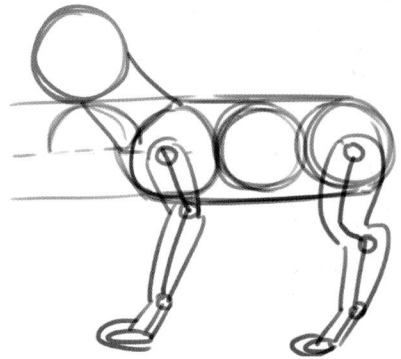

06 앞다리는 사람팔과 흡사합니다. 하지만 손등이 매우 긴 형태라고 이해하면 되겠습니다.

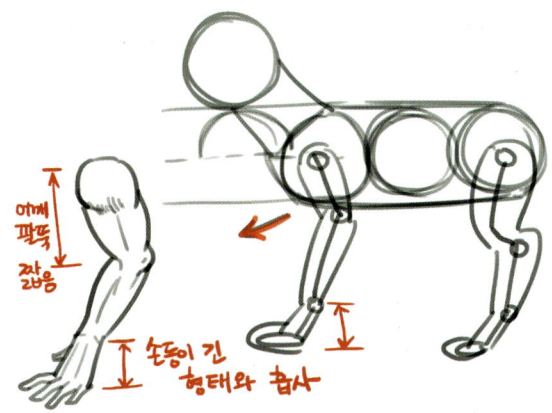

07 기본 형태에 긴 종이컵 같은 모양의 주둥이와 세모난 귀, 퍼진 꼬리를 달면 개가 됩니다. 물론, 견종에 따라 다리길이와 꼬리의 모양이 다릅니다. 묘사할 때는 털을 다 묘사하려고 하지 말고 털이 부풀어 있거나 흩날리는 부분 위주로 묘사해 주면 됩니다.

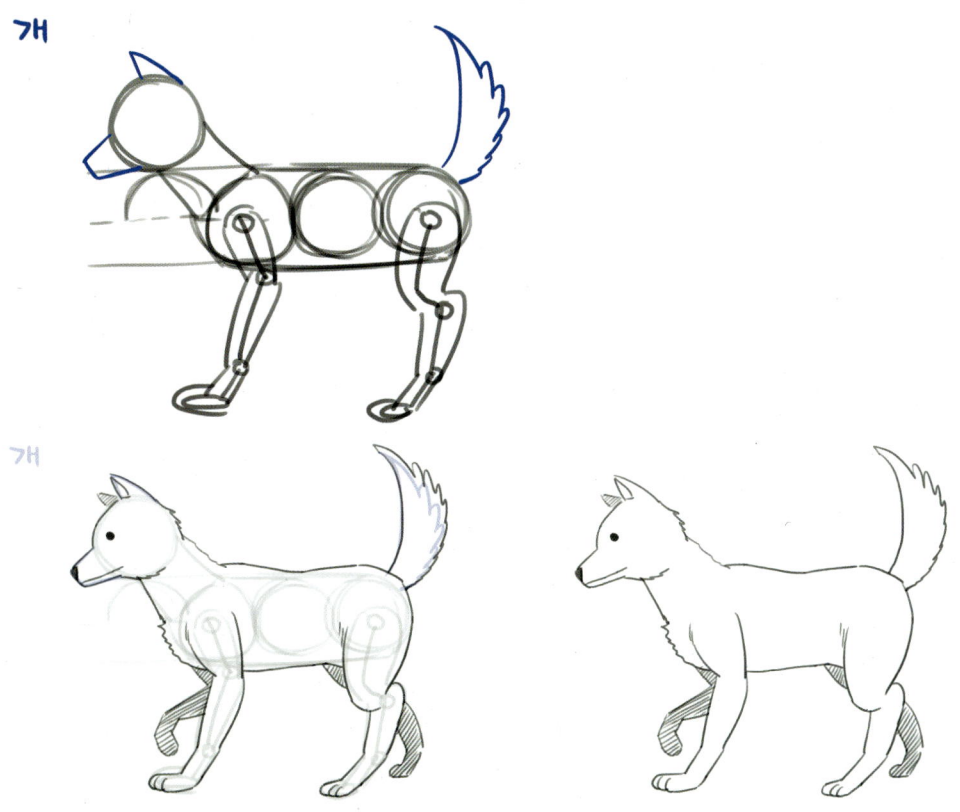

08 짧은 종이컵 같은 모양의 주둥이와 동그스름한 귀, 일자 꼬리를 달면 고양이가 됩니다.

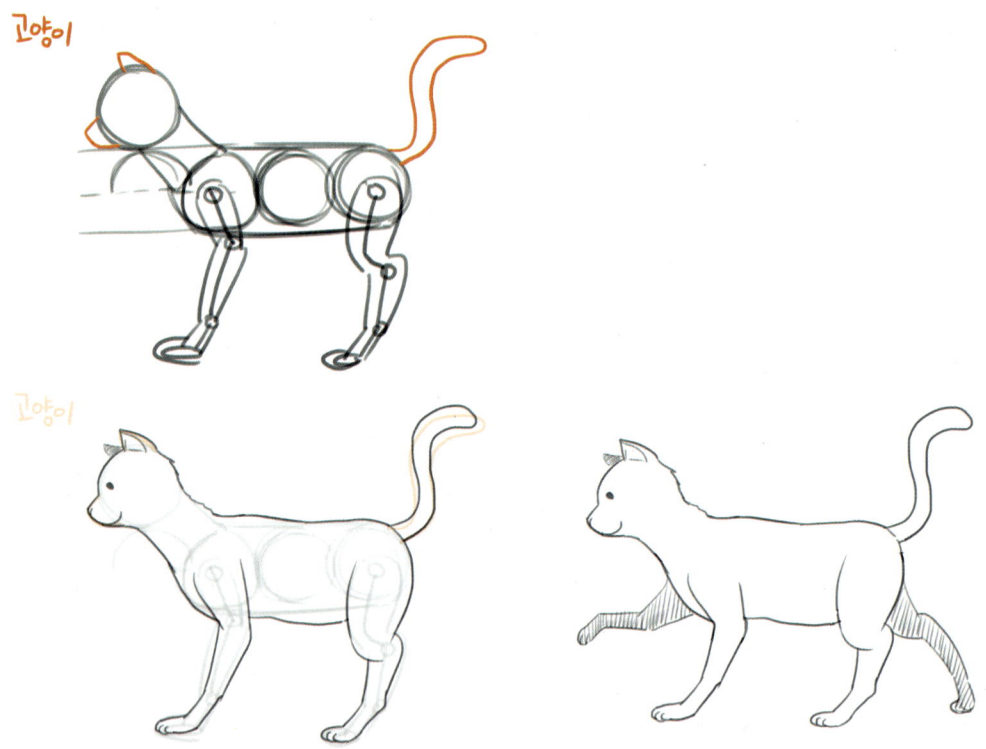

▶ 완성 파일 : Chpater 08\개와 고양이_완성.mdp

08-3-2 맹수 그리기

네 발로 걷는 포유동물 중 호랑이나 사자 같은 맹수들은 덩치가 큽니다. 허리는 1/2가량 더 길고 머리와 목은 굵고 앞뒷발도 크고 두툼하거나, 다리 근육이 잘 발달되어 있습니다.

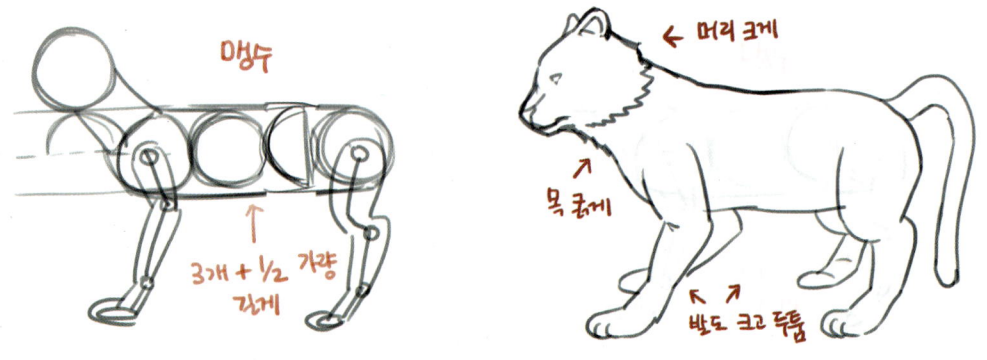

01 개, 고양이를 그린 문서와 같은 사이즈에 호랑이를 그려보겠습니다. 인터넷에서 호랑이 사진자료 등을 보고 따라 그려봅니다. 따라 그릴 때는 호랑이가 어떤 특징이 있는지 잘 관찰하면서 그려봅니다. 외곽라인만 비슷하게 따는 건 별 의미 없습니다. 형태와 특징을 익히려고 노력하며 그리는 것이 가장 바람직한 훈련방법입니다.

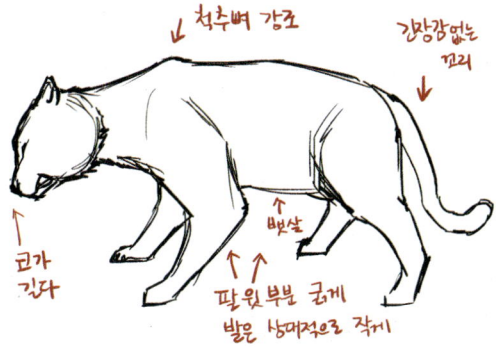

▶ 소스 파일 : Chpater 08\호랑이.mdp

02 스케치 레이어 위에 새로운 레이어를 만들어 라인을 땁니다.

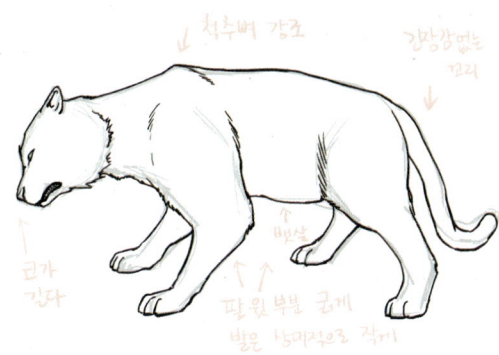

03 새로운 레이어를 만들어 채색 레이어로 사용하도록 합니다. 라인 레이어 밑으로 내려 줍니다.

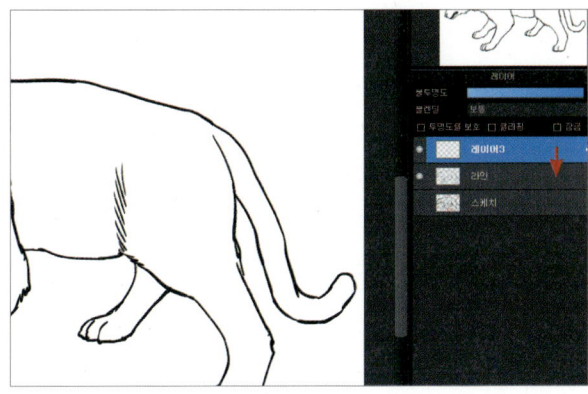

04 자동선택 툴( )로 캐릭터 바깥 여백을 클릭한 뒤, [선택]–[선택반전(Ctrl + I)] 메뉴를 눌러 다음과 같이 호랑이 캐릭터 안쪽만 선택되도록 만듭니다.

05 호랑이 바탕색을 지정합니다. 여기서는 'R : 205 / G : 172 / B : 110'을 사용했습니다.(❶)

06 Insert 키를 눌러서 한 번에 부어줍니다. Ctrl + D 를 눌러서 선택해제 합니다.

07 레이어 패널에서 [투명도를 보호] 체크 박스에 체크(❶)합니다. 포토샵의 레이어 잠금과 같은 기능이고, 이 기능에 체크하면 이미 그려놓은 영역 밖으로는 붓질이나 색칠이 되지 않습니다. 외곽라인 밖으로 색이 번질까봐 신경 쓰지 않아도 되니 매우 편리한 기능입니다.

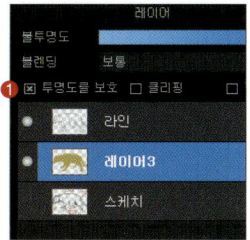

08 수채(Wet) 브러시를 사용하여 진한 부분의 색상을 묘사합니다. 얼굴과 등 위주로 칠해줍니다.

- 브러시 사이즈 : 123 px
- 브러시 불투명도 : 26%
- 색상 : R : 169 / G : 117 / B : 53

09 진한 색상과 밑바탕 색상을 번갈아 찍으면서 수채브러시로 다듬듯이 칠해주면 위와 같이 잘 섞입니다. 게임 일러스트레이션을 하는 것이 아니기 때문에 너무 오랜 시간을 사용할 필요는 없습니다. 이 책은 홍보 및 브랜드 툰을 전제로 하기 때문입니다. 즉, 최소한의 시간에 효율적인 효과를 내는 것이 목적입니다.

10 에어브러시로 흰색을 입 주변과 발, 배 부분 등에 칠해줍니다. 실제로 하얗기 때문입니다. 에어브러시 크기는 200px 정도(❶), 불투명도는 35%(❷) 정도로 살살 칠해줍니다. 밑색이 살살 올라올 정도로 칠하면 됩니다.

11 에어브러시 사이즈를 30px 정도로 작게 설정하여 눈썹과 주둥이 부분, 수염 부분을 아래와 같이 묘사합니다.

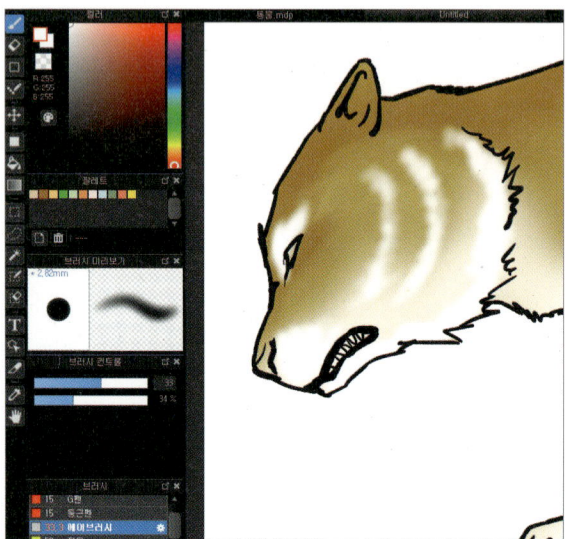

12 배 부분과 발바닥 근처도 동일하게 묘사합니다.

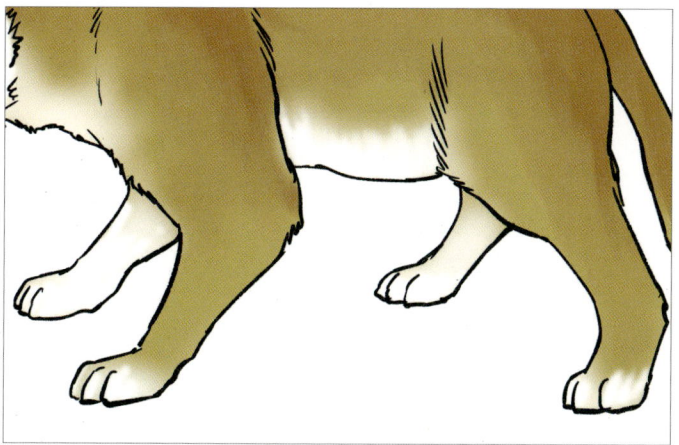

13 레이어 이름 한번 정리해 주겠습니다. 예제에서는 위부터 라인-몸통-스케치 레이어 순서가 되네요.

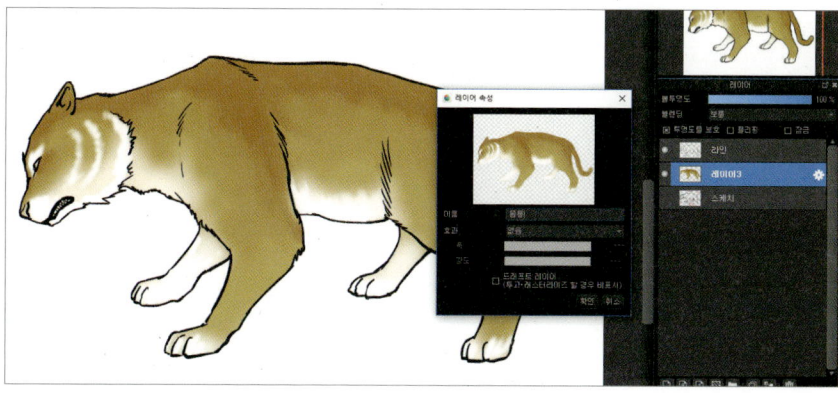

14 라인과 몸통(채색) 레이어 사이에 호랑이 줄무늬를 표현할 새로운 레이어를 만듭니다.(❶)

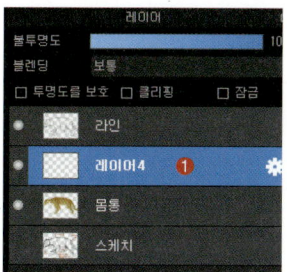

15 사진 자료 등을 보고 호랑이 무늬를 그려줍니다. 검은색 / 브러시는 붓(먹) 브러시를 사용했습니다.

16 얼굴 부분은 좀 더 세심하게 묘사합니다. 실제 호랑이 사진도 잘 살펴보고, 본 예제도 참조하면서 그려나갑니다. 눈 주위부터 퍼져나가는 무늬와 이마의 임금왕자를 닮은 무늬가 특징입니다.

17 Ctrl 키를 누른 상태로 마우스를 레이어 패널의 몸통 레이어에 위치시킨 후 한번만 클릭하면(❶) 몸통 레이어 영역 부분만 선택됩니다. 이때 레이어 패널에선 무늬 레이어(예제에선 레이어4)가 파란 색으로 선택된 상태여야 합니다.

18 선택을 반전(Ctrl + I)하여 호랑이 몸통 바깥부분이 하얗게 보이도록 만든 뒤(그림 처럼), Delete 키를 누르면 삐져나와있는 호랑이 무늬들이 지워집니다.

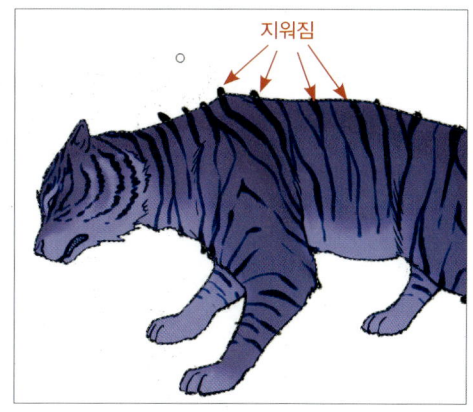

19 코와 눈동자를 칠해줍니다. 참고로 호랑이 코는 까만색이 아닙니다.
- 코 : R 136 / G 86 / B 70   • 눈동자 : R 246 / G 191 / B 59

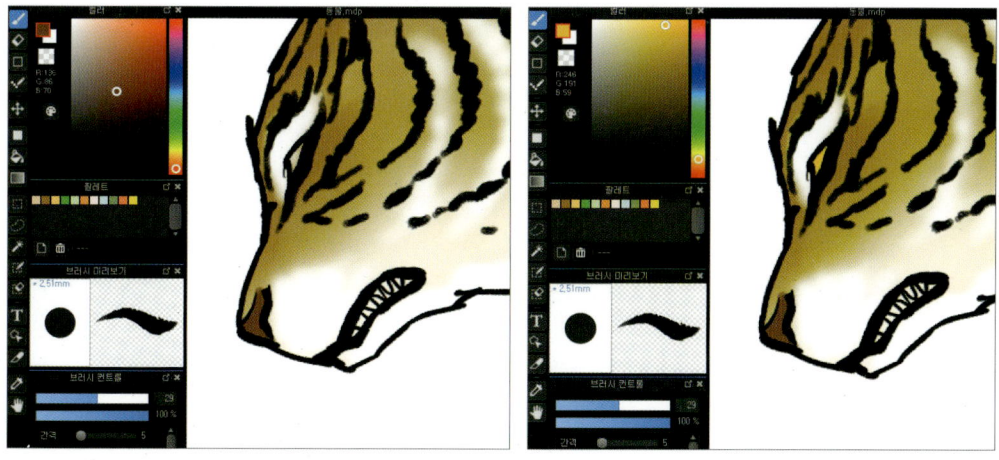

20 붓(먹) 브러시 크기를 5~6px 정도로 줄인 뒤, 흰색으로 툭툭 치듯이 수염을 그려줍니다. 만약 망칠 것 같으면 레이어를 새로 만들어서 연습해 보세요.

21 호랑이 그리기가 완성되었습니다.

▶ 완성 파일 : Chpater 08\호랑이_완성.mdp

08-3-3 말 그리기

01 원을 3개 그립니다. 2와 1/2 지점이 말의 목 높이가 될 것입니다.

02 수평으로 원을 4개 그려줍니다. 몸통부분입니다.

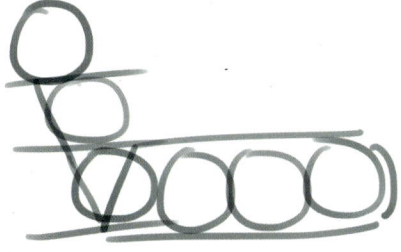

03 다리를 그려줍니다. 개과, 고양이과와 동일하지만 더 길고, 말의 경우 발 대신 굽이 있습니다.

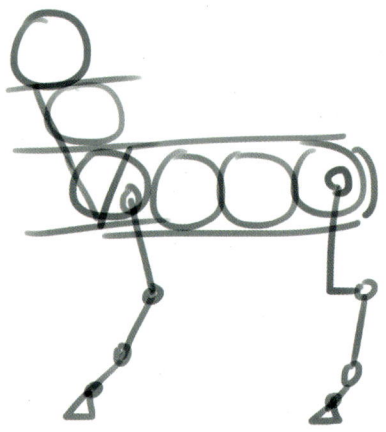

04 주둥이는 길다란 종이컵을 붙인 듯 그립니다. 귀는 뾰족하게, 다리는 근육이 있도록 윗부분을 두툼하게 그립니다.

▶ 소스 파일 : Chpater 08\말 그리기.mdp

05 그 외에 아래와 같은 특징들이 있습니다.

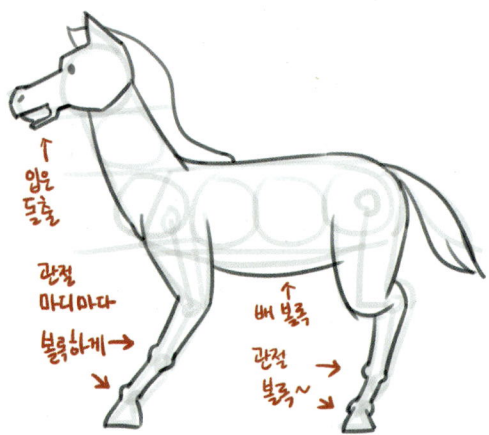

06 앞의 덩어리 잡는 법을 기억하면서, 실제 말의 자료 사진을 보면서 따라 그려봅니다. 가슴 앞 부분의 뼈는 근육과 함께 돌출되어 있습니다.

07 세상 멋진 말도 머리와 귀가 없으면 공룡이랑 크게 다를 바 없습니다.

08 역시 패션의 완성은 머릿발. 신기하게도 말은 얼굴과 갈기가 길수록 멋있습니다.

09 자동선택 툴(🪄)로 빈 공간을 클릭한 후 반전(Ctrl+I)하여 몸통 안이 선택되도록 합니다. 예제파일의 레이어 패널에서, 맨 위에 있는 [라인] 레이어가 현재 보이는 라인부분입니다.

10 채색 레이어(레이어6)를 만들어서 라인 레이어 아래에 둡니다.

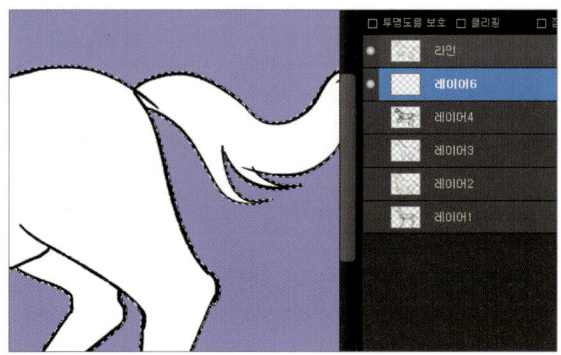

11 색을 붓습니다. 여기서는 갈색 계열(R 131 / G 96 / B 71)로 진행했습니다. [투명도를 보호] 체크 박스를 체크하고 `Ctrl` + `D` 를 눌러 선택을 해제합니다.

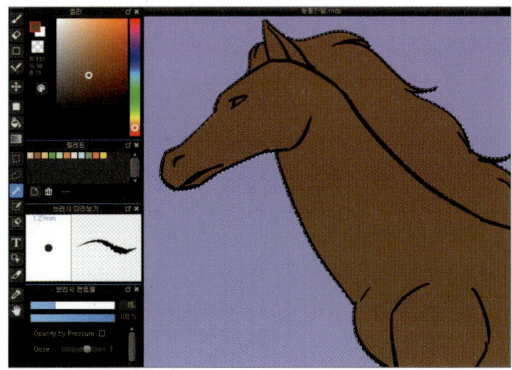 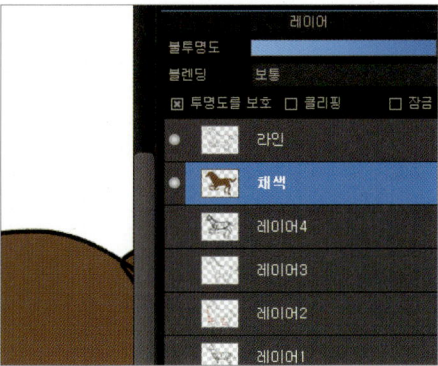

12 뭉글뭉글파스텔 브러시를 선택하여 명암 묘사를 합니다. 빛 방향을 설정한 후 진행하면 쉽습니다. 여기서는 수직으로 위에서 햇빛이 내려온다는 전제하에 그렸습니다.

- 브러시 사이즈 : 50 px
- 브러시 불투명도 : 58%
- 명암 색상 : R 100 / G 60 / B 30

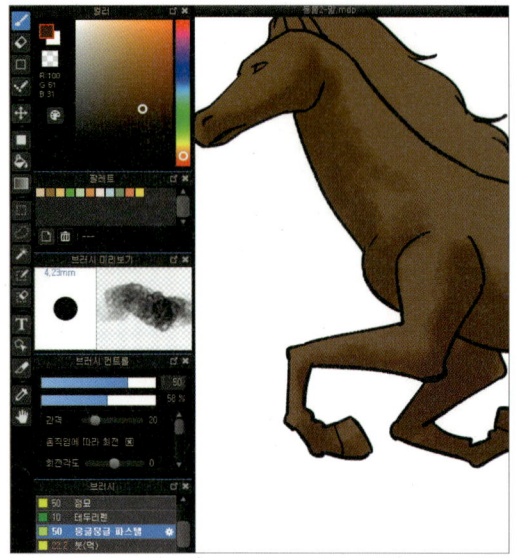

13 말의 바탕색보다 조금 밝은 색으로 윗부분에 터치해 둡니다. 물론 하지 않아도 무방합니다.

14 지금 사용한 세 가지 색상(말 밑바탕색, 명암색, 밝은 색 등)을 번갈아 사용하면서 질감을 묘사합니다. 브러시 자체가 뭉글하고 거친 느낌이 있어서 말의 짧은 털 느낌을 잘 살릴 수 있습니다.

15 이런 느낌이 되도록 브러시로 만져줍니다.

16 말은 건강하고 윤기있는 짧은 털로 뒤덮여 있습니다. 약간 반들반들한 느낌이 납니다. 그래서 아래와 같이 하이라이트 느낌의 광을 표현해줍니다.

- 색상 : R 180 / G 140 / B 112
- 브러시 사이즈 : 19 px (58%)

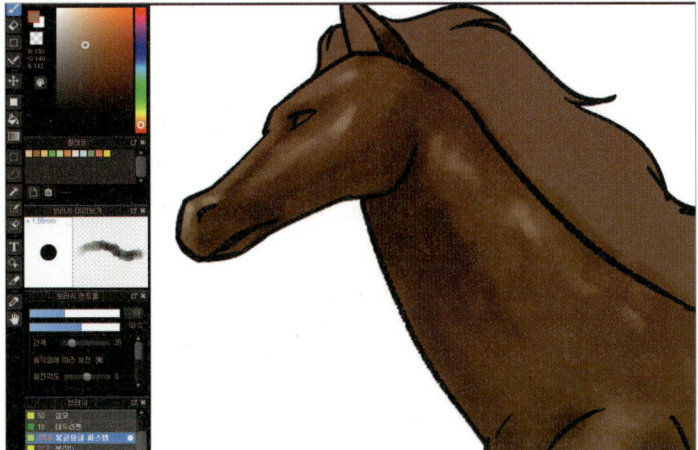

Chapter 08_사람과 동물 그리기 207

17 너무 과도하게 광을 주지 않도록 유의합니다.

 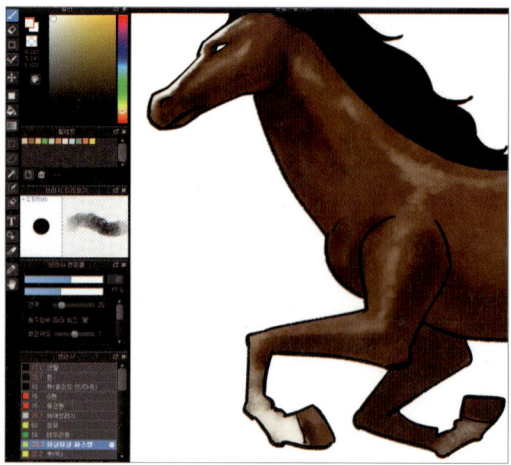

18 완성입니다.

▶ 완성 파일 : Chpater 08\말 그리기_완성.mdp

08-3-4 새 그리기

원 3개를 사선으로 그려줍니다. 원 1개와 1/2 지점이 목 부분이 됩니다.

원 3개 중 아래쪽 1과 1/2개 부분이 새의 몸통부분이 됩니다. 사람 무릎과는 반대쪽으로 꺾인 다리를(❶) 그려줍니다.

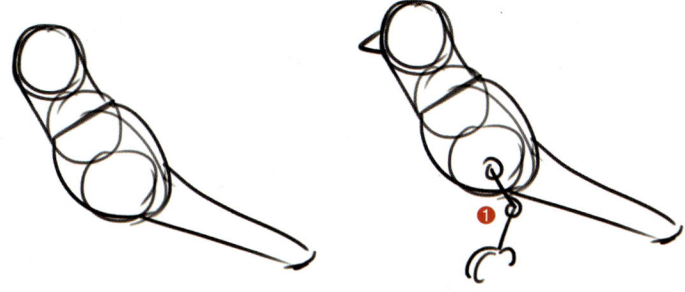

날개는 폈을 때 원이 4~5개 정도 되는 길이로 그려줍니다. 날개는 2번 접히는 구조(❶)로 되어 있습니다.

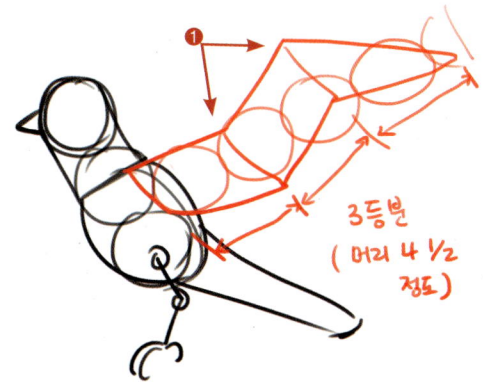

부리와 눈을 그리고, 접힌 방향으로 날개의 깃털모양을 묘사합니다.

▶ 완성 파일 : Chpater 08_새 그리기_완성.mdp

01 새의 기본구조를 기억하면서, 독수리를 그려보도록 하겠습니다. 메디방에서 [파일]-[신규 작성] 메뉴를 클릭해 "이미지의 신규 작성" 창이 나타나면 폭은 2000, 높이는 1500px, 해상도 300dpi로 새 문서를 만듭니다.

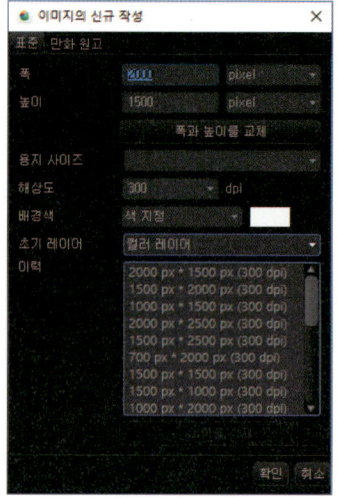

02 새 덩어리 만드는 법을 기억하면서, 사진자료 등을 참조하여 독수리를 그려보겠습니다.

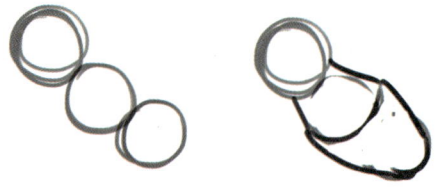

03 맹금류이므로 날개는 일반 새들보다 크게 빼 줍니다.

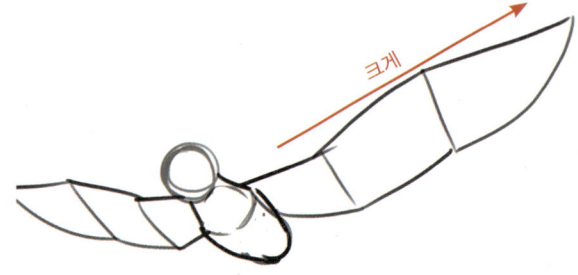

04 다리도 굵고 발도 매우 큽니다. 거의 얼굴의 3/4입니다.

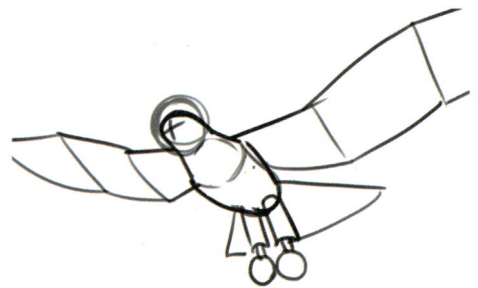

05 바로 이전에 스케치한 레이어의 불투명도를 20% 정도로 낮추고 새 레이어를 만들어 대략적인 라인을 땁니다.

▶ 소스 파일 : Chpater 08\독수리 그리기.mdp

06 레이어를 한 개 더 만들어, 제대로 된 라인을 따도록 합니다. 모양의 묘사는 자료 이미지들을 모아서 잘 관찰하면서 배워나가도록 합니다.

07 만화적 느낌을 살려 라인을 완성해 보았습니다.

Chapter 08_사람과 동물 그리기　211

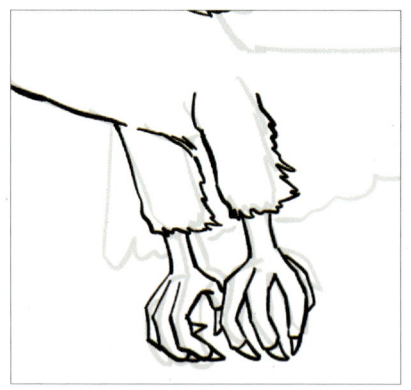

08 라인을 땄으면 채색 레이어를 만들어 색을 입혀주겠습니다. 지금 그리는 독수리는 머리는 하얗고 몸은 검은 색 입니다. 자동선택 툴( )로 독수리 캐릭터 바깥부분을 클릭한 후(❶), 선택 반전(Ctrl + I)하여 독수리 몸이 선택되도록 만든 뒤(❷), 검은 계열 색(R 56 / G 64 / B 69)을 채워주었습니다.

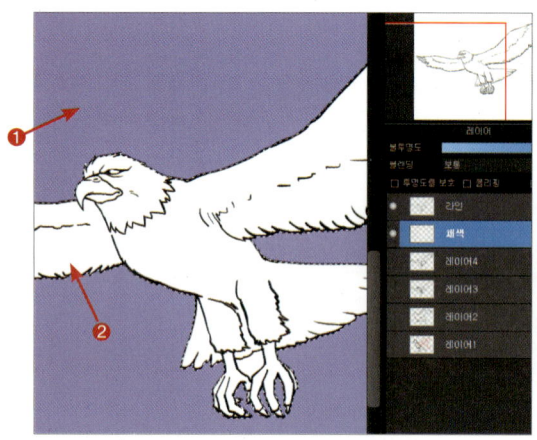
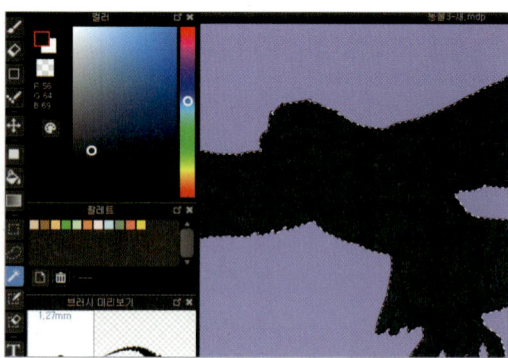

09 에어브러시로 덩어리 그림자를 크게 잡아줍니다.

- 색상 : R 20 / G 28 / B 40
- 브러시 사이즈 : 127
- 브러시 불투명도 : 37%

10 독수리 밑바탕색을 사용하여 깃털느낌을 묘사합니다.

11 이번엔 좀 더 어두운 색을 사용하여 깃털의 명암을 자세히 잡아줍니다.

- 색상 : R 9 / G 15 / B 25

12 얼굴을 다음과 같이 묘사합니다.

13 꼬리깃털을 수채(wet) 브러시로 툭툭 치듯이 그립니다.

- 브러시 사이즈 : 40 px
- 브러시 불투명도 : 26%

14 좀 더 작은 사이즈의 브러시를 사용하여 한 번 더 그려주고 마무리합니다.

- 브러시 사이즈 : 18 px
- 브러시 불투명도 : 26%

15 발을 칠하고 G펜 브러시 등으로 명암을 넣습니다. 색상은 독수리 부리의 색보다 채도와 명도가 낮아야 합니다. 그림자는 브러시 크기만 조절해서 살짝 주름을 묘사합니다.

- 발 밑바탕색 : R 209 / G 184 / B 77
- 발 명암색 : R 188 / G 148 / B 63
- 발톱 : R 9 / G 15 / B 25

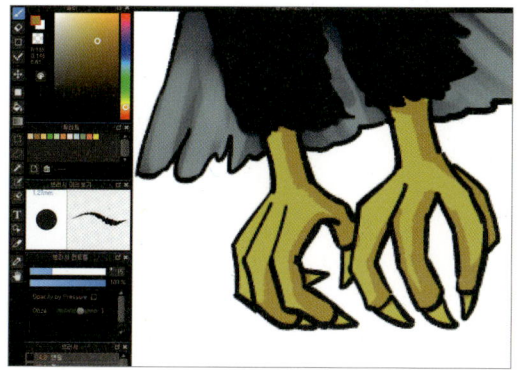 

16 독수리 그리기가 완성되었습니다.

▶ 완성 파일 : Chpater 08\독수리 그리기_완성.mdp

Chapter

배경과 소품 그리기

09-1 나무, 풀, 꽃 그리기

09-1-1 나무와 풀 그리기

01 나무를 그려보려고 합니다. 메디방에서 [파일]-[신규 작성] 메뉴를 클릭해 "이미지의 신규 작성" 창이 나타나면 폭은 2000, 높이는 2500px, 해상도 300dpi로 새 문서를 만듭니다.

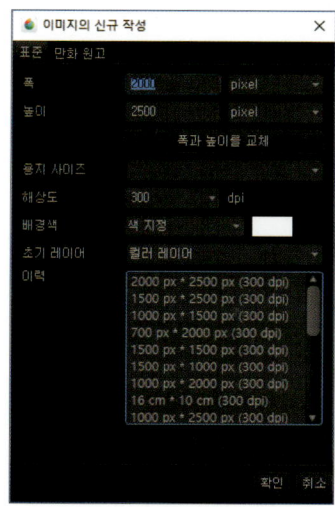

02 캔버스에 그려야 할 크기를 정하고(❶), 나뭇잎 부분과 줄기 부분을 덩어리만 잡아줍니다.

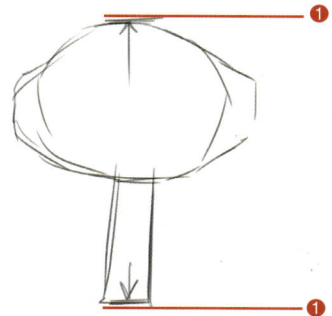

03 가지를 그려줍니다.

04 우선 긴 가지를 그리고(❶), 그린 가지의 2/3 지점쯤에 새 가지를 조금 짧게 그립니다.(❷) 원래 가지와 새로 그린 가지의 중간쯤에 조금 덜 자란 가지를 또 하나 그립니다.(❸) 이런 패턴으로 그려나가면 됩니다.

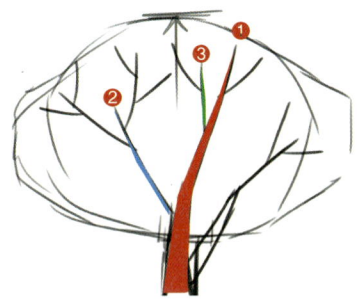

단, 아직 나뭇잎은 그리지 마세요.

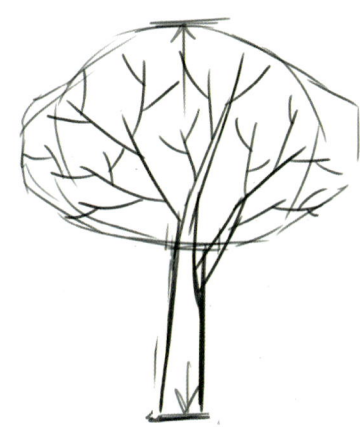

05 스케치한 레이어의 불투명도를 20% 정도로 줄이고, 새레이어를 만듭니다.

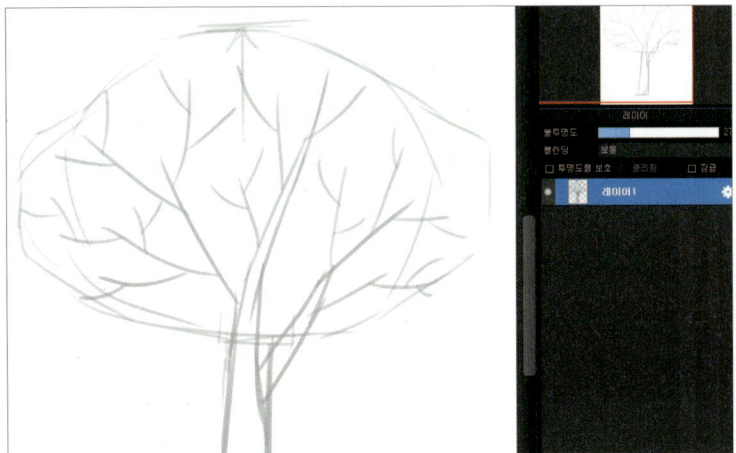
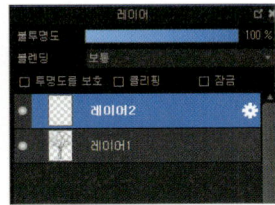

06 새 레이어에 나뭇가지를 좀 더 정리된 선으로 따줍니다.

07 이런 모양이 됩니다.

08 이제 나뭇잎을 그릴 건데요. 그리기에 앞서 아래 두 장의 그림을 보세요. 나뭇잎은 보통 가지를 중심으로 둥글둥글하게 덩어리져서 생깁니다.(❶) 이 원리를 잘 기억합니다. 본인이 그린 나뭇가지의 뻗어나간 형태에 따라 덩어리를 잡아서 나뭇잎 그룹을 만들면 됩니다.

Chapter 09_배경과 소품 그리기 219

09 나뭇잎을 만들기 위해서 브러시 설정을 해 보도록 합니다. 일반 브러시들로도 그릴 수 있지만 여기서는 브러시를 다운받아 사용해 보려고 합니다. 브러시 설정 패널 아래 브러시 추가(클라우드) 아이콘( )(❶)을 클릭하면 브러시의 "클라우드 소재" 창이 나타납니다.(❷) 목록 중 〈꽃잎(벚꽃)〉 브러시를 다운받아 보겠습니다.(❸) 다운을 받으려면 반드시 메디방에 '로그인'이 되어 있어야 합니다. 해당 브러시를 마우스로 더블클릭하면 바로 다운로드 받아집니다. 받은 브러시는 자동으로 브러시 패널의 제일 하단에 들어옵니다.

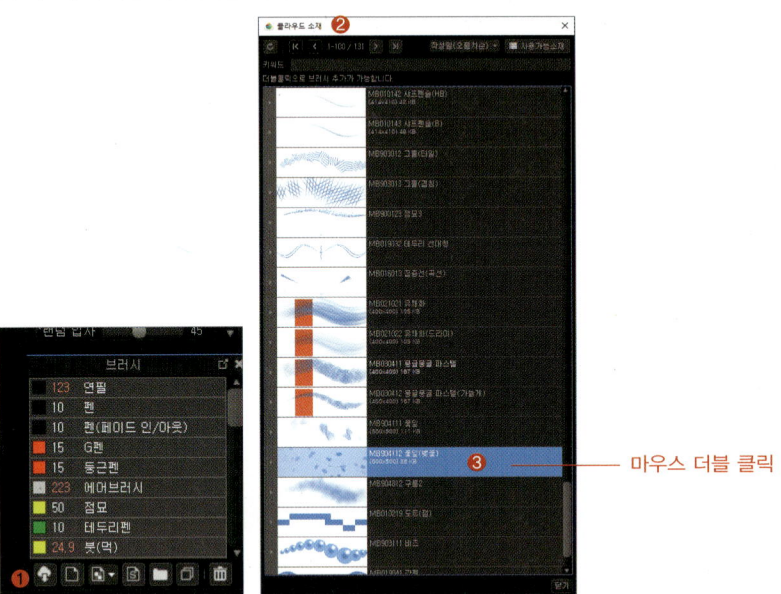

10 받아진 브러시가 패널에 잘 들어와 있나요? 그렇다면 브러시 이름 우측에 있는 편집 아이콘( )(❶)을 클릭합니다. "브러시 편집" 창이 나타납니다.

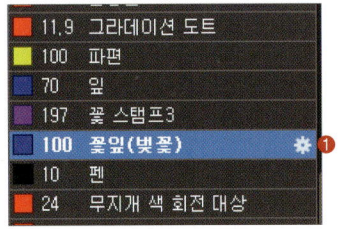

11 브러시 설정 패널에서도 브러시의 크기나 불투명도 등을 조정할 수 있지만, 이런 방식을 이용하면 브러시에 따라서 좀 더 세분화된 속성을 편집할 수 있습니다. 위 그림을 보고 브러시 속성을 맞추어 봅니다.

- 타입 : 뿌리기
- 폭 : 160px
- 뿌리기 강도 : 60

- 입자 크기 : 43
- 랜덤 입자 : 45
- 랜덤 회전 : 100

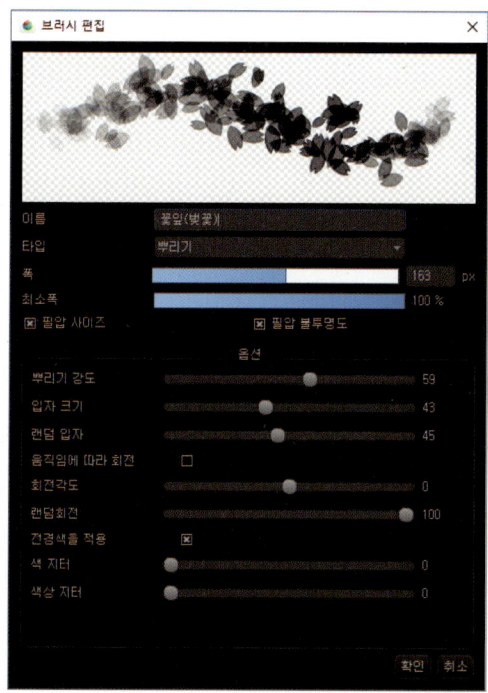

12 나무줄기 레이어 아래에 새 레이어를 만들고, 바로 이전에 만든 브러시를 이용하여 나뭇잎 덩어리들을 만들어 줍니다. 나뭇잎을 묘사하는 게 아니라 나뭇잎의 덩어리를 만들어 준다는 생각으로 그리세요. 이 레이어는 나뭇가지 뒤편에 있는 나뭇잎으로 쓸 것이기 때문에, 어두운 색상으로 합니다.

- 색상 : R 72 / G 120 / B 130

13 새 레이어를 만들고 나무줄기 레이어 위에 놓습니다.

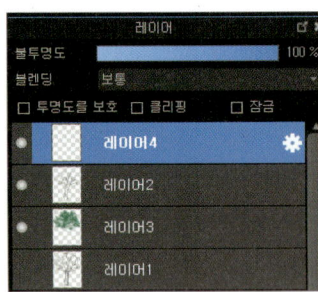

14 색상을 R28 / G180 / B40 정도로 맞추고 적당히 나뭇가지를 가려가며 덩어리지게 그립니다. 나뭇가지 앞에 나와 있는 나뭇잎들을 묘사하는 것입니다.

15 그 위에 새 레이어를 또 만들어 가장 밝은 잎사귀들을 묘사합니다. 빛의 방향을 고려하고, 하이라이트 개념이므로 너무 많이 묘사하지 않도록 합니다.

- 색상 : R 130 / G 230 / B 82

16 아래 같은 느낌이 되도록 합니다. 처음에 칠했던 어두운 색상의 나뭇잎 레이어는 나무의 뒤편이므로 잘 보이지 않는 것이 맞지만, 너무 완벽하게 가리게 그리진 말아주세요. 파슬리가 되어 버리니까요.

17 레이어가 많아졌으니 이름을 정리하고 진행합니다. 레이어 정리는 수시로 진행해주는 게 좋습니다. 극화연재의 경우 1회가 60컷 이상인데 레이어 정리를 하지 않아서 결코 기억할 수 없는 방대한 분량의 레이어를 늘어놓는 것을 종종 봅니다. 기억도 어렵고 용량 과부하를 만들어 작업속도를 방해하는 요인이 되기 때문에 레이어 정리는 생활화합니다. 쓰지 않는 러프스케치 레이어는 삭제합니다.

 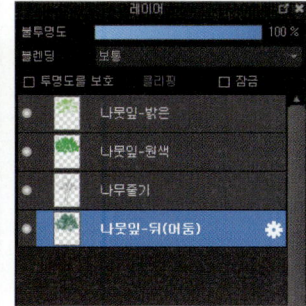

18 이제 나무줄기를 묘사합니다. 나무줄기 라인을 땄던 레이어 위에 새레이어(레이어6)를 만드세요. 다른 레이어들은 모두 눈(동그란 버튼(❶))을 클릭해 숨깁니다.

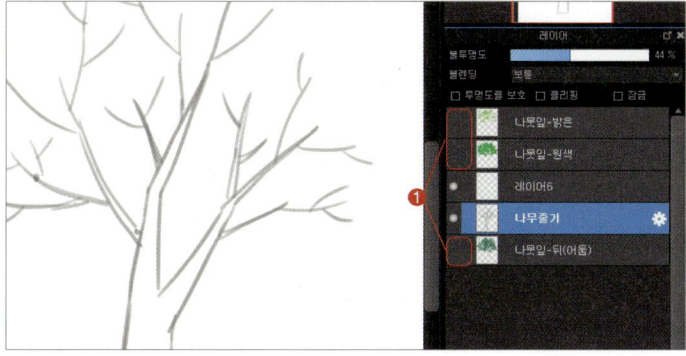

19 펜 브러시 등으로 라인을 따줍니다. 색상은 R 166 / G 132 / B 75를 사용했습니다.

20 잘 정리해서 땄으면, 색을 부어주시고 '투명도를 보호' 체크 박스를 체크합니다.(❶)

21 연필 브러시로 바꾸고 1차 명암을 넣어봅니다. 빛의 방향을 정해서 한 쪽으로 그림자가 흐르게 만들어 주는 것이 좋습니다.

- 색상 : R 146 / G 98 / B 46

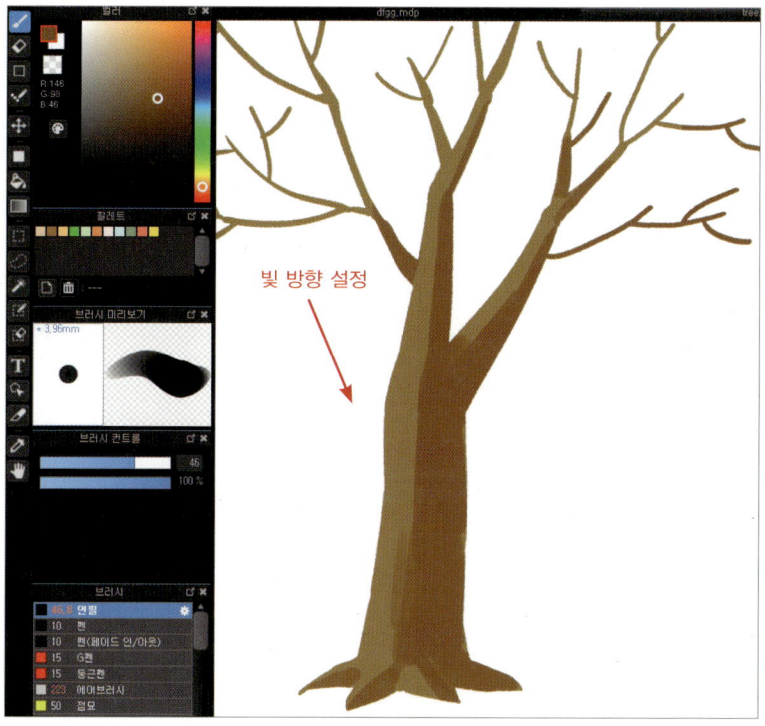

22 채색의 감을 보기 위해 어두운 색상 나뭇잎 레이어를 보이도록 합니다. 나뭇잎 때문에 가지에 생기는 그늘 그 부분에는 좀더 어두운 색상을 선택하여 그립니다.

• 색상 : R 114 / G 73 / B 30

23 다른 레이어들도 전부 보이도록 해 주시고, 나무의 결을 좀 더 묘사합니다. 연필브러시의 사이즈를 바꿔가며 묘사하도록 합니다. 나무 결에도 여러 종류가 있으니 나무를 잘 그리고 싶다면 소나무, 전나무, 단풍나무, 버드나무 등 수종에 따라 자료를 찾고 따라 그려 봅니다.

본 적도 없는 것을 잘 그릴 수 있는 사람은 없습니다. 만약 여러분이 눈이나 코 같은 부분만 잘 그린다면 1) 눈이나 코를 연습장에 많이 그려봤다. 2) 잘 그려보려고 따라서 많이 그려봤다. 이 두 가지가 반복되었기 때문일 것입니다. 다른 사물도 마찬가지에요. 여러분이 따라 그려본 만큼, 구조를 파악하려고 노력한 만큼 잘 그리게 되는 것입니다. 천재를 부러워 해봤자 그림 실력은 절대 좋아지지 않습니다.

24 줄기의 색상이 맘에 안들어서 색을 바꾸려고 합니다. [필터]-[색상] 메뉴를 클릭하거나 Ctrl + U 를 누르면 "색상,채도,명도" 설정 창이 나타납니다.

25 필자는 다음과 같이 조정해서 원래보다 살짝 붉은색이 빠진 색감으로 바꾸었습니다.

- 색상 +3 / 채도 77% / 명도 102%

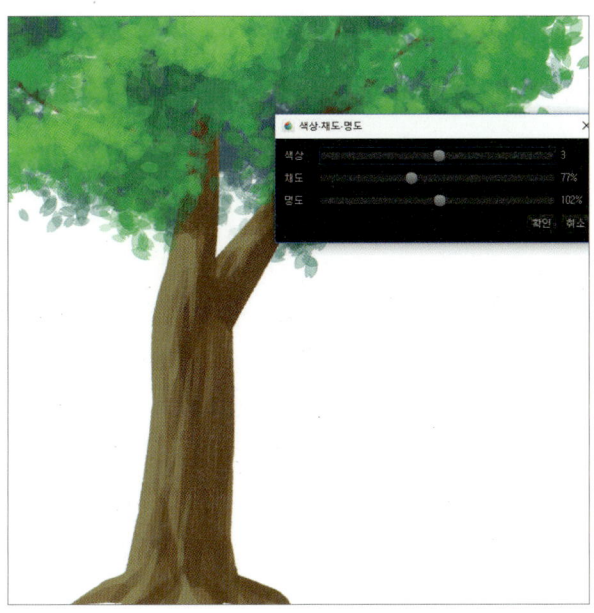

26 나무 그리기가 완성되었습니다.

Chapter 09_배경과 소품 그리기 227

27 땅을 만들기 위해 새 레이어를 만들어 가장 아래에 배치합니다. 선택 툴(▣)을 선택한 뒤 ❶에서 마우스를 한번 클릭하고 드래그하여 ❷의 위치에서 놓아줍니다. 땅의 색상은 'R 169 / G 152 / B 117' 정도로 하고 Insert 키를 눌러서 선택된 부분을 한 번에 채워줍니다.

 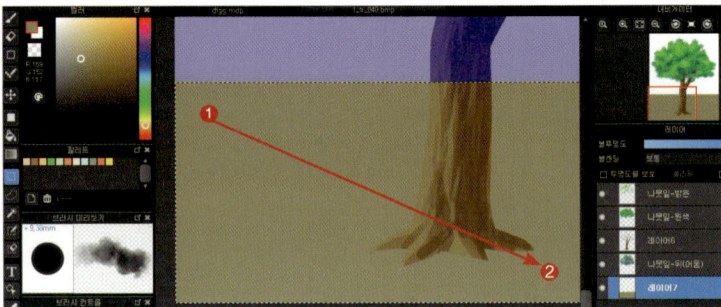

28 땅 레이어 위에 새로운 레이어를 만들어 풀밭을 만들겠습니다.

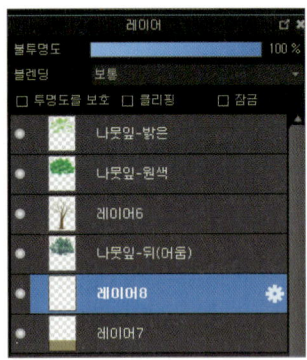

29 뭉글뭉글 수채3 브러시를 다운 받으세요.(220p 참조) 색상은 R 31 / G 118 / B 40 정도로 하고, '브러시 편집' 창에서 항목을 다음 그림처럼 설정합니다. 그리고 땅 색상이 보일듯 말듯하게 그려줍니다.

- 브러시 사이즈 : 145 px   • 최소폭 : 80%
- 간격 : 20   • 색상배합 : 70   • 색보충 : 30

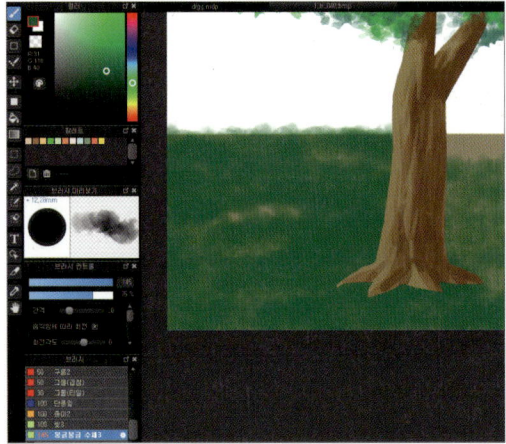 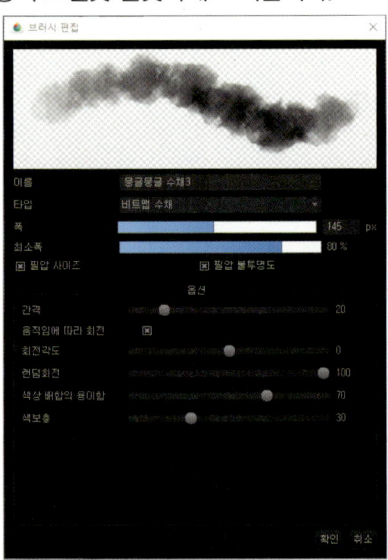

30 조금 더 밝은 색상을 만들어 입체감 있게 메워줍니다.

- 색상 : R 79 / G 198 / B 91

31 나무뿌리 부분을 풀로 살짝 덮어주면 공간감이 더 살아납니다.

방법 : 레이어를 하나 만들어 나무줄기 레이어 바로 위에 놓고(❶) 나무 밑둥 부분을 살짝 덮듯이 묘사합니다.(❷)

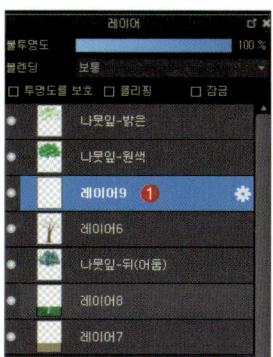 

32 간단하게 구름과 하늘을 그립니다. 하늘 그리기 실습을 참조합니다.

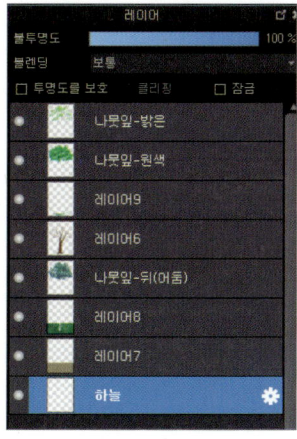 

33 멀리 원경으로 보이는 산자락을 묘사해 주면 원근감이 좀 더 살아납니다. 멀리 있는 물체일수록 흐리고 탁하게(경계가 분명치 않고 회색톤이 섞인) 보입니다.

- 색상 : R 160 / G 203 / B 190

34 그림자를 만들어 보려고 합니다. 햇빛이 왼쪽위에서 비추면 오른쪽 아래 부분으로 그림자가 생깁니다. 구름 브러시로 'R 150 / G 170 / B 155' 정도의 색상으로 그립니다.

35 레이어 블렌딩(레이어 속성)을 곱셈으로 바꾸어 줍니다.(❶) '곱셈'은 포토샵에서 '멀티플라이' 속성과 같습니다.

36 완성이 되었습니다.

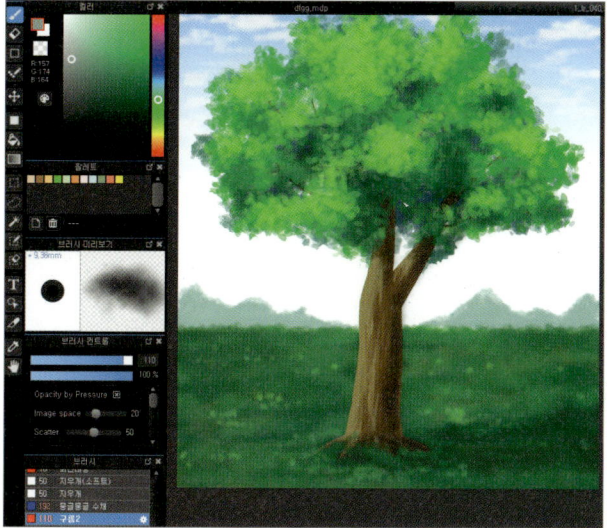

37 만화체를 원하면 새 레이어를 만들어 제일 상단에 놓고 펜으로 묘사해 주면 됩니다. 브러시 사이즈는 6~10사이가 적당합니다.

▶ 완성 파일 : Chpater 08\나무.풀 그리기_완성.mdp

09-1-2 꽃 그리기(장미)

장미를 그리기 위해선 장미 꽃잎의 모양과 꽃잎이 말려있는 형태를 아는 게 중요합니다. 아래의 이미지처럼 장미 꽃잎은 고양이 발바닥처럼 생겼습니다.(❶) 잎이 어릴수록 튀어나온 부분 없이 매끈합니다.(❷)

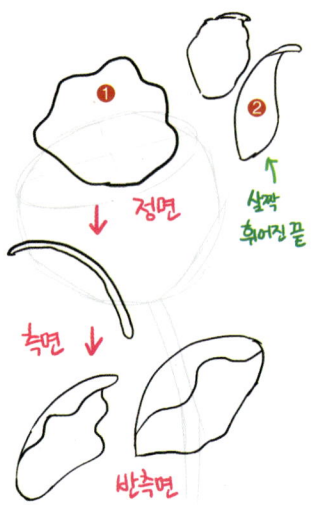

01 장미를 그리기 위해 새 문서를 만들어 봅니다. 폭 1000px, 높이 1500 px, 해상도 300dpi 로 만들어 보겠습니다.

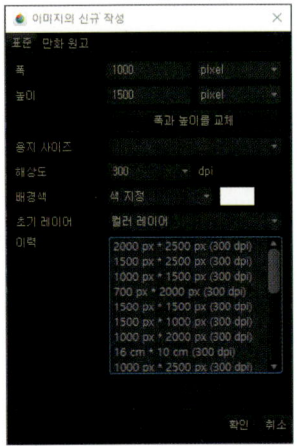

02 장미는 아래와 같이 크게 덩어리를 잡을 수 있습니다.

03 장미는 5~6겹의 꽃잎이 점점 펴지는 형태로 말려 있습니다. 겉에 있는 꽃잎일수록 크고 모양도 뚜렷하고 퍼져있습니다. 참고로 여기는 따라 그리는 부분이 아니라 설명하는 부분입니다.

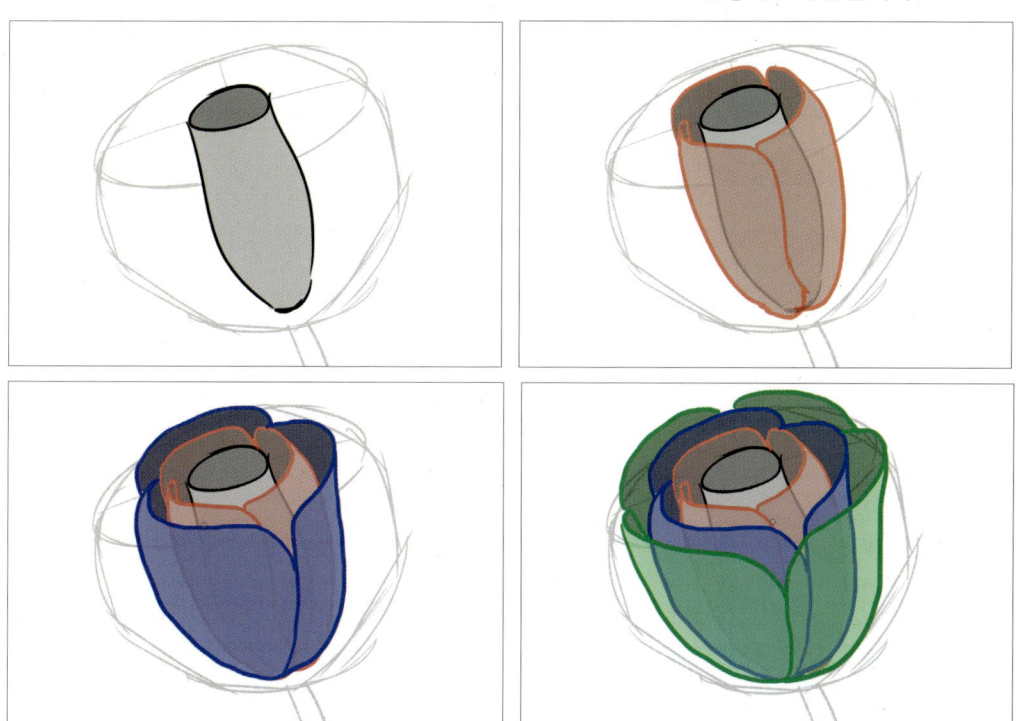

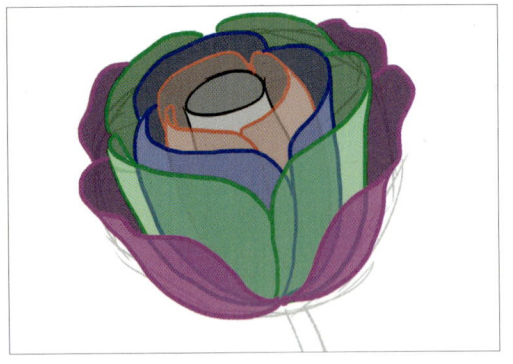 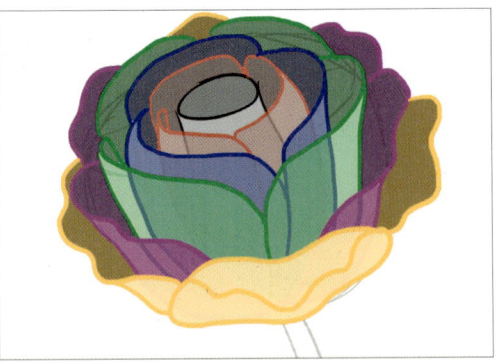

그래서, 이런 그림이 완성됩니다.

▶ 소스 파일 : Chpater 08\장미 그리기.mdp

04 위에서 설명한 덩어리와 감싼 형태를 기억하면서 아래와 같은 모습으로 장미를 그려봅니다. 구조를 이해하고 그려야 그림이 쉬워집니다.

05 라인을 딴 레이어 아래에 채색용 레이어를 새로 만들고 붉은색을 채워줍니다.

- 색상 : R 125 / G 14 / B 4

06 연필 브러시를 선택한 후 어두운 색으로 형태감을 표현합니다. 그림자 잡듯이 그려줍니다.

- 색상 : R 125 / G 22 / B 9

07 꽃잎의 끝부분은 라인 따듯이 채색해서 두께감을 만듭니다. 필자가 사용한 색상은 'R 252 / G 128 / B112'입니다.

08 선화의 라인이 너무 굵고 투박하게 표현된 것 같습니다.

09 지우개를 사용해서 라인 레이어에서 선을 조금씩 지워서 다듬어 보겠습니다. 새로 그리는 것보다 이런 방법이 훨씬 경제적일 때가 있습니다.

10 장미에 광선 효과를 만들어보겠습니다. 라인 레이어 위에 새로운 레이어를 만들고, 브러시 툴( )을 선택합니다.

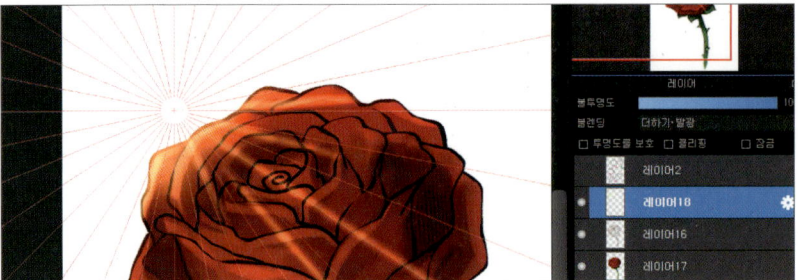

11 메뉴바 하단 부분에 스냅툴 박스가 보입니다.

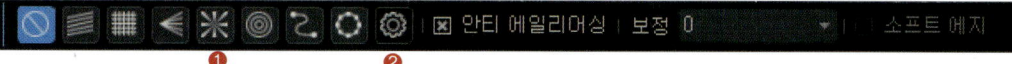

그 중 집중선 스냅 아이콘(※)을 클릭하면(❶) 마우스 위치를 따라 방사형 투시선 모양이 나타납니다. 이때 스냅 설정 아이콘(◎)을 클릭한 후(❷) 마우스로 집중선(☐)의 중심에 있는 십자모양을 클릭하고 잡아끌면 내가 원하는 위치로 중심을 옮길 수 있습니다.(10번 이미지처럼)

브러시 색상을 'R 247 / G 255 / B 160' 정도로 밝은 노랑이 되게 설정하고, 방사형 모양에 따라 슥 슥 그립니다. 이때 레이어의 블렌딩 속성은 [더하기+ 발광]으로 바꾼 상태여야 합니다.(❸)

채색 레이어에서 연필브러시로 줄기부분도 묘사합니다.

- 줄기 밑색 : R 90 / G 155 / B 44
- 줄기 명암 : R 43 / G 78 / B 33

▶ 완성 파일 : Chpater 08\장미 그리기_완성.mdp

※ 스냅 아이콘이 선택된 상태에서는 브러시 드로잉이 직선 형태로 그려지기 때문에 스탭 Off 아이콘(⊘)을 눌러 스냅을 해제(⊘)해야 선을 자유롭게 그릴 수 있습니다.

09 - 2 하늘, 구름, 바다 그리기

09-2-1 하늘과 구름 그리기

01 신규 이미지를 만듭니다. 사이즈는 1000 * 1500 px, 300dpi로 합니다. 본 교재는 홍보웹툰 혹은 웹툰을 기준으로 했기 때문에 파일 사이즈가 최대 2000px이 넘어가지 않도록 대부분을 맞추었습니다. 웹툰

의 평균 가로 사이즈가 700~750 정도에 불과하고, 설상 두 배로 그
린다고 해도 1500px 정도이기 때문입니다. 인쇄용이 아니면 굳이 크
게 그릴 필요가 없습니다. 해상도도 300dpi면 충분합니다. 별도의
작업지시가 없는 이상 위의 요건을 고려해 문서를 만듭니다.

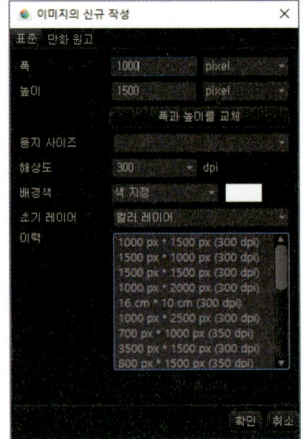

02 바닷가 여름하늘을 만들어 보겠습니다. 새 문서를 만들고, 그라데이션 툴(■)을 선택한 후(❶) 전경색과 배경색을 다음과 같이 지정합니다. 메뉴바의 그라데이션 설정 중에서 [형상]을 "선형"으로 (❷), [타입]은 "전경~배경"이 되도록 합니다.(❸)

- 전경색 : R 63 / G 78 / B 229
- 배경색 : R 60 / G 222 / B 228

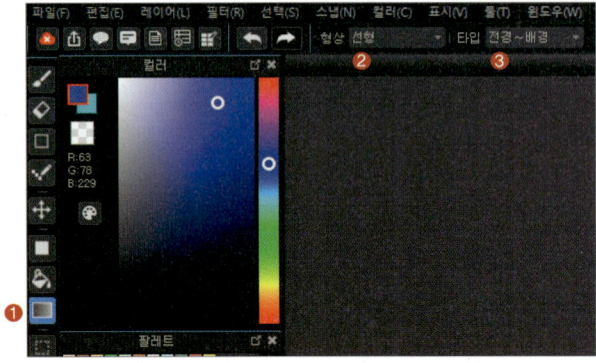

03 그라데이션 툴(■)로 위에서 아래로 드래그하여 하늘 배경을 만듭니다. 그라데이션 속성은 [전경–배경] 상태이어야 됩니다.

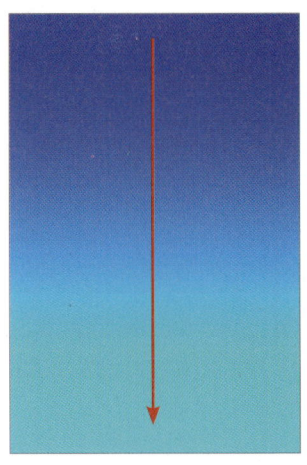

04 새로운 레이어를 만들고 구름 모양을 그립니다. 구름도 입체의 덩어리이므로 커다란 구 형태에 원기둥, 크고 작은 구 덩어리들이 뭉쳐진 형상으로 그려줍니다(구름의 실제 사진도 꼭 참조합니다).

05 겹쳐진 부분은 지워서 하나의 덩어리로 만들어 보는 연습을 합니다.

06 레이어 불투명도는 23% 정도로 낮춥니다.

07 구름을 처음 그려본다면, 새 레이어를 만들어 구름의 모양을 좀 더 다듬어서 잡아 줍니다.

08 구름을 본격적으로 그릴 새레이어를 하나 더 만듭니다.

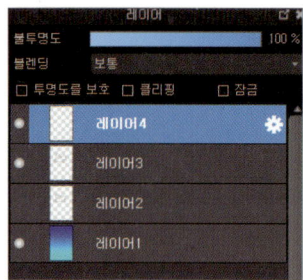

09 연필 브러시를 선택하고(❶) 크기를 60px 정도로 조정합니다.(❷) 색상은 흰색으로 합니다.(❸)

10 형태를 따놓은 대로 묘사합니다. 이때, 절대 버킷 툴(🪣)로 부은 것처럼 꽉 찬 형태로 채우지 않습니다. 아래에서 보이는 것처럼 연필브러시 특유의 겹침 효과나 흐릿하게 칠해진 부분들이 보이는 것이 좋습니다.

11 [구름2 브러시]를 사용하여 구름 덩어리의 그림자를 묘사합니다. 손에 힘을 빼고 묘사합니다.

- R 188 / G 203 / B 216

12 스케치했던 레이어들은 모두 삭제합니다.

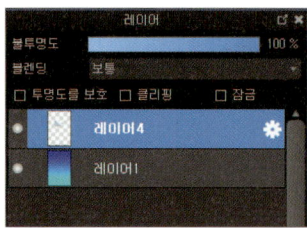

13 흰색도 찍어서 가장자리 부분들을 "살살~" 터치해서 묘사합니다. 힘주어 그리면 뽀얀 느낌이 없어지고 너무 선명하여 촌스런 느낌이 납니다. 솜사탕 그린다고 생각하세요.

14 이 레이어의 속성 아이콘(　)을 클릭한 후 "레이어 속성" 창이 나타나면 이름을 '구름1' 등으로 바꾸고 레이어가 안 보이도록 감겨줍니다.

15 감추어진 '구름1' 레이어 위에 레이어 추가 아이콘( )을 클릭하여 새로운 레이어를 만들어 봅니다.

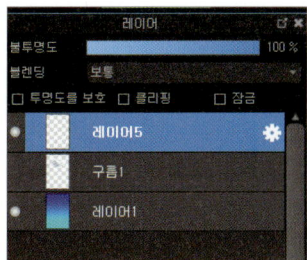

16 브러시 툴( )을 선택합니다. 메뉴바 하단 부분에 스냅툴 박스가 보입니다.

그 중 집중선 스냅 아이콘( )을 클릭하면(❶) 마우스 위치를 따라 방사형 투시선 모양이 나타납니다. 이때 스냅 설정 아이콘( )을 클릭한 후(❷) 마우스로 집중선( )의 중심에 있는 십자 모양(+)을 클릭하고 잡아끌면, 내가 원하는 위치로 중심을 옮길 수 있습니다. 이 상태에서 그림과 같이 입체적인 투시선을 그려줍니다.

17 투시선에 근거해서 구름을 크고 작게 그려줍니다. 뒤에 있을수록 작게 그립니다. 뒤에 있는 구름이라고 크지 말라는 법은 없지만 잘못 그린것 처럼 보일 수 있습니다. 뒤에 구름들은 작게 그려줍니다.

※ 스냅 아이콘이 선택된 상태에서는 브러시 드로잉이 직선 형태로 그려지기 때문에 스탭 Off 아이콘( )을 눌러 스냅을 해제( )해야 선을 자유롭게 그릴 수 있습니다.

18 새로운 레이어를 만듭니다.

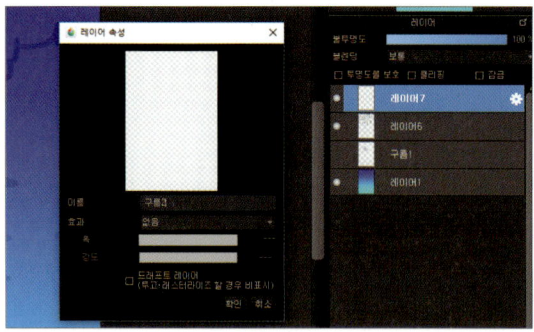

19 연필 브러시(흰색)를 사용해 구름의 형태를 채워줍니다. 앞서 설명했듯이 완전히 하얗게 만들지 않도록 유의합니다.

20 잘 그려줍니다.

21 [구름2 브러시]를 이용하여 그림자와 외형 등 구름 형태를 묘사해 줍니다.

• R 205 / G 223 / B 232

22 완성입니다. 이 외에 뭉게구름, 깃털구름 등 구름의 종류별로 찾아보고 연습해 보세요.

23 지금까지 작업한 구름이 포함된 레이어의 이름을 변경합니다. 필자는 '구름2' 레이어로 지정했습니다. 그 위에 새로운 레이어를 하나 더 만들어 줍니다.

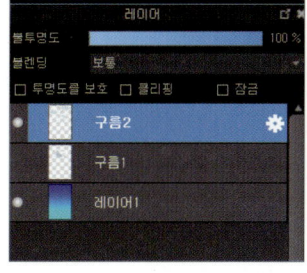 

Chapter 09_배경과 소품 그리기 245

24 선택 툴(▣)을 클릭(❶)하고 바다를 표현할 영역을 드래그하여 선택(❷)합니다.

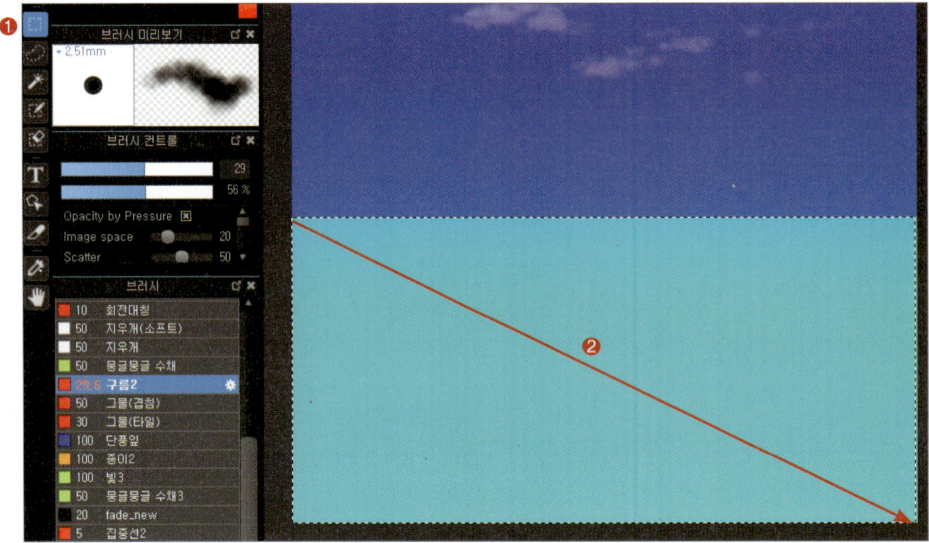

25 그라데이션 툴(▣)로 위에서 아래로 드래그(❶)하여 바다색을 채워넣습니다.

• 전경색 : R27 / G98 / B168
• 배경색 : R 92 / G215 / B208

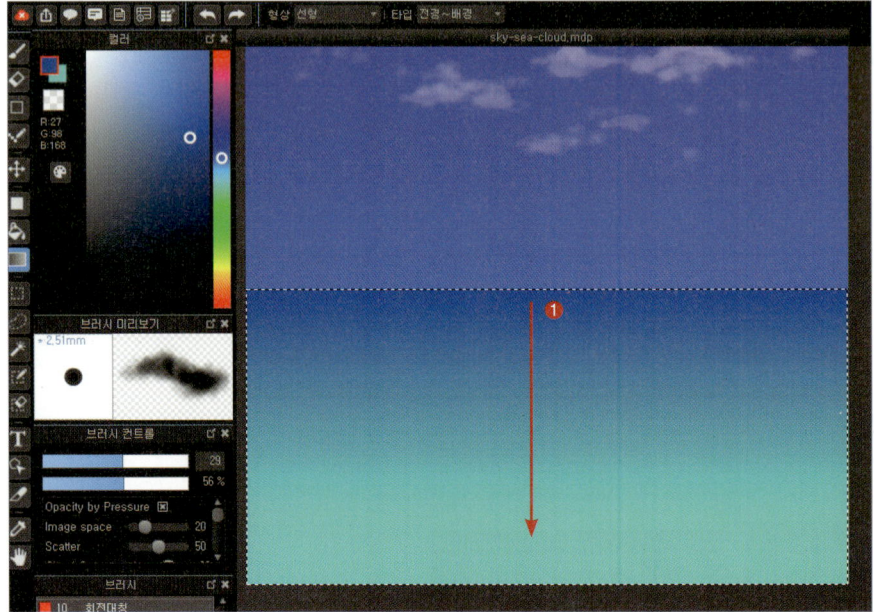

26 해변까지 그리려면 모래사장 색을 찾아서 그라데이션 처리합니다. 이때, 한 가지 색상만 필요하므로 그라데이션 타입을 [전경~배경]에서 [전경](❶)으로 바꾸어 줍니다. 해당 위치를 클릭하면 쉽게 바꿀 수 있습니다.

- 색상 : R 213 / G 206 / B 145

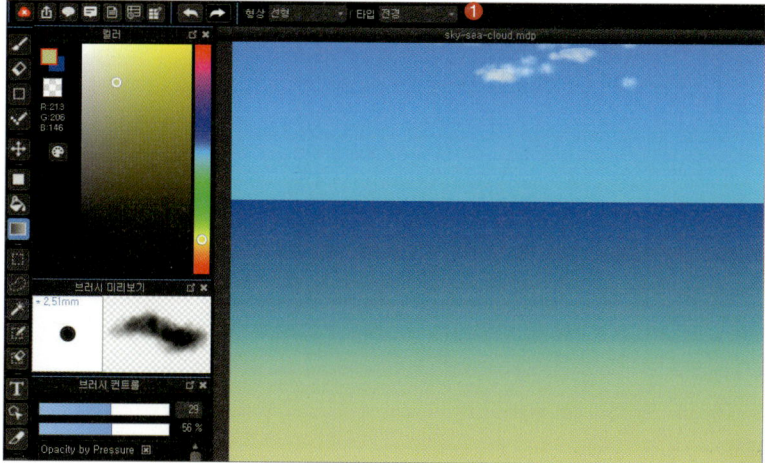

27 파도를 만들기 위해 레이어 추가 아이콘( )을 클릭해 새로운 레이어를 만듭니다.

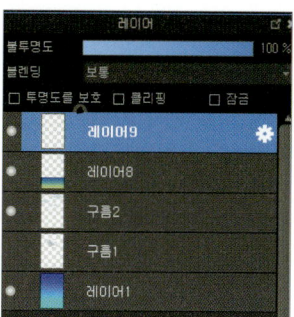

28 뭉글뭉글 파스텔 브러시를 이용하여 흰색으로 해변 모래사장에 밀려온 파도 거품을 그려줍니다. 저는 브러시 사이즈를 20px 정도로 했습니다.

29 뒤쪽 파도 거품은 조금 더 흐리고 얇게 묘사합니다. 파도가 인위적인 형태가 되지 않고 불규칙성을 띄도록 그립니다.

30 레이어 이름을 [파도-앞] 정도로 바꾸어 놓겠습니다.

31 레이어를 하나 더 만들고, 흰색과 진한 푸른색을 번갈아 사용하여 아래와 같이 짧은 선들을 그려 줍니다.(먼 바다에 보이는 파도를 빠르게 그려주는 방법입니다. 브러시는 붓(먹)입니다. 묘사를 많이 하려고 하지 말고 약간의 굴곡만 주어 슥슥 그리면 됩니다.)

32 [선택]-[변형] 메뉴를 클릭하거나 Ctrl + T 를 누릅니다.

33 변형 툴(Ctrl + T)을 사용하여 투시각도에 맞도록 자리를 잡아줍니다. 변형툴 속성의 [자유변형] 체크 박스를 체크하고 마우스로 각 꼭지점(❶)을 잡아당겨 봅니다. 아래 그림처럼 잡아당겼으면 [OK](❷) 버튼을 누르거나 Enter 키를 누릅니다.

34 레이어 블렌딩(속성)을 오버레이로 바꾸고 불투명도를 65% 정도 지정합니다.

Chapter 09_배경과 소품 그리기 249

35 흰 물보라와 이질감을 줄이기 위해 흰색으로 물보라 묘사를 좀 더 합니다. 오버레이 속성을 레이어에 지정했기 때문에 색상이 흰색이 아니라 푸른색을 반영한 색감으로 보이게 됩니다.

36 하늘(레이어1) 그림에 살짝 밝은 색을 에어브러시 등으로 터치해 준 뒤 마감합니다.

▶ 완성 파일 : Chpater 08\하늘 구름 바다 그리기_완성.mdp

09-2-2 물결 그리기

물결의 클로즈업 장면은 고전적으로 많이 사용되고 잘 알려진 기법입니다. 당연히 필자만의 새로운 방법은 아니며, 저도 오랜기간 만화 작업을 하며 배운것들입니다. 그러나 여전히 유용하기 때문에 물결 그리는 방법은 알아두어야 합니다.

01 [파일]-[신규 작성] 메뉴를 클릭해 "이미지의 신규 작성" 창이 나타나면 폭은 1000, 높이는 1500px, 해상도 300dpi로 새 문서를 만듭니다. 그라데이션 툴(■)을 선택하고 전경색과 배경색을 다음과 같이 지정합니다.

• 전경색 : R 48 / G 73 / B 148   • 배경색 : R 39 / G 142 / B 136

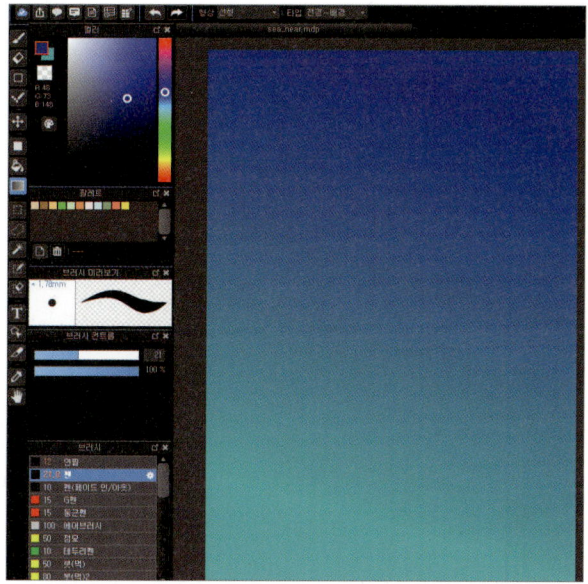

02 레이어 추가 아이콘(■)을 클릭하여 새 레이어를 만든 뒤, 연필 브러시로 큼지막한 원을 불규칙한 순서로 몇 개 그립니다.

• 연필 브러시 사이즈 : 15~20px

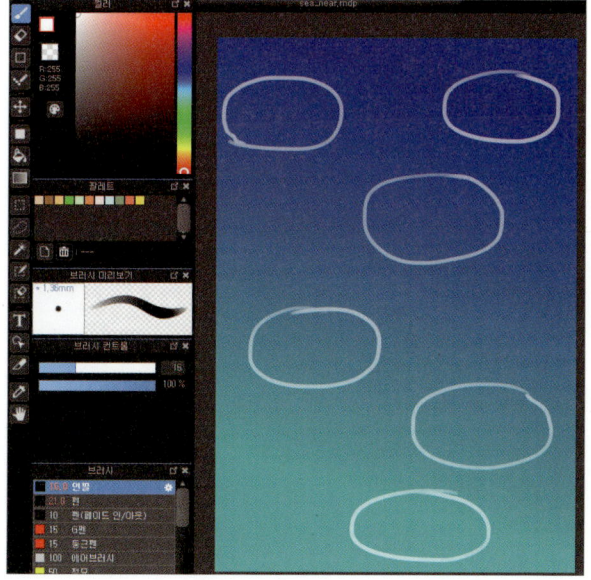

Chapter 09_배경과 소품 그리기 251

03 큰 원을 중심으로 역시 불규칙한 패턴으로 여러 개의 동그라미를 겹치듯이 그려줍니다.

04 레이어의 불투명도를 20% 정도로 낮춥니다.

05 새 레이어를 만들고, G펜 브러시로 원과 원이 만나는 부분마다 날카롭게 각이 지도록 다음과 같이 그립니다.

• G펜 브러시 사이즈 : 15px

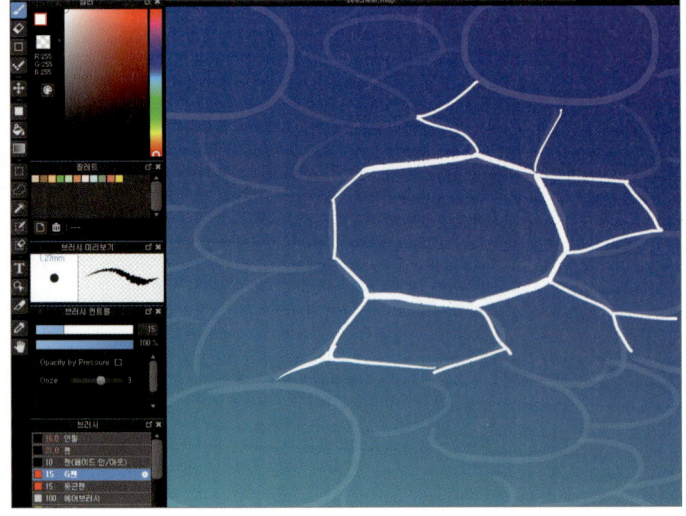

06 동글동글하게 하지 말고 날카롭게 깎는다는 느낌으로 전부 다음과 같이 그립니다.

07 ❶ 선과 선이 맞닿는 지점은 모두 삼각형 형태로 메워줍니다. 전체적으로 다 그렇게 만들었으면, ❷ 물결 느낌이 좀 더 나도록 원형 안을 거미줄처럼 묘사합니다. 단, 많이 만들지 않는 것이 좋습니다. 물결과 파도는 거미줄처럼 복잡하지 않으므로, 지나친 묘사는 오히려 조잡하게 그림을 만듭니다.

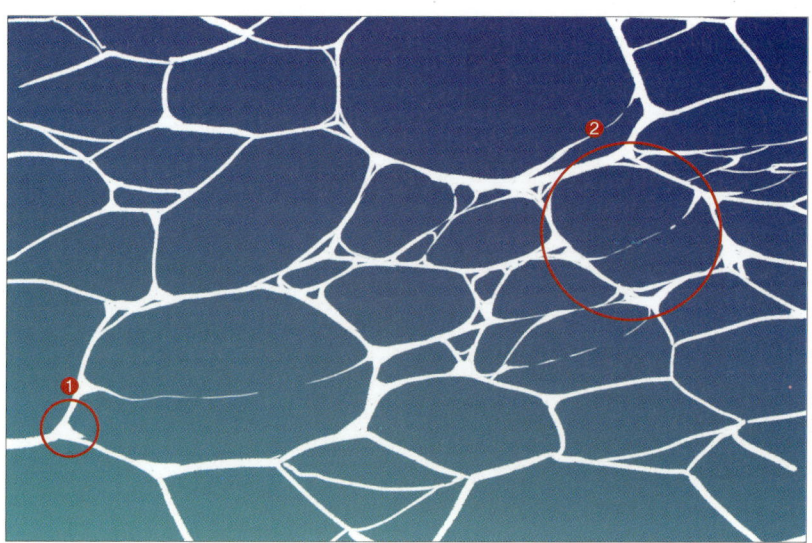

08 물결 느낌이 잘 나도록 묘사합니다. 인터넷 검색 등을 통해 관련 자료를 수집해 참조하세요.

09 레이어 이름을 [수면물결] 등으로 바꿉니다. 필요 없는 스케치 레이어들은 정리(삭제)합니다.

10 레이어 복제 아이콘( )을 누르거나 Ctrl + J 를 눌러 물결 레이어를 두 개로 만든 뒤, 하나의 이름은 '수면물결-위', 하나는 '수면물결-아래'로 구분합니다.

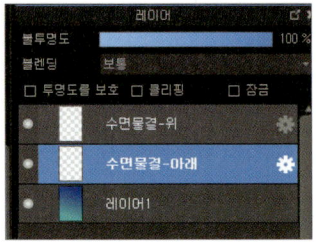

11 '수면물결-아래' 레이어의 불투명도를 30% 정도로 낮춘 후(❶), 이동 툴( )을 사용하여 '수면물결-위' 레이어보다 조금 아래쪽으로 내려줍니다.

12 '수면물결-아래' 레이어의 '투명도를 보호'를 체크하고, 색상을 검은색 혹은 검푸른 색으로 Insert 키를 눌러 채워 줍니다.

13 상황에 맞게 불투명도를 더 조절할 수도 있습니다.

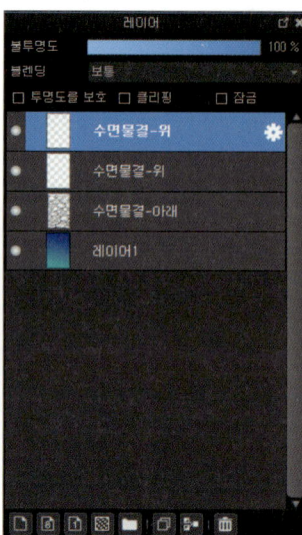

14 '수면물결-위' 레이어를 복제하여 두개로 만듭니다. 그 중 아래쪽에 있는 레이어의 이름을 '물결-위-블러'로 변경합니다.

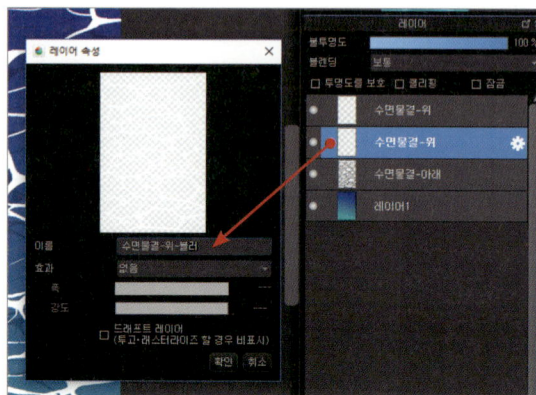

15 [필터]-[가우시안 블러] 메뉴를 클릭합니다.

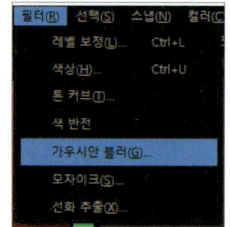

16 '가우시안 블러' 창이 나타나면, 휠바를 움직여 블러값을 10 정도로 설정한 뒤 [확인] 버튼을 누릅니다. 물결이 빛나는 듯한 느낌이 납니다.

17 두 개의 [위] 레이어 중 상위에 있는 레이어의 속성을 [오버레이]로 바꾸고(❶), 불투명도를 조금만 낮추어 줍니다.(❷) 물결 레이어가 바다의 밑색을 살짝 흡수되어 좀 더 예쁘게 표현됩니다.

18 바다 물결이 완성되었습니다.

▶ 완성 파일 : Chpater 08\물결 그리기_완성.mdp

09 - 3 책장과 모니터 그리기

여기서는 책장을 그린다기 보다, 자를 사용하지 않고 비례가 정확한 그림을 그리는 방법을 다룹니다. 물론, 책장이나 모니터는 많이 쓰이는 오브제입니다.

09-3-1 책장 그리기

01 [파일]-[신규 작성] 메뉴를 클릭해 "이미지의 신규 작성" 창이 나타나면 폭은 1500px, 높이는 1500px, 해상도 300dpi로 새 문서를 만듭니다. 브러시 툴( )을 선택하고(❶) 스냅 선택 창에서 십자 스냅 툴( ) 선택합니다.(❷) 캔버스에 가로세로의 붉은 격자선이 보이게 되는데(❸), 이 상태에선 가로세로 직선만 그을 수 있습니다. 적당한 크기로 사각형을 만들어 그려줍니다. 필자는 연필 브러시를 이용했습니다.

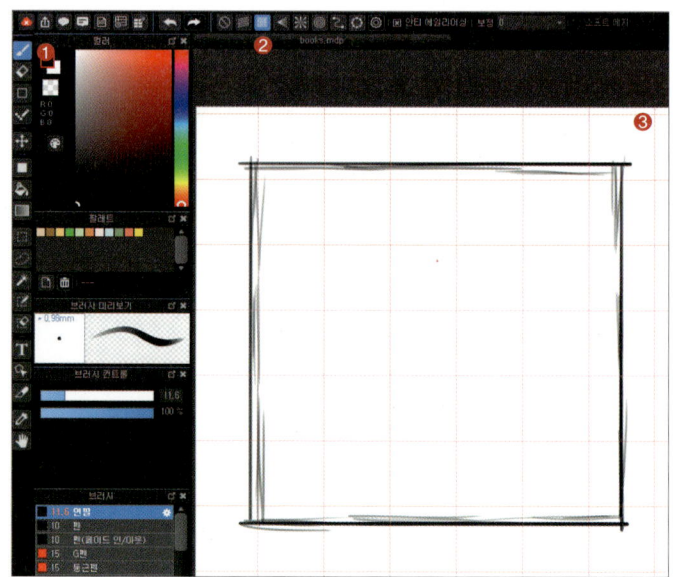

02 사각형에 X 자를 그린 후(❶) 절반 부분에 수평선(❷)을 그어줍니다. 자(ruler)가 없어도 물체의 절반을 나눌 수 있습니다.(직선을 긋고 싶을 때는 Shift 키를 누른 채 마우스를 클릭하고(❸), 다른 곳을 클릭해(❹) 봅니다. 처음 클릭한 곳과 나중에 클릭한 곳 사이로 직선이 생깁니다.)

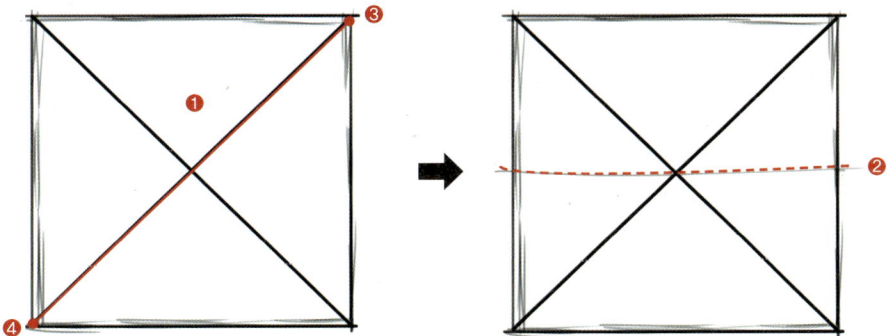

03 절반으로 나눈 부분에 다시 X 자를 그어 봅니다.(❶) 아래쪽 절반에도 X 자를 긋습니다.(❷) 필자는 여러분의 편의를 위해 X 자의 색상을 빨간색과 파란색으로 사용했습니다. 여러분도 라인이 많아 헷갈리신다면 이와 같은 방법으로 그려봅니다.

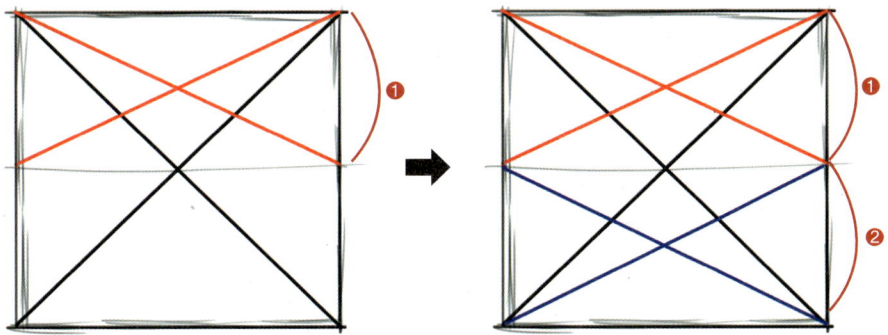

04 이 상태에서 레이어의 불투명도를 20% 정도로 낮춘 뒤, 새로운 레이어(레이어2)를 만듭니다.

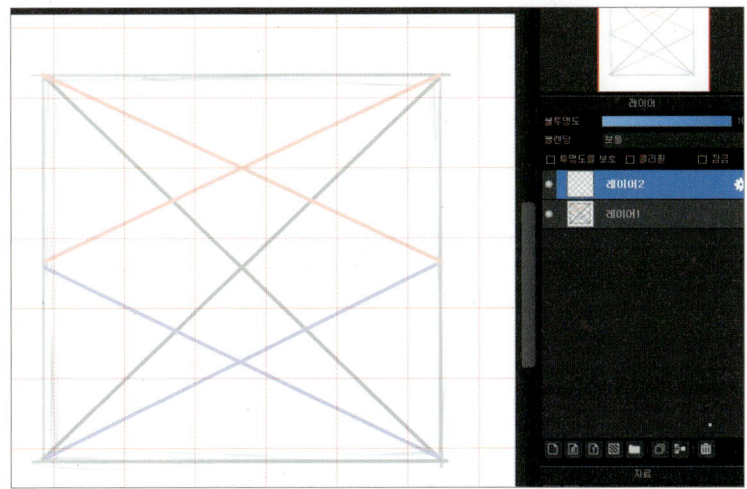

05 위에서 만든 3개의 크고 작은 X 자가 '교차'하는 점마다 수평선을 그으면 4등분된 직사각형을 얻을 수 있습니다.

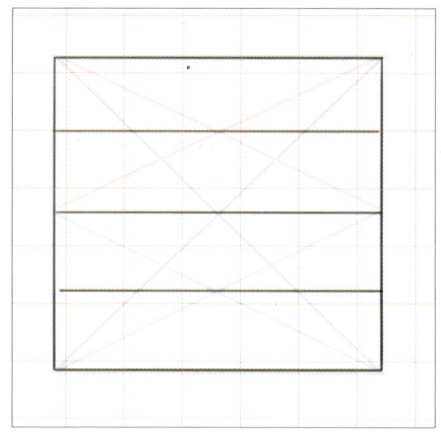

06 적당한 크기로 두께를 만들어 줍니다. 책장의 틀이 될 것입니다.

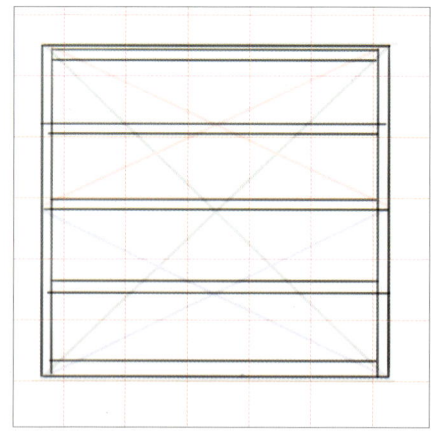

07 불투명도를 20% 정도로 설정하고 레이어의 추가 아이콘(▢)을 클릭하여 새 레이어를 만듭니다. 십자 스냅 툴(▦)을 활성화시킵니다.(❶)

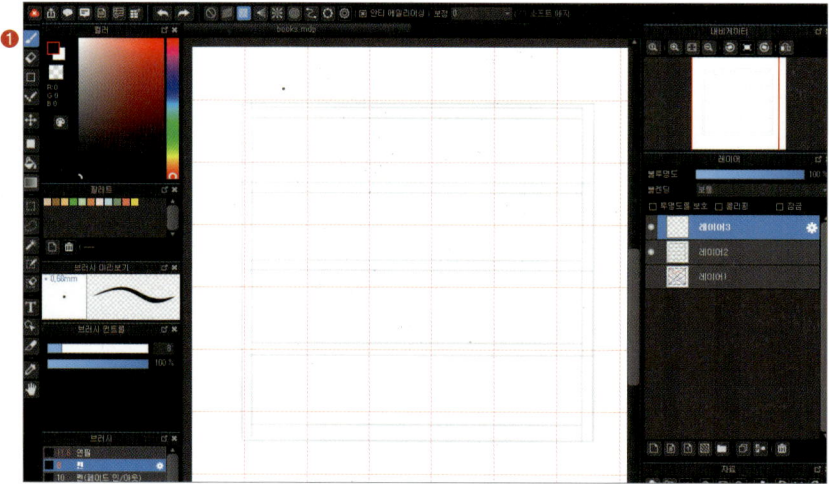

08 바로 이전에 만든 새 레이어에 십자 스냅 툴(▦)을 이용하여 한 번 더 깔끔하게 따 줍니다.

09 필요없는 스케치 선들은 모두 삭제하고, 바로 이전에 만든 책장틀 라인 레이어만 남깁니다(그림에서 레이어3). 그 후에 새로운 레이어를 만듭니다. 레이어3의 불투명도를 15% 정도로 바꾸세요.

10 책장에 꽂힐 책들을 대강 그려봅니다. 높이와 두께가 불규칙하게 그립니다.

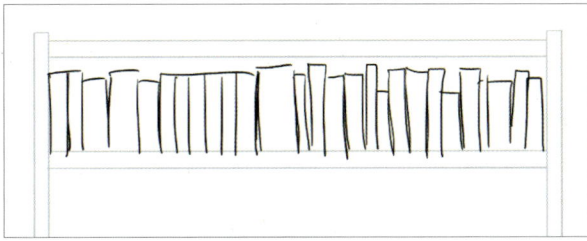

11 책 레이어의 불투명도를 15~20% 사이로 낮춥니다.

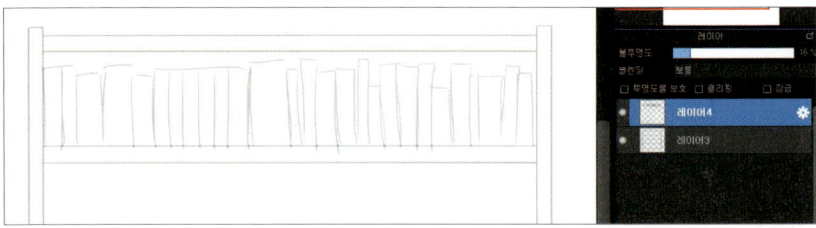

12 새 레이어를 만든 뒤 십자 스냅 툴(■)을 다시 활성화시킵니다.

13 스케치한 것을 참고로 해서 책의 세로 직선만 전부 그어줍니다.

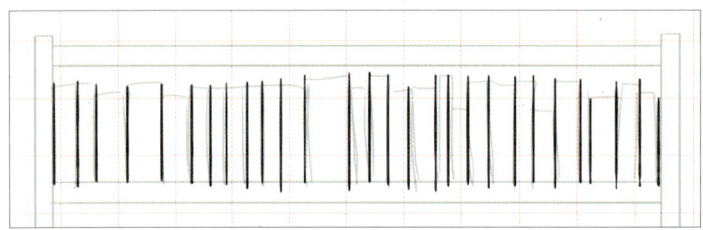

14 스탭 Off 아이콘(◌)을 눌러 스냅을 해제(◌)한 후 가로 선을 그어줍니다. 격자 스냅에서 그려도 상관은 없습니다.

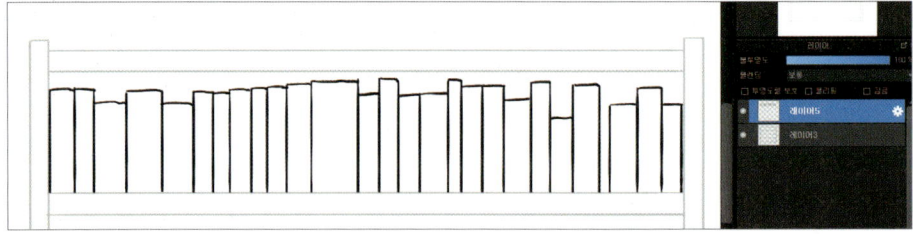

15 레이어복제 아이콘(▣)을 클릭하거나 Ctrl + J 키를 눌러 책 레이어를 복제합니다. 이동 툴
(✥)을 선택한 후 마우스로 끌어당겨 아래 칸으로 갖다 놓습니다.

16 [레이어]-[회전]-[좌우반전] 메뉴를 클릭합니다.

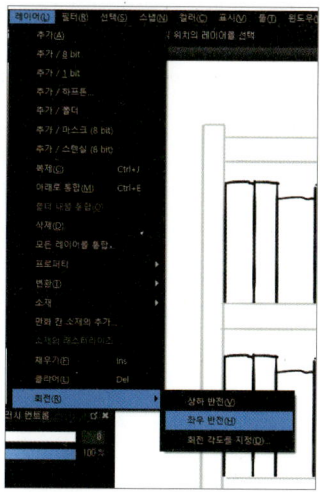

17 두 번째 칸의 책들이 반전되었습니다. 이동 툴(✥)을 이용하여 자리에 잘 앉혀줍니다. 첫 번째 책
레이어를 하나 더 복제하여 세 번째 칸에 앉힙니다.

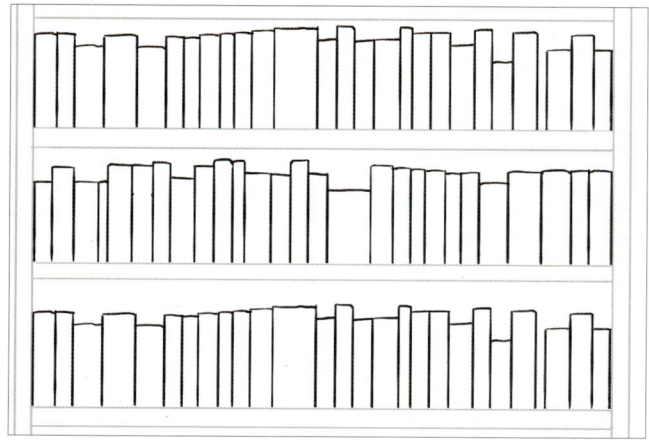

Chapter 09_배경과 소품 그리기 263

18 세 번째 칸의 책들은 책들의 높이와 크기를 조금씩 변경합니다.

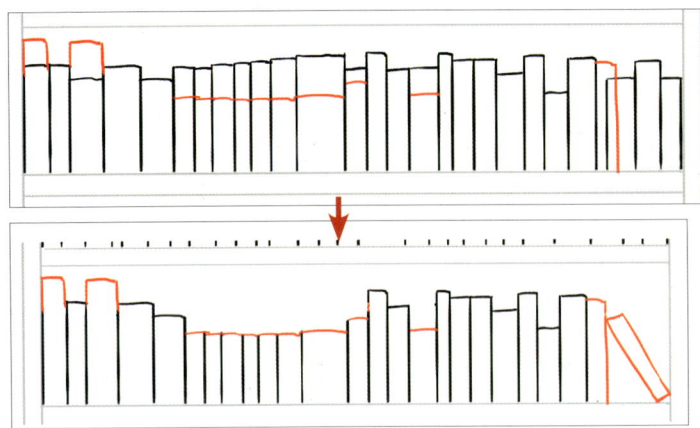

19 맨 아래칸은 새로 그려서 전집류가 있는 것처럼 만들었습니다. 책 레이어 4개를 통합합니다. 책장 레이어(레이어3)의 불투명도를 100%으로 올립니다.

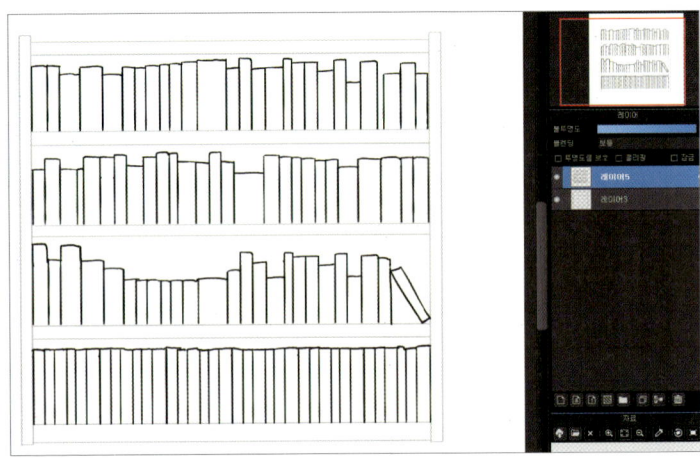

20 아래로 통합 아이콘(　)을 클릭하거나 Ctrl + E 키를 눌러 책 레이어와 책장 레이어를 합쳐줍니다.

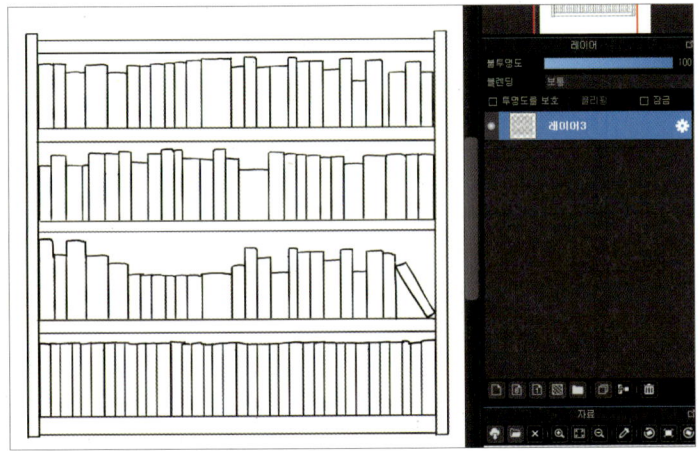

21 레이어의 추가 아이콘(📄)을 클릭하여 새로운 레이어를 만들고 라인 레이어 아래로 가져갑니다. 펜 브러시를 이용하여 나무 색상을 골라 전체에 칠해줍니다.

• 색상 : R 170 / G 158 / B 123

22 에어브러시를 이용하여 책장의 그림자를 대강 칠해서 만들어 줍니다. 여기서는 번져도 상관없습니다.

• 색상 : R 106 / G 76 / B 44

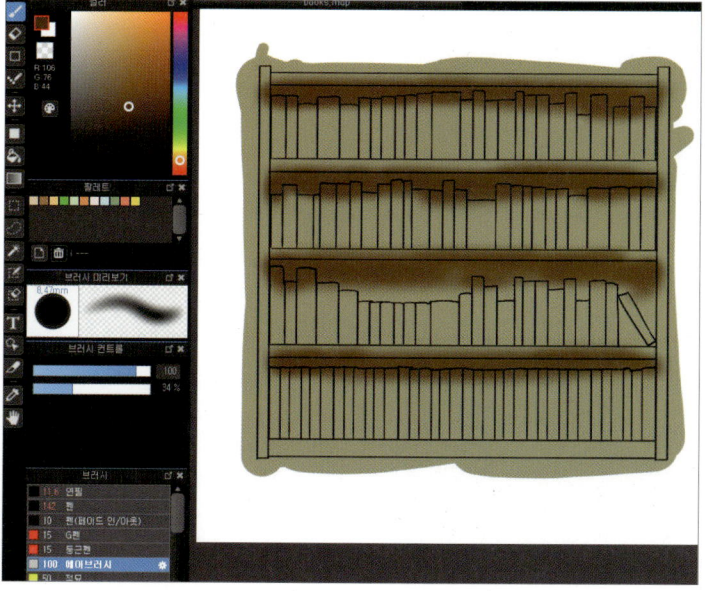

23 연필 브러시로 바꾼 후 책들을 대충 칠해줍니다.

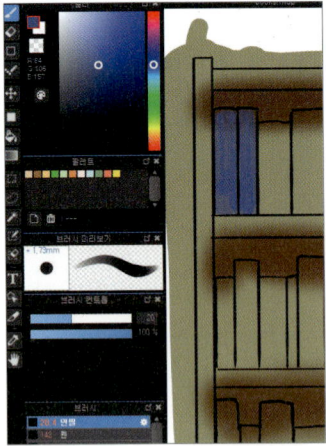

24 4~5가지 색상으로 번갈아 사용합니다. 단, 책 색상 고르느라 시간을 많이 쓰지 마세요.

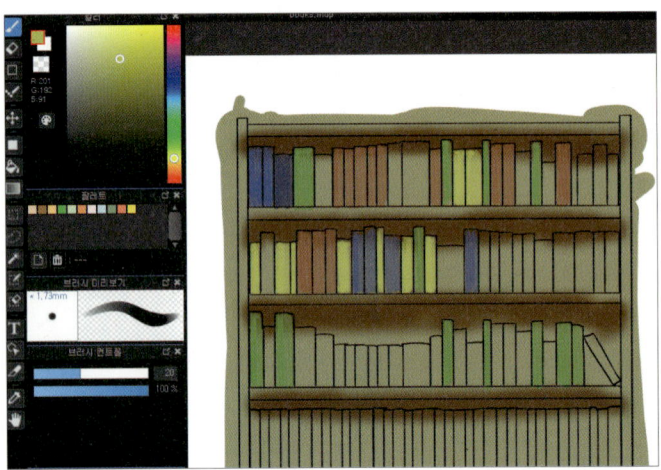

25 색을 꽉 채우려고 하지 말고 위에 보이는 것처럼 살짝 빈 듯이 편안한 마음으로 칠해줍니다. 어차피 나중에 윤곽만 보일 것이기 때문에 정밀묘사 하지 않습니다.

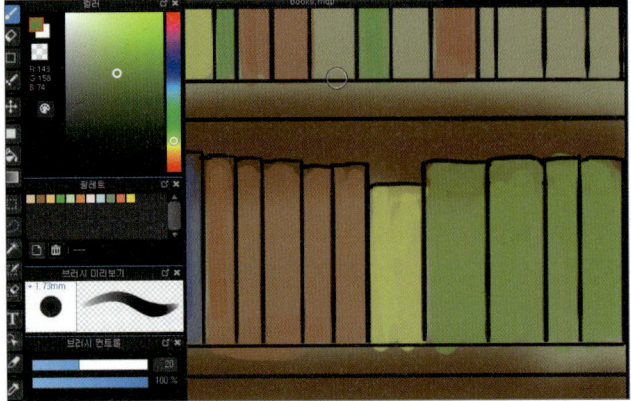

26 대충 채색 작업이 끝났습니다.

27 책장의 원래 색상을 찍어서 번져나온 부분을 정리합니다. 색상을 편하게 찍으려면 Alt 키를 눌러서 마우스 커서가 '스포이드 상태( )'가 되도록 한 뒤(브러시 툴( )이나 버킷 툴( ), 그라데이션 툴( )이 선택된 상태에서만 적용됨) 원하는 색상에 가져다 대고 클릭합니다. 펜 브러시로 작업하세요.

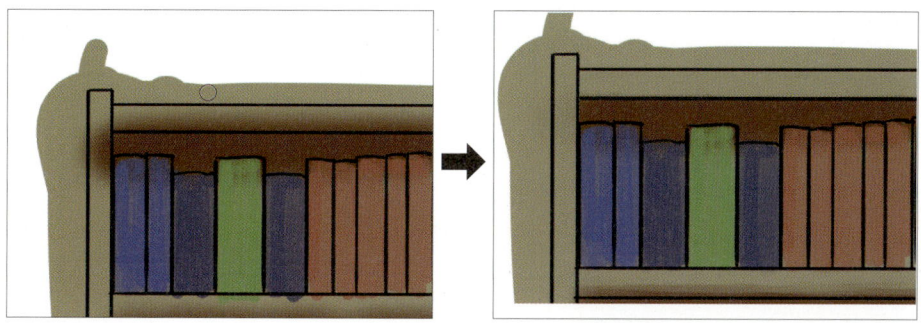

28 책장의 어두운 부분을 깔끔하게 정리합니다.

29 이제 책등(세네카) 부분을 아래의 그림처럼 대강의 형태만 보이는 선에서 묘사합니다.

30 아래와 같은 퀄리티로 책등 작업이 마무리 되었으면, 책장 바깥으로 보기 싫게 삐져나온 색들을 지워주겠습니다.

31 레이어 오프 아이콘(◉)을 클릭하여 채색 레이어를 감춥니다.

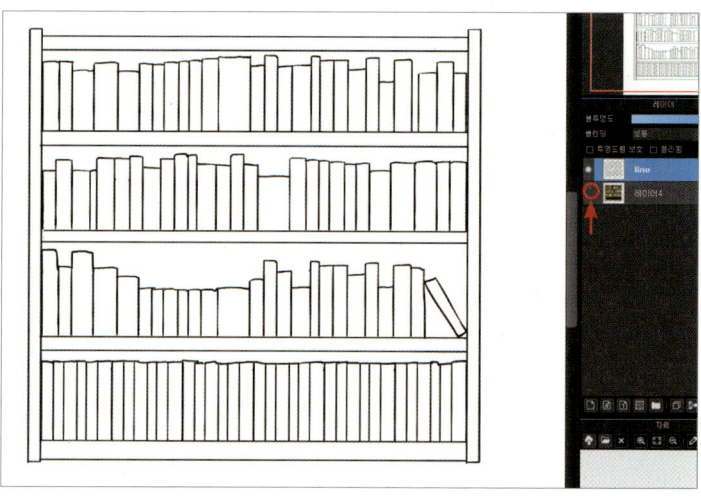

32 자동선택 툴(✦)을 클릭한 후 책장 바깥 여백 부분의 아무 곳이나 클릭해서(❶) 다음과 같은 상태를 만듭니다.

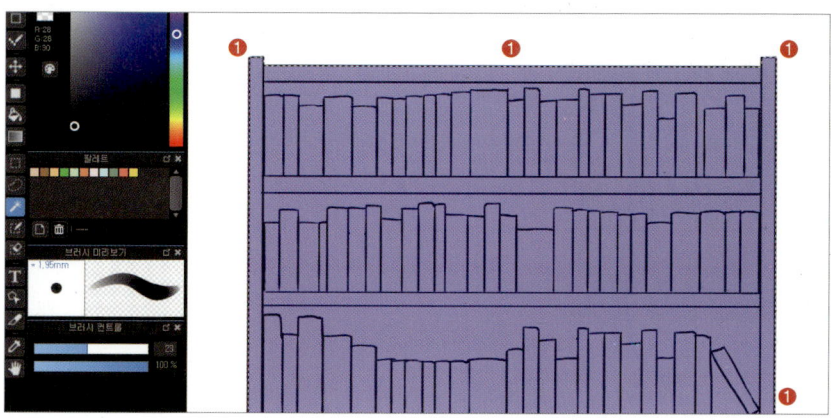

33 채색 레이어의 on 박스를 클릭하여 다시 보이도록 설정합니다.(❶) 이때 레이어 선택은 채색 레이어(레이어4)여야 합니다.(❷) 이 상태에서 Delete 키를 누르면 튀어나온 부분들이 전부 삭제됩니다.

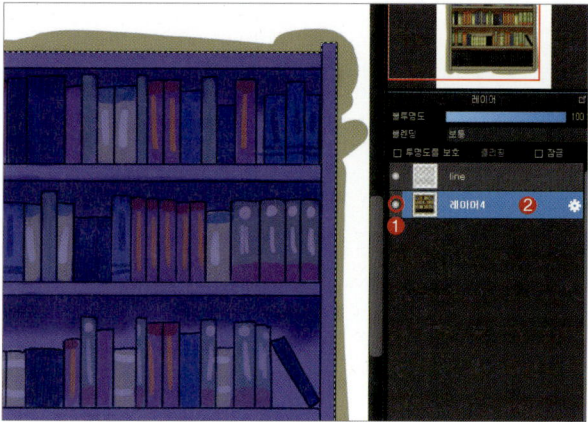

Chapter 09_배경과 소품 그리기 269

34 책장과 책 그리기가 완성되었습니다. 창틀과 여닫이문을 추가로 만들어 보겠습니다.

35 레이어 이름을 변경하여 새로운 작업에 앞서 기존의 레이어를 정리합니다.

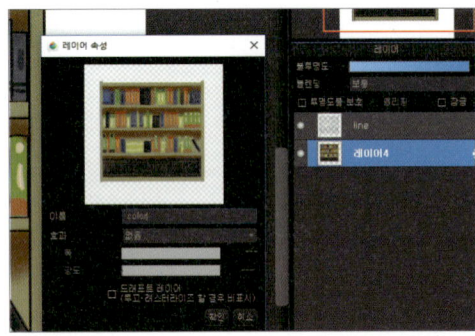

36 새 레이어를 만든 뒤, 선택 툴(▩)을 선택한 후(❶) 다음처럼 세로 모양으로 선택합니다.(❷)

37 그라데이션 툴(■)을 선택하고(❶) 타입을 [전경]으로 바꾼 뒤(❷) 전경색을 흰색으로 합니다.(❸) 마우스를 선택된 네모 부분 위에서 한번 클릭하고, 손을 떼지 말고 아래로 잡아당긴 후 적당히 놓습니다.(❹)

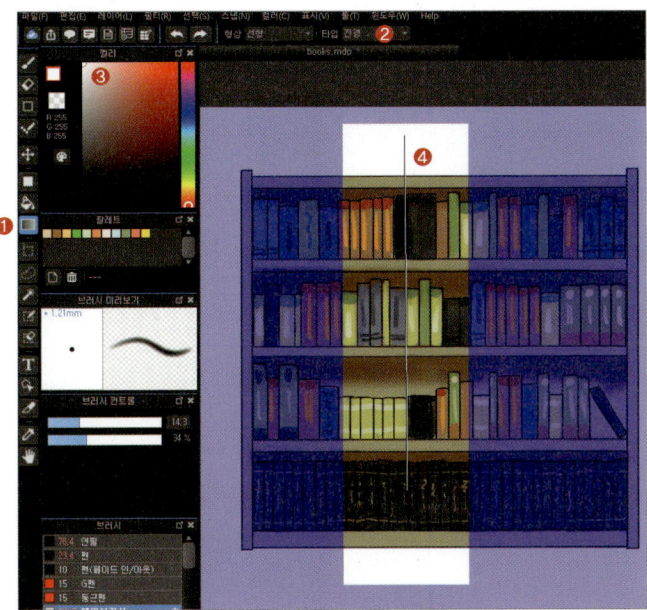

38 흰색으로 그라데이션이 생겼습니다.

39 바로 이전에 만든 레이어를 복제한 후 [선택]-[변형] 메뉴를 클릭하거나 Ctrl + T 를 눌러 변형툴(Ctrl + T)을 사용합니다.

40 복제한 레이어를 다음과 같이 폭이 좁은 형태로 만들어 줍니다. 이후 두 개의 레이어를 합쳐줍니다.

41 다시 한 번 변형툴을 활용합니다. 이번엔 각도를 그림처럼 기울여 줍니다. 오브제의 모서리 부근에 마우스를 가져가면 회전이 가능한 아이콘(↻)으로 마우스 커서가 바뀝니다. 그때 클릭하고 돌리면 다음과 같이 돌아가며, [OK] 버튼을 누르거나 Enter 키를 눌러서 완료합니다.

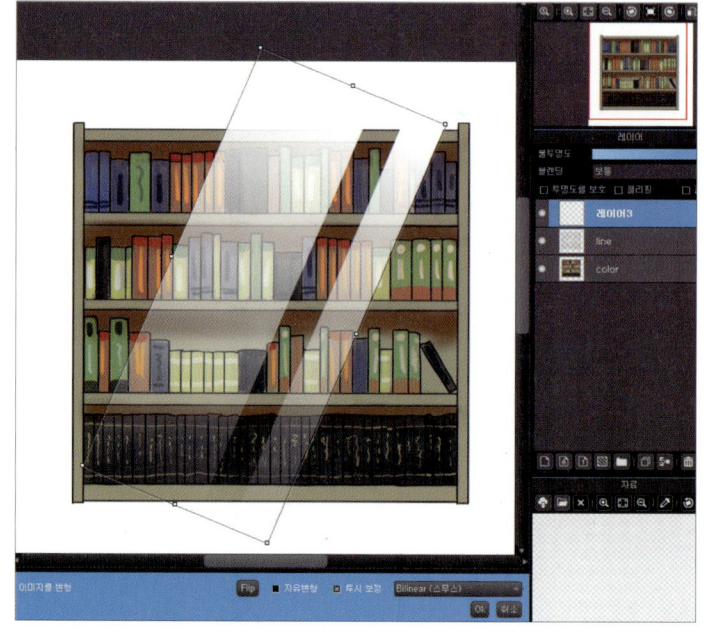

42 선택 툴(▨)을 이용해서 책장 너머로 삐쳐나간 부분들을 지워줍니다.

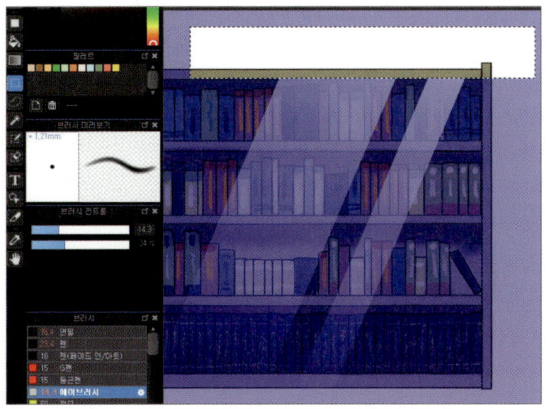

43 유리 반사광 느낌이 나는 레이어가 되었습니다. 레이어 이름을 '유리'로 바꾸어 줍니다.

44 이번에는 유리창틀을 만들어보겠습니다. 브러시 중 테두리 펜을 선택하고(❶), 브러시 편집 버튼(⚙)을 눌러(❷) "브러시 편집" 창을 열어서 다음 그림과 같이 '필압 사이즈'와 '필압 불투명도' 체크박스의 체크 상태를 전부 해제시킵니다.

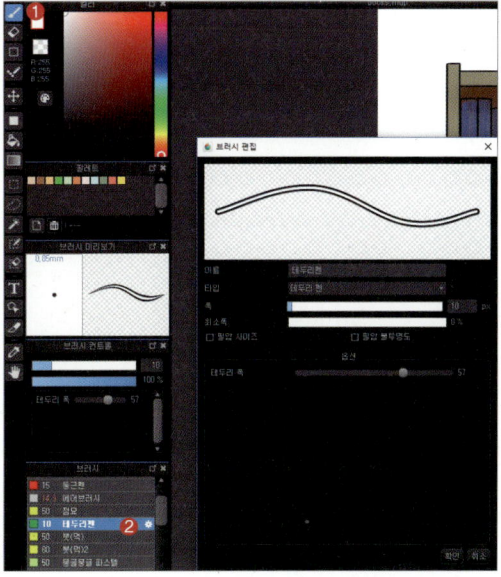

Chapter 09_배경과 소품 그리기 273

45 브러시 사이즈는 24, 테두리 폭은 32 정도로 맞춥니다. 몇 번 그어보고 마음에 드는 굵기로 조정합니다.

- 색상 : R 108 / G 71 / B 32

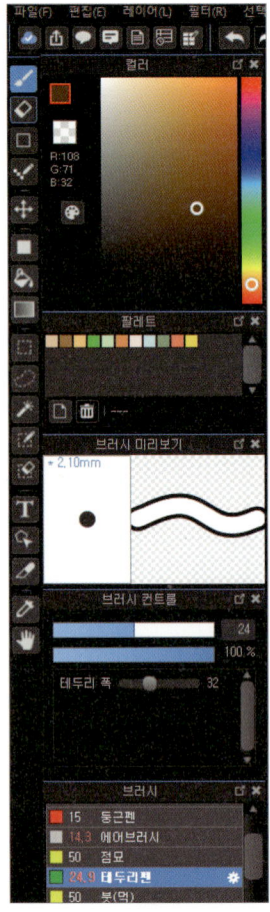

46 십자 스냅 툴()을 활성화시킵니다.

47 수평선(가로직선) 먼저 다 긋고, 수직선(세로직선)을 나중에 긋습니다. 수평, 수직선을 모두 다 그었으면 스탭 Off 아이콘(◌)을 눌러 스냅을 해제(◌)합니다.

48 브러시를 펜 브러시로 바꾸고, 펜 브러시와 지우개 툴(◆)을 적절히 사용하여 모서리와 이음새 부분을 다듬어 줍니다.

49 취향에 따라 좀 더 디테일한 프레임을 그릴 수도 있겠지만, 여기서는 창틀처럼 보이기만 하는 수준에서 마무리 하겠습니다. 십자 스냅 툴(▦)을 켜고 반사광을 한 번 넣습니다.

• 색상 : R 159 / G 118 / B 75

Chapter 09_배경과 소품 그리기   275

50 레이어 이름을 '창틀'로 바꾼 뒤 레이어를 복제하여 창틀 4개를 만듭니다. 만일 간격이 조금씩 다르면 [선택]-[변형] 메뉴를 클릭하거나 Ctrl + T 를 누른 후 변형툴을 사용하여 조정합니다.

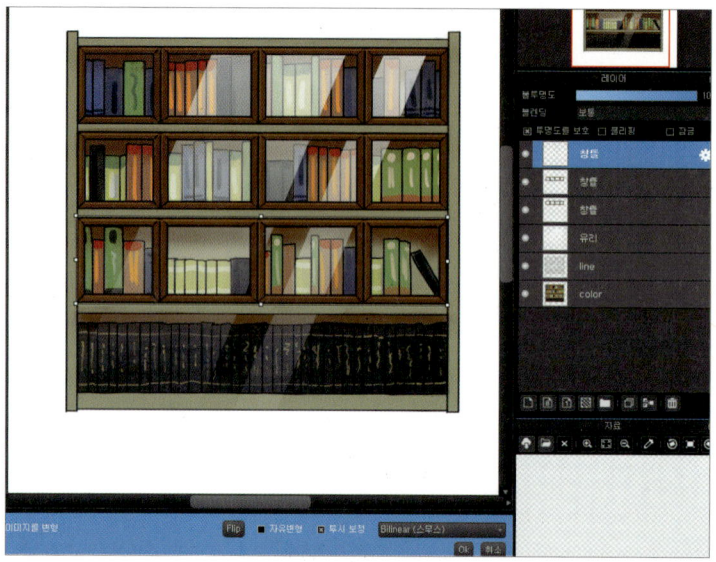

51 이 정도면 완성인데, 맨 아래 전집부분을 여닫이문으로 바꾸겠습니다.

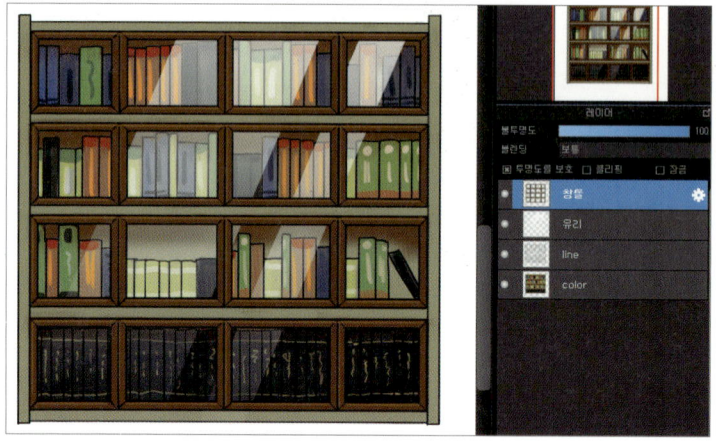

52 '창틀' 레이어와 '유리' 레이어 사이에 새 레이어를 만듭니다.

53 선택 툴( )을 클릭한 후 책장 부분만 선택합니다.

54 Insert 키를 눌러 컬러 팔레트 상의 전경색으로 채워줍니다.

• 전경색 : R 141 / G 103 / B 64

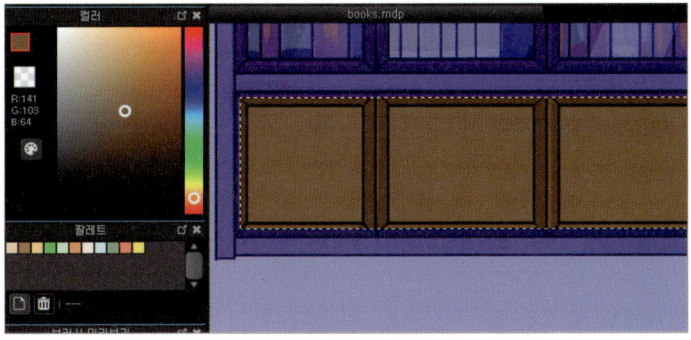

55 수채(wet) 브러시를 이용하여 진한 색상을 선택한 후 겹치도록 슥슥 칠해줍니다.

• 색상 : R 125 / G 79 / B 31

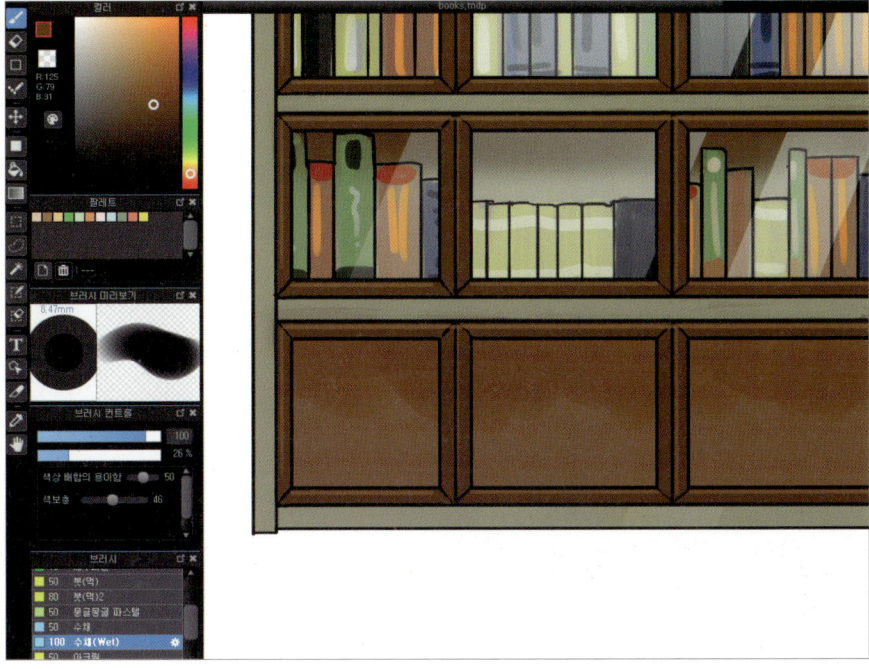

Chapter 09_배경과 소품 그리기 **277**

56 옆으로 잡아당길 수 있는 심플한 문고리를 만듭니다. 아래의 그림처럼 묘사해 봅니다.

57 '유리' 레이어를 선택한 후 격자 형태로 아래와 같이 살짝 광선을 넣습니다. 브러시는 연필브러시를 사용합니다.

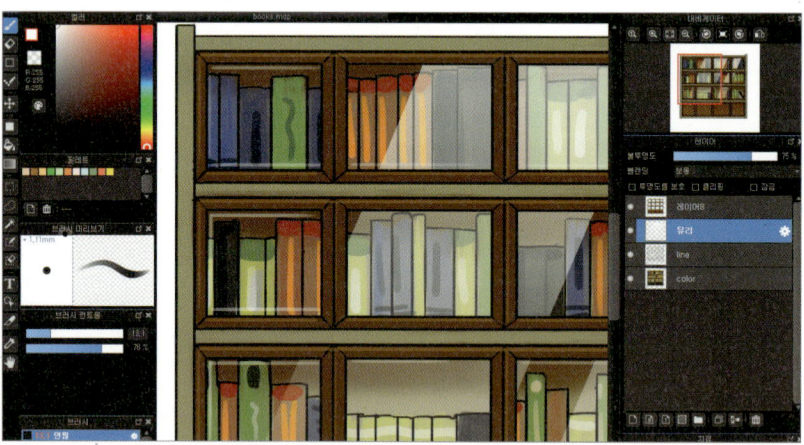

58 책장이 완성되었습니다.

▶ 완성 파일 : Chpater 08\책장 그리기_완성.mdp

09-3-2 모니터 그리기

01 데스크탑용 모니터를 그려보겠습니다. [파일]-[신규 작성] 메뉴를 클릭해 "이미지의 신규 작성" 창이 나타나면 폭은 1500px, 높이는 1500px, 해상도 300dpi로 새 문서를 만듭니다. 다음과 같이 러프하게 모니터를 스케치하세요.

▶ 소스 파일 : Chpater 08\모니터 그리기.mdp

2 스케치가 끝나면 불투명도를 20% 정도로 낮춰 줍니다.

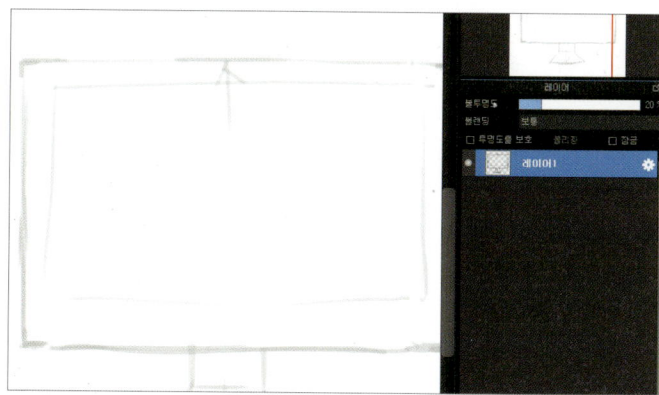

03 브러시툴의 스냅 기능 중 십자 스냅 툴( )을 클릭합니다. 레이어의 추가 아이콘( )을 클릭하여 새 레이어를 만듭니다.

04 새 레이어에 십자 스냅 툴(▦)을 이용해 모니터의 직선들을 그어줍니다. 선과 선이 서로 겹치게 (❶) 그어줍니다.

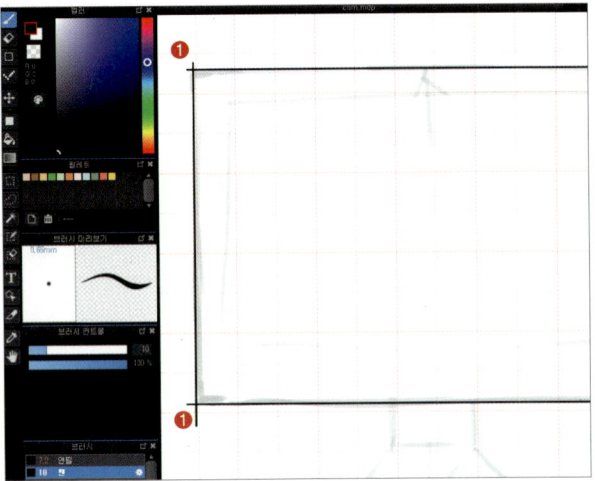

05 4개의 꼭지점을 기준으로 X자를 긋고, 교차점에 수직선(❶)을 그어 줍니다.

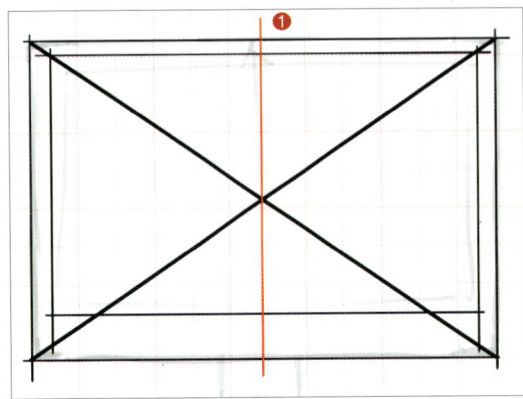

06 아래 그림처럼 붉은 3각형 모양으로 선을 이어줍니다.

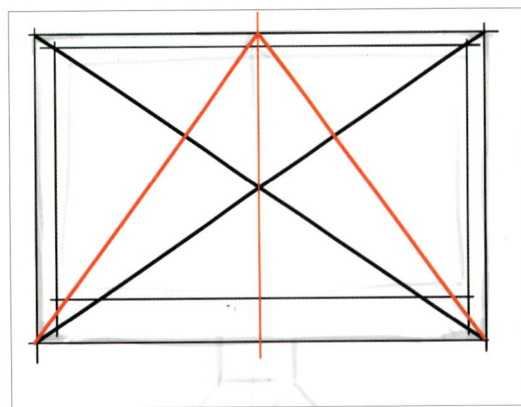

07 붉은 선과 검은 선이 만나는 지점(●)에 파란색으로 수직선(❶)을 그어줍니다. 모니터가 3등분이 되고 있습니다.

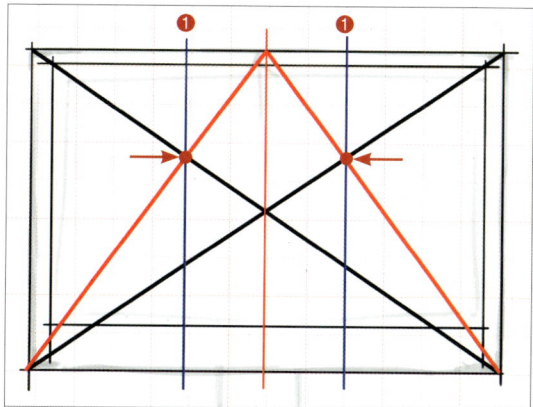

08 3등분된 크기를 참조하여 모니터 받침 부분도 그려줍니다.

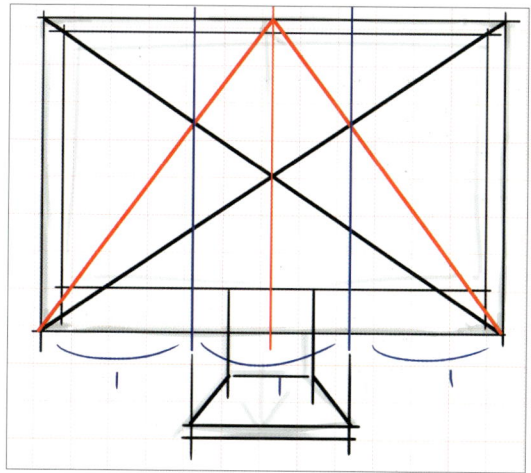

09 처음 사용했던 레이어는 레이어 오프 아이콘( )을 클릭하여 감춰주고, 바로 이전에 사용한 레이어 불투명도를 줄입니다.

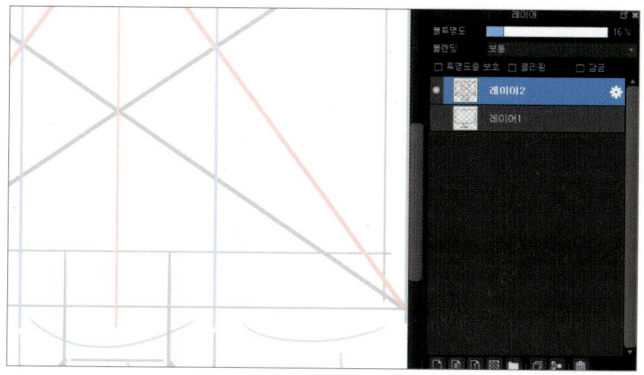

Chapter 09_배경과 소품 그리기 281

10 새 레이어를 만들어 십자 스냅 툴(▦)을 이용해 가로세로 직선으로 이루어진 부분은 전부 라인을 따 줍니다.

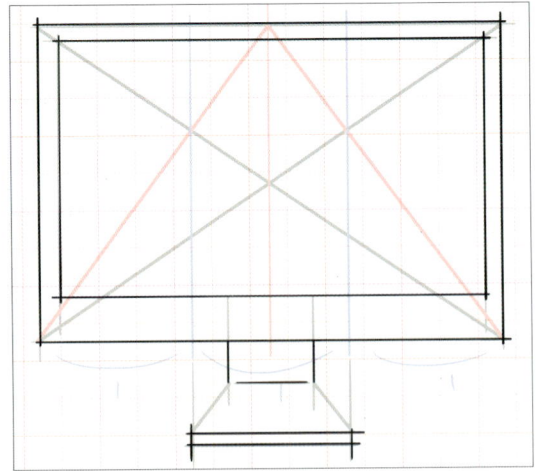

11 스탭 Off 아이콘(⊘)을 눌러 스냅을 해제(⊘)합니다. 브러시툴 상태에서 Shift 키를 누른 채 ❶번을 클릭하고 다시 ❷번를 클릭하면 경사가 있는 직선을 그릴 수 있습니다. 이와 같은 방법으로 모니터 받침 부분의 경사각이 있는 부분을 그립니다.

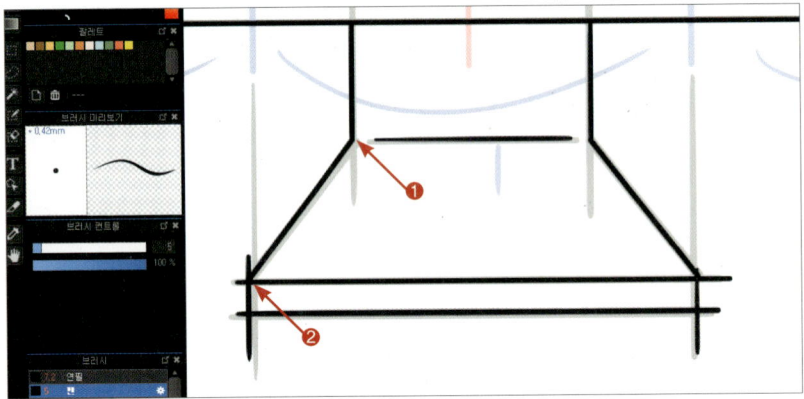

12 겹쳐진 부분을 다듬어 주겠습니다.

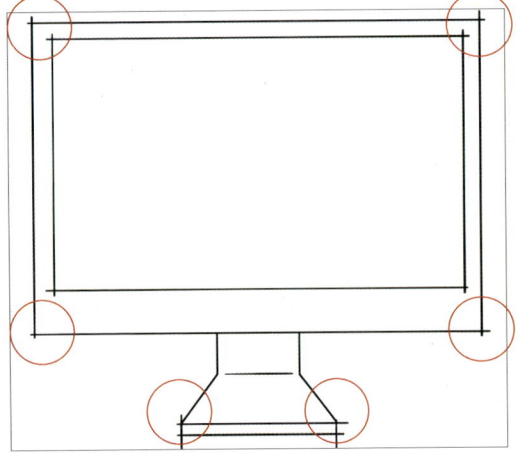

13 끝 부분을 지우개 툴로 살짝 지우고 스무스한 곡선으로 그려줍니다.

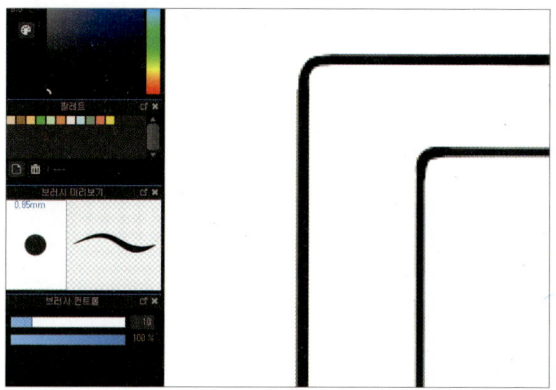

14 라인은 완성되었습니다.

15 선택 툴( )을 클릭하고(❶), 상단 메뉴바 바로 아래에서 원형 선택툴을 클릭한 후(❷) 모니터 전원버튼을 그려 줍니다.

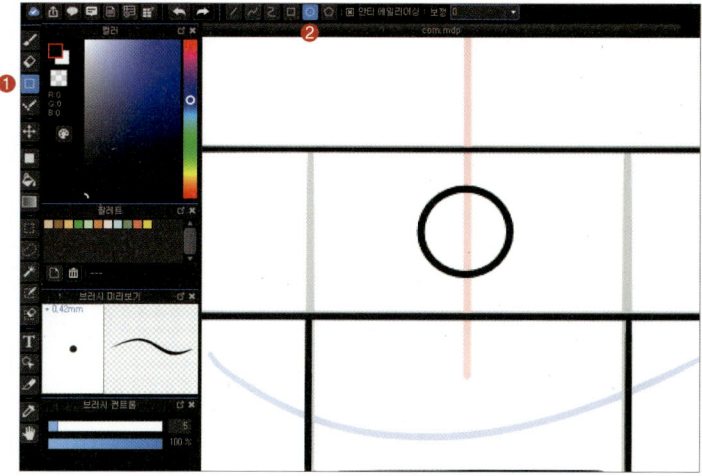

Chapter 09_배경과 소품 그리기 283

16 레이어 이름을 '라인'으로 바꾸어 주고 채색할 레이어(레이어4)를 하나 더 만듭니다. 이 레이어 이름도 '채색'으로 바꿉니다.

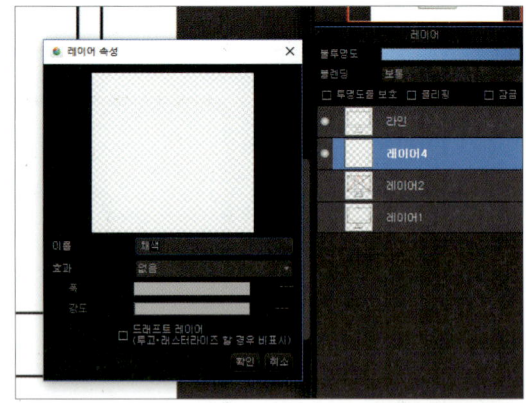

17 '채색' 레이어가 선택된 상태에서 자동선택 툴( )로 모니터 바깥쪽(❶)을 클릭합니다. [선택]-[반전] 메뉴를 클릭하거나 Ctrl + Shift + I 를 눌러서 선택을 반전시켜 이미지 처럼 모니터 안쪽이 선택되도록 합니다.

18 Insert 키를 눌러 무채색에 가까운 검은색으로 전체를 채워줍니다.

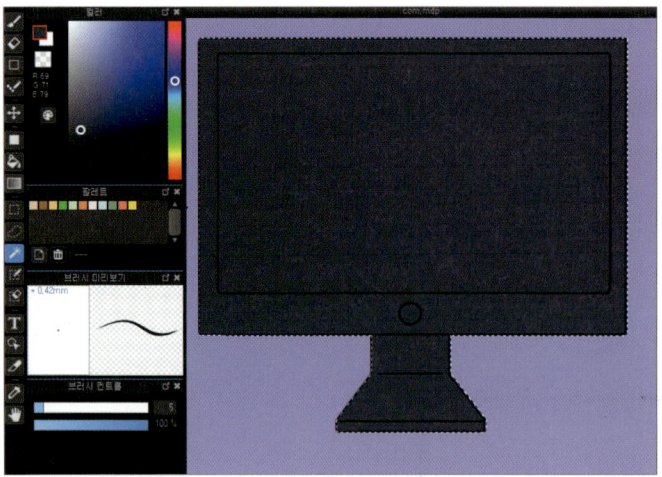

19 [선택]-[해제] 메뉴를 누르거나 Ctrl + D 키를 눌러 자동 선택을 해제하고 채색 레이어의 '투명도를 보호' 체크 박스를 체크합니다.(▶)

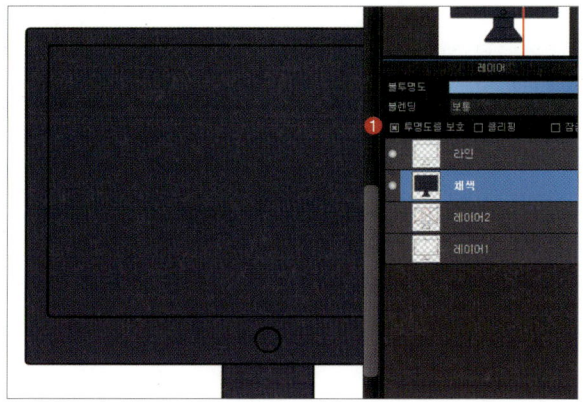

20 그라데이션 툴(■)을 클릭한 후(❶), 상단 메뉴바 아래에서 '형상 : 선형'(❷), '타입 : 전경'으로 (❸) 설정한 후 상단에서 1/3가량까지 그라데이션 처리합니다. ❹에서 마우스를 한번 클릭한 상태인 채 ❺방향으로 드래그하면 됩니다.

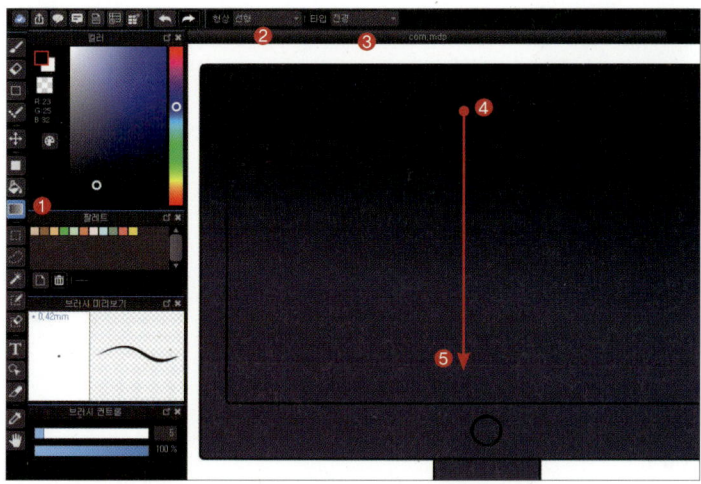

21 아래쪽에도 같은 원리로 그라데이션 효과를 만듭니다.

22 브러시 툴(📝)의 십자 스냅 툴(▦)을 이용하여 밝은 색으로 반사광 라인을 직선으로 묘사합니다.

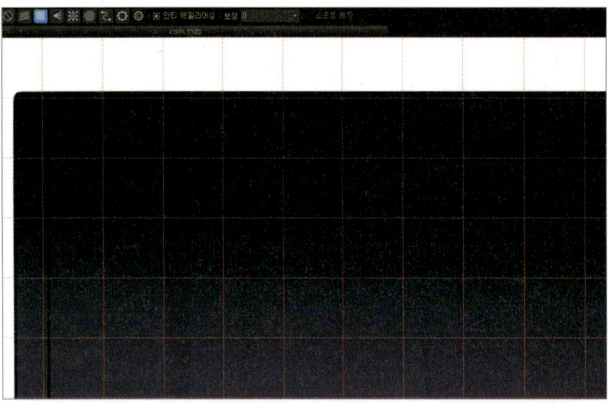

23 스탭 Off 아이콘(🚫)을 눌러 스냅을 해제(🔵)합니다.

24 모서리 부분은 브러시 종류 중 펜 브러시를 이용하여 이어줍니다.

25 모니터 프레임이 완성되었습니다.

26 라인과 채색 레이어 사이에 새로운 레이어를 만들고 브러시 종류 중에서 그라데이션 도트 브러시를 선택합니다.

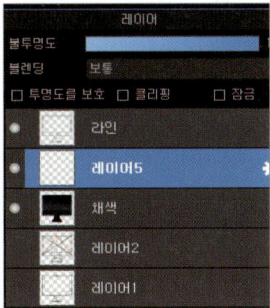

※ 만약 그라데이션 도트 브러시가 없으면 브러시 패널 하단에 위치한 브러시 추가(클라우드) 아이콘( )을 클릭하여 해당 브러시를 찾으신 후 다운 받으시면 됩니다.(220p 참조)

27 다운 받았으면 브러시 이름을 더블 클릭하여 "브러시 편집" 창을 띄우고 다음 그림처럼 숫자값을 맞춘 후 [확인] 버튼을 클릭합니다.

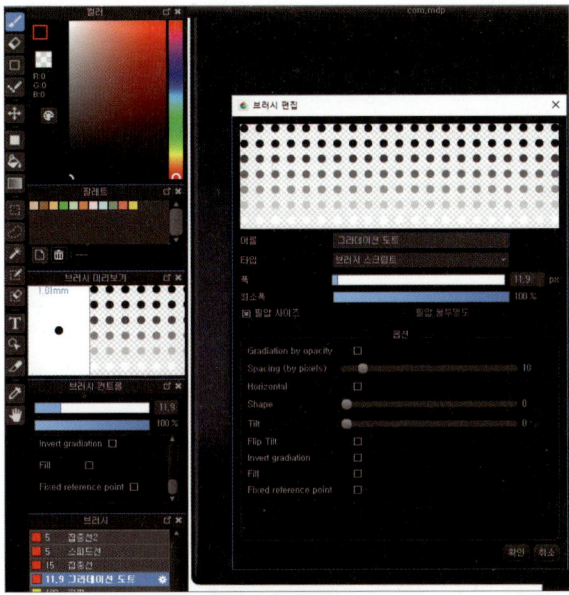

28 브러시를 사용하면 아래처럼 도트가 생깁니다.

Chapter 09_배경과 소품 그리기 287

29 모니터의 스피커 위치에 갖다 놓고 크기를 조정합니다.

30 스피커를 양쪽으로 설치합니다.

31 '라인' 레이어 아래에 새로운 레이어를 만듭니다.

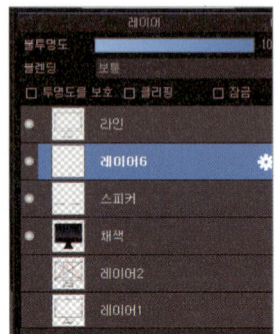

32 짙고 어두운 파란색으로 전원 버튼 안쪽을 채워줍니다.

33 '라인(❶)' 레이어에 '투명도를 보호' 체크 박스를 체크하고(❷), '라인' 레이어에서 전원 버튼 외곽선 부분을 밝은 파란색으로 채워줍니다. 색상은 다음 그림에서 참조합니다.

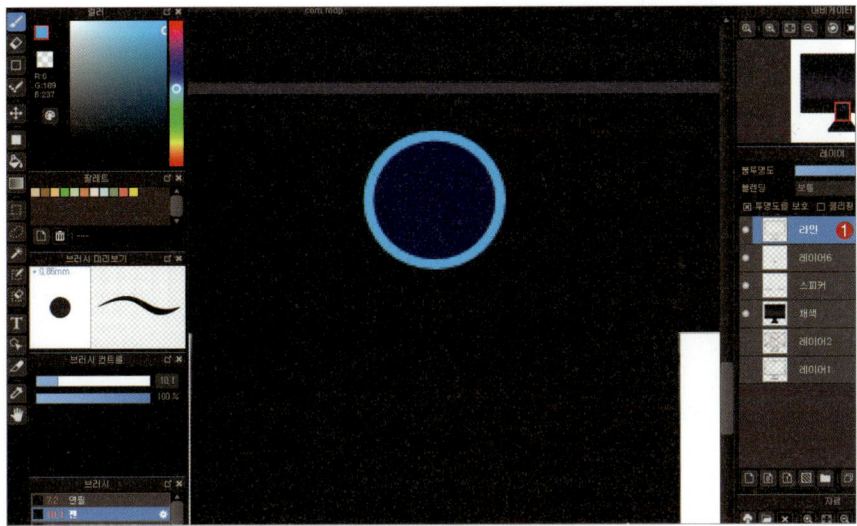

34 새로 만든 레이어에서 십자 스냅 툴(■)을 이용해 수직선으로 전원부 모양을 만듭니다. 레이어가 헷갈리지 않도록 주의하면서 진행합니다.

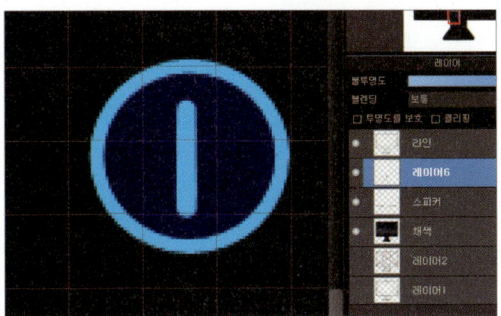

35 새로운 레이어를 만들고 가장 상위에 위치시킵니다. 에어브러시 툴로 바꾸고 레이어 속성을 [더하기+발광]으로 설정한 뒤 살살 그려서 빛나는 효과를 만듭니다.

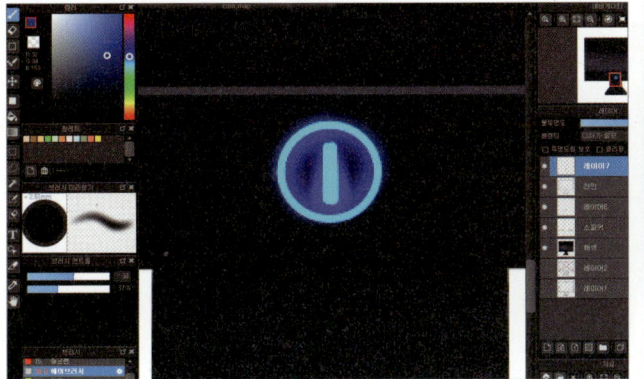 

Chapter 09_배경과 소품 그리기 289

36 레이어를 정리합니다.

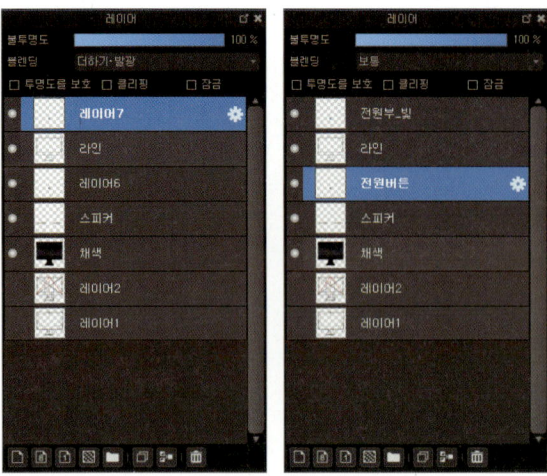

37 '라인' 레이어와 '전원버튼' 레이어 사이에 새로운 레이어를 만들고 모니터 창 부분만 검게 칠해줍니다. 모니터 창 부분이 될 것입니다. 다른 레이어를 다 비활성화(안보이게 눈 감기기)하고 칠하면 한 번에 버킷툴로 부을 수 있습니다.

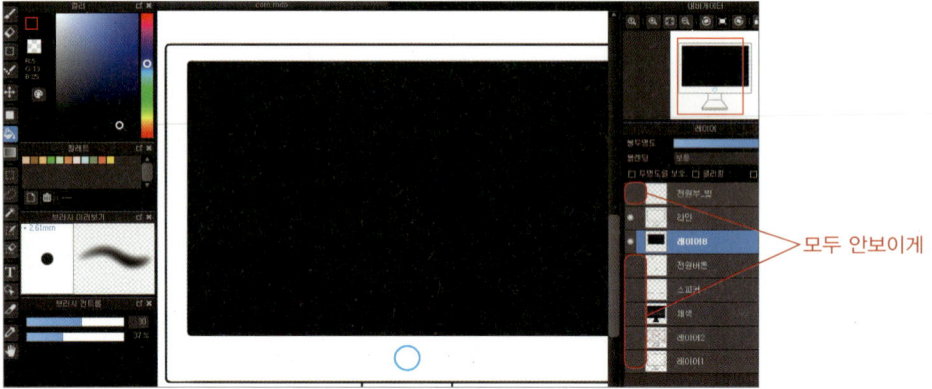

38 '투명도를 보호' 체크 박스를 체크하고 그라데이션 툴(■)을 이용해 조금 밝은 색상으로 상하에 살짝 밝기를 줍니다.

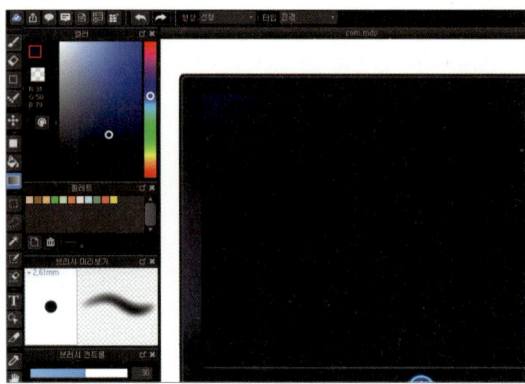

39 여기까지 했으면 완성이라고 볼 수 있습니다.

40 실사처럼 연출하기 위해 모니터 안쪽에 포털 화면을 넣어보겠습니다. 포털 사이트를 열고 전체 이미지를 캡처하여 저장한 후, [파일]-[이미지를 레이어로 열기] 메뉴를 클릭해 파일을 불러옵니다. 불러올 위치는 반드시 모니터 창 레이어 바로 위에 있도록 합니다.

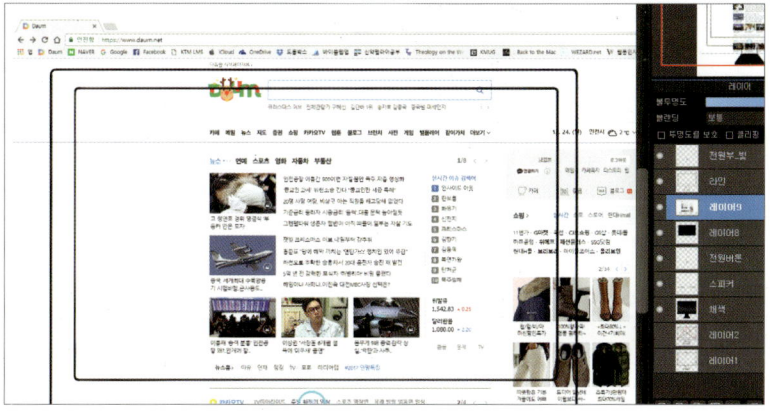

41 [선택]-[변형] 메뉴를 클릭하거나 Ctrl + T 를 눌러 크기를 조정하고 [OK] 버튼을 누릅니다.

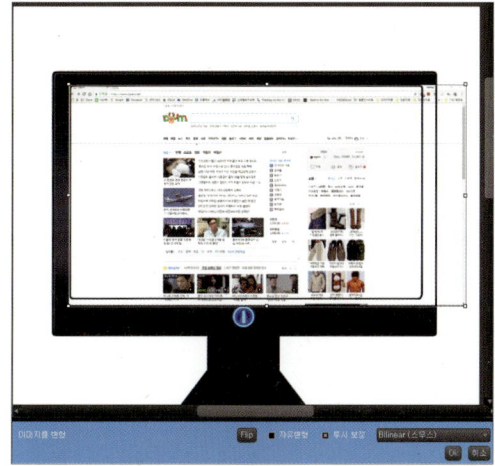

42 레이어 창에서 '클리핑' 체크 박스를 체크하면 모니터 화면 이외의 부분은 보이지 않게 됩니다. 바로 아래에 위치한 모니터 창 레이어에 종속되었기 때문입니다.

43 불투명도를 살짝 낮추어 푸르스름한 모니터 화면처럼 만듭니다.

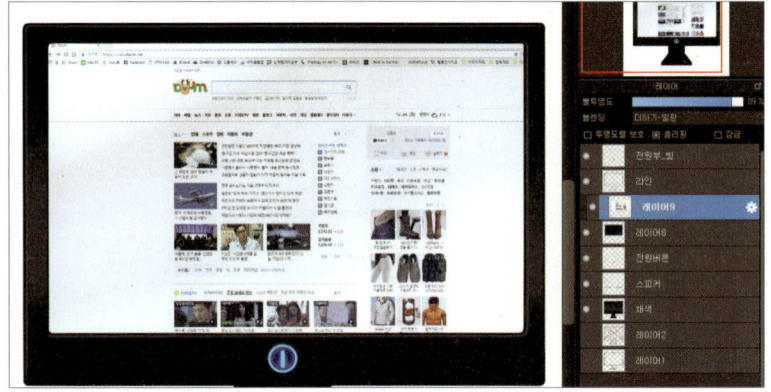

44 모니터가 완성되었습니다.

▶ 완성 파일 : Chpater 08\모니터 그리기_완성.mdp